编　委

（按姓氏笔划排序）

王　严　王　珩　冯昊青　卢秋怡　刘　彬

刘鸿武　邱利民　张建珍　张艳茹　李雪冬

欧　荣　周　倩　徐　薇　蒋云良　温美珍

本书为2024年度浙江省哲社科规划新型智库一般课题"浙江省与北非国家合作发展报告（2013—2023）"（24ZK133YB）、2024年度浙江省哲社科青年课题"区域合作视域下北非互联互通的困境与中国机遇研究"（24NDQN189YBM）、2025年度金华市社科联一般课题"中国参与非洲互联互通的理论与实践路径研究"（JHZF202524YB）的研究成果。

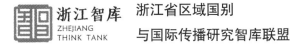

浙江省区域国别
与国际传播研究智库联盟

浙江省对外区域
国别合作发展丛书

主　编　周　倩　王　珩
副主编　刘鸿武

浙江省参与共建"一带一路"

北非国家卷（2013—2023）

卢秋怡　编著

ZHEJIANG UNIVERSITY PRESS
浙江大学出版社
·杭州·

图书在版编目（CIP）数据

浙江省参与共建"一带一路". 北非国家卷：2013
—2023 / 卢秋怡编著. -- 杭州：浙江大学出版社，
2025.6
（浙江省对外区域国别合作发展丛书 / 周倩，王珩
主编）
ISBN 978-7-308-25033-7

Ⅰ.①浙… Ⅱ.①卢… Ⅲ.①区域经济合作 – 国际合
作 – 研究报告 – 浙江、北非 – 2013-2023 Ⅳ.
①F127.55②F141.054

中国国家版本馆CIP数据核字(2024)第101983号

浙江省参与共建"一带一路"：北非国家卷（2013—2023）
卢秋怡　编著

丛书策划	包灵灵　董　唯	
责任编辑	田　慧	
责任校对	汪　潇	
封面设计	周　灵	
出版发行	浙江大学出版社	
	（杭州市天目山路148号　邮政编码310007）	
	（网址：http://www.zjupress.com）	
排　　版	杭州林智广告有限公司	
印　　刷	杭州钱江彩色印务有限公司	
开　　本	710mm×1000mm　1/16	
印　　张	14.5	
字　　数	245千	
版 印 次	2025年6月第1版　2025年6月第1次印刷	
书　　号	ISBN 978-7-308-25033-7	
定　　价	68.00元	

　　进入 21 世纪以来，中非合作不断深入和拓展，地方行为体也日益成为推动中非关系发展的重要因素。当前浙江省对非合作已走在全国前列，成为地方开展对非合作的一个重要窗口。北非地区是浙江省对非合作的一个重点板块，系统性分析和总结浙江省与该地区国家交往的成就、挑战与未来发展，对进一步提升中非合作的示范窗口效应、助力浙江省推动"地瓜经济"提能升级有相当大的实际参考价值。

　　本书重点关注 2013—2023 年浙江省与埃及、利比亚、突尼斯、阿尔及利亚、苏丹、摩洛哥六个北非国家的合作发展。全书分总报告、领域篇与国别篇三个部分，兼顾了地区共性与国别特性，不仅系统梳理并总结了过去 11 年浙江省与北非国家在经济、人文等方方面面的合作成就与欠缺之处，还深度挖掘了浙江省与北非国家在基础设施建设、绿色能源、农业发展、物流合作、数字经济和共建"一带一路"等领域的合作基础、挑战和未来合作前景。全书还紧扣时代主题和地方特色，围绕浙江省政府、企业、百姓关心的重要问题和迫切需求，做出具有前沿性和实用性的分析。

　　现有关于地方参与中非合作的研究成果无论是在理论层面还是在实践层面，均未能得到学术界应有的重视，也未能很好地解释地方行为体参与中国对外合作交流的一般行为模式，或理解其交往的逻辑机制与角色定位等现实问题。本书不仅可以成为分析浙江省与北非国家合作的有益参考，还可为研究中国地方如何参与对非交往提供案例支撑和理论分析基础。值得肯定的是，本书的每位作者都在数据收集和资料整理方面做了大量的系统性和开拓性工作，可为后续该丛书的编撰和写作提供有价值的参考，并为政府决策、企业走进北非并扎根北非国家提供信息支持和借鉴。

　　北非国家既是阿拉伯国家，也是非洲国家，与欧洲大陆相邻，具有极其独特的文化个性与突出的国际市场辐射力和门户枢纽服务能力。北非区域还扼守"21世纪海上丝绸之路"的战略要冲，在世界能源供应中占有重要地位。但当前无论是在共建"一带一路"有关的区域研究中，还是在中国对外合作的相关成果中，对北非区域的整体性研究的深度与广度与其重要的战略地位并不匹配。对浙江省与北非国家合作的相关分析，不仅可为了解北非地区的发展前景提供有益参考，也可为中国未来深化与北非国家的合作提供观察窗口。

卢秋怡

2023年初秋

浙江师范大学非洲研究院办公室

目　录

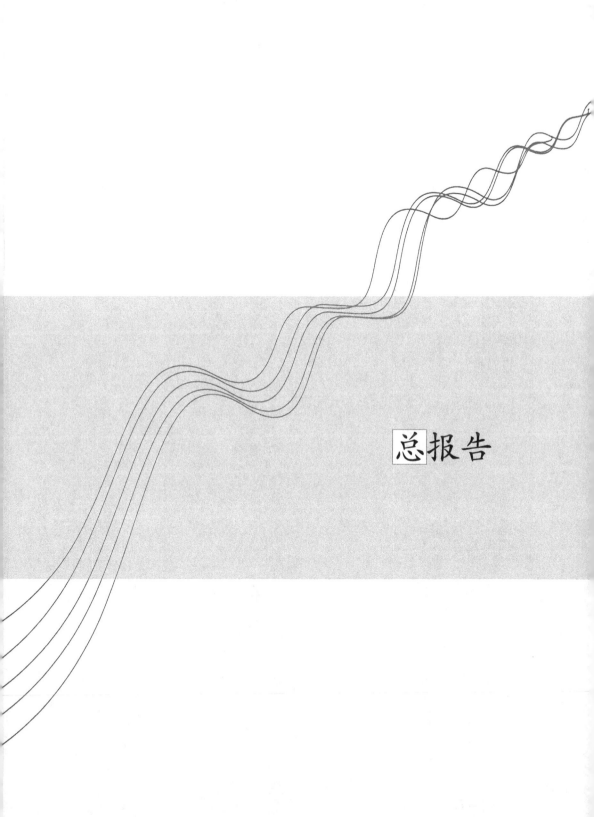

总报告

浙江省与北非国家合作

卢秋怡

摘要： 北非拥有突出的地理优势与多元交融的文化特质，国际市场辐射力和门户枢纽服务能力强，是一个充满发展前景的地区。该地区在区位、人口、市场和资源方面的发展潜力与日俱增，在对外合作上持续展现出较大的吸引力。这也将在未来相当长的一段时间内成为浙江省深化与北非国家合作的重要驱动力。2013—2023年，浙江省与北非国家的合作，无论是在人、物、财、智的交流上，还是在合作制度设计上，均已建立了良好的基础，并取得了相对丰硕的合作成果，为持续深化双方的关系打下了牢固的合作根基。未来浙江省与北非国家合作的互补性、互利性与非排他性是双方进一步深化合作的持续性内生动力。双方若能更好地结合彼此的特色优势相互成就，还将迸发出新的活力、展现出新的发展需求与空间。在构建更加紧密的中非命运共同体，持续推动"八八战略"走深走实，奋力推进实现"两个先行"，建设更高水平的对外开放体系，以及北非各国普遍有求发展、保民生、谋改革的强烈意愿的背景下，浙江省与北非国家的合作，无论是就交往基础、政策利好、合作意愿、发展战略契合度、合作互利性方面而言，还是从各类发展要素的互补性来看，均有较好的前景。深化双方合作不仅高度契合彼此的发展需求，也将服务于中非合作提质增效的大局。未来浙江省与北非国家深化合作的前景广阔。

关键词： 浙江省；北非；共建"一带一路"；中非命运共同体

作者简介： 卢秋怡，博士，浙江师范大学非洲研究院助理研究员、网络空间国际治理研究基地骨干。

2021年11月，国务院新闻办公室发布《新时代的中非合作》白皮书，指出"新时代的中非合作是中非双方实现共同发展的必由之路，将为构建更加紧密的中非命运共同体奠定更加坚实的物质基础，也将为促进发展中国家群体性崛起、推动国际力量对比向更加均衡的方向发展注入强劲动力"①。中国对非合作走在国际对非合作的前列，而作为中国对非合作的重要省份，浙江省在中国对非合作大局中一直扮演着相当积极的角色。北非是浙江省对非合作中的一个重要地区板块，不仅是未来深化浙江省与非洲合作的有机组成部分，也是推动中非合作不可或缺的部分。因此，未来浙江省深化与北非乃至非洲国家的合作，不仅是积极推动共建"一带一路"、落实全球发展倡议、全球安全倡议和全球文明倡议，构建更加紧密的中非命运共同体的有力举措，也是浙江省不断提升自身对外开放水平和寻求与北非国家合作的现实需求。

北非指非洲大陆北部地区，包括阿尔及利亚、埃及、突尼斯、摩洛哥、苏丹、利比亚六国和西撒哈拉地区，面积共计790.8万平方公里②，约占非洲总面积（3020余万平方公里）的26%。北非六国人口总计2.5亿，约占非洲五十四国13.75亿人口的18%（2021年数据）。③从区位特点看，北非位于亚欧非三洲的交会之处，在地理位置、物流交通和市场辐射力上极具战略重要性，且扼守"21世纪海上丝绸之路"的战略要冲，在世界能源供应中占有重要地位。北非地区被地中海、大西洋、红海包围，整体海岸线绵长④，港口资源丰富，水运交通发达，也是亚非欧三洲陆上交通的枢纽，在国际贸易中占据重要位置。尤其是摩洛哥距西班牙仅13公里，而直布罗陀海峡为大西洋、南欧、北非和西亚要冲；埃及的苏伊士运河走廊是连接大西洋与印度洋、沟通红海与地中海的重要枢纽。

同时，北非地区国家既是非洲国家，又是阿拉伯国家，还曾是法国和英国的殖民地，具有极其独特的文化个性。阿拉伯语为该地区国家的官方语言，其中阿尔及利亚、摩洛哥和突尼斯三国还通用法语，苏丹通用英语。得益于优越的地理位置和文化特性，北非国家的市场辐射力普遍较强。目前，北非国家已与多个双边和多边政治经济体签订了贸易合作协议，既是非洲大陆自由贸易区

---

① 中华人民共和国国务院新闻办公室.《新时代的中非合作》白皮书. [2023-01-03]. http://www.scio.gov.cn/ztk/dtzt/44689/47462/index.htm.

② 其中阿尔及利亚238.0万平方公里、埃及100.1万平方公里、突尼斯16.2万平方公里、摩洛哥45.9万平方公里、苏丹188.0万平方公里、利比亚176.0万平方公里、西撒哈拉26.6万平方公里。

③ 根据世界银行2021年数据统计，参见：https://data.worldbank.org/.

④ 其中埃及约2900公里、利比亚约1900公里、摩洛哥约1700公里、突尼斯约1300公里、阿尔及利亚约1200公里、苏丹约720公里。

成员，又属于阿拉伯自由贸易区成员。阿尔及利亚、埃及、突尼斯、摩洛哥等国还与欧盟签署了贸易合作协定，其产品出口欧盟市场享有免关税或关税优惠等待遇，可以同时辐射欧洲、中东和非洲三大市场。苏丹也被纳入"出口安排和新注册出口商电子体系"（registered exporter system），注册的苏丹企业可享受零关税、免配额出口欧盟待遇。而利比亚已与大多数欧洲和非洲国家签订了经济贸易合作协议，并参加了大多数重要的阿拉伯地区性协议。

可以说，北非的区位优势突出地表现在其国际市场辐射力和门户枢纽服务能力方面。但当前无论是在共建"一带一路"有关的区域研究中，还是在中国对外合作的相关成果中，北非作为一个次区域研究对象长期备受忽视，这与其重要的战略地位并不匹配。对浙江省与北非国家合作的相关分析，可为了解北非地区的发展前景提供有益参考，也可为中国未来如何深化与北非国家的合作提供观察窗口。需要说明的是，由于西撒哈拉为争议地区[①]，数据较难获取，文中关于北非地区的数据除特殊说明外，一般指阿尔及利亚、埃及、突尼斯、摩洛哥、苏丹、利比亚六国数据，不包含西撒哈拉地区的数据。

一、浙江省与北非国家深化合作的动力

2013—2023 年，浙江省与北非国家的合作不仅受到中非合作各项利好政策与不断完善的各类合作机制平台的推动，也受益于北非是一个充满希望和发展潜力的地区。从北非国家发展前景来说，除了前文提到的区位潜力外，人口潜力、市场潜力和资源潜力，将在未来长时间内成为浙江省深化与北非国家合作的客观驱动因素。

（一）人口潜力

北非地区人口结构呈现出高度年轻化的特点，人口潜力成为其发展的重要竞争优势。北非六国年龄在 30 岁以下的人口比例极高。据 2021 年世界银行数据，苏丹 0—29 岁的人口比例高达 96%，埃及次之，为 83%，利比亚、阿尔及利亚和摩洛哥的相关占比在 74% 左右，突尼斯虽然以 65% 位于末尾，但该比例仍能展现出该国人口"年轻化"的特点（见表 1）。未来，北非人口的增长

---

① 关于西撒哈拉地区的争议性，参见：卢秋怡. 西撒哈拉问题的演化、影响及症结. 阿拉伯世界研究，2020（2）：137-156.

仍与非洲大陆人口增长的态势保持一致。根据联合国《世界人口展望2021》数据，预计到2050年非洲人口将占全球人口的25.5%，全球一半的新增人口将来自非洲；2022—2050年埃及将成为全球新增人口最集中的八个国家之一。[①]这意味着北非地区将在相当长的一段时间内保持劳动力充沛的竞争优势。

尽管非洲的人口潜力凸显，但其人口红利仍有待开发。世界银行数据显示，非洲的人口红利只有在确保劳动年龄人口充分就业，并且能够实现储蓄增长的情况下才能实现[②]，但在大多数非洲国家，就业机会与人口增长脱节。根据非洲开发银行数据，在近4.2亿15—35岁的非洲青年中，三分之一的青年处于失业状态，另外三分之一处于弱势就业状态，只有六分之一从事有薪工作。[③]2021年世界银行数据显示，埃及在北非国家中的失业率最低，但仍远高于全球平均水平6.2%和撒哈拉以南国家的平均水平7.7%，而苏丹和利比亚的失业率逼近20.0%，突尼斯也达到了16.8%的高失业率水平（见表1）。显然，就业率的提升在很大程度上可将人口潜力转化为未来发展源源不断的动力，促进整个北非地区实现更强劲和更具包容性的增长。

表1　2021年北非国家人口年龄分布及失业率

国家	总人口/万	0—14岁人口占比/%	15—64岁人口占比/%	65岁及以上人口占比/%	0—29岁人口占比/%[*]	失业率/%
利比亚	696	27	68	5	75	19.6
埃及	10426	34	61	5	83	9.3
阿尔及利亚	4462	31	62	7	74	12.7
摩洛哥	3734	26	66	8	73	11.5
苏丹	4491	39	57	4	96	19.8
突尼斯	1194	24	67	9	65	16.8

数据来源：世界银行，https://data.worldbank.org/。

注：*该部分数据根据世界银行相关人口年龄分布数据统计而得。

积极的干预措施也被认为是激发人口潜力最大化的重要路径。其中，对教

[①] United Nations. World Population Prospects 2021. Geneva: United Nations. 2022: 5; 李志伟. 投资青年，非洲期待人口发展红利. 人民日报，2017-02-03（21）.

[②] S. Amer Ahmed, Marcio Cruz, Delfin S. Go, Maryla Maliszewska, and Israel Osorio-Rodarte. How Significant Is Africa's Demographic Dividend for Its Future Growth and Poverty Reduction? [2022-11-03]. https://openknowledge.worldbank.org/bitstream/handle/10986/20697/WPS7134.pdf?sequence=1&isAllowed=y.

[③] 中非民间商会. 供应链视角下的中非企业合作.（2021-08-31）[2023-01-03]. www.focac.org.cn/zgqytzfzbg/202108/t20210831_9133895.htm.

育的投资可在很大程度上激发非洲的人口红利潜力。世界银行报告分析指出，如果非洲劳动力供应的技能份额因教育程度的提高而翻倍（从 2011 年的 25% 增加到 2030 年的 50% 左右），那么到 2030 年，人口红利可以使非洲经济在原基础上增长 22%，并减少贫困 5100 万人。[①]因此，非洲年轻的人口结构将会成为国家发展的"资本"还是"阻碍因素"，与年轻人能否获得应有的教育和就业机会息息相关。近些年来，北非国家也越来越意识到，通过提供支持性政策和保障方案以激发更大的人口优势来"建设国家"，应成为其国家发展战略中的重要事项乃至优先事项。

（二）市场潜力

北非地区还是一个巨大的消费市场。当前，全球投资看好非洲市场的原因在于非洲是世界上增长最快的消费市场之一。牛津经济研究院 2020 年研究报告指出，自 2010 年以来，非洲大陆的消费支出以 3.9% 的复合年增长率增长，并在 2015 年达到 1.4 万亿美元，预计到 2030 年将达到 2.5 万亿美元；而到 2030 年，埃及将成为非洲的前三大消费市场之一，还有 9 个非洲国家的市场也将展现出较大的消费潜力，其中阿尔及利亚、摩洛哥、苏丹和突尼斯四国均被纳入该行列。[②]显然，在可预见的未来，北非地区的消费市场将是非洲大陆最具发展潜力的消费市场。而在潜在的消费行业方面，布鲁斯金学会关于非洲消费市场潜力的报告指出，非洲大陆对食品（农产品）、能源、快速消费品和奢侈品等商品的需求在不断增长，未来随着整个非洲大陆的预期收入增加，相关商品的需求量预计也将上升。[③]除此以外，非洲大陆的消费者支出不仅将带动消费者市场发展，同时还会对零售、公共事业、银行和旅游业有较大推动作用。[④]可见，作为非洲未来最具发展潜力的消费市场，北非国家的消费潜力也将逐步得到释放。

① S. Amer Ahmed, Marcio Cruz, Delfin S. Go, Maryla Maliszewska, and Israel Osorio-Rodarte. How Significant Is Africa's Demographic Dividend for Its Future Growth and Poverty Reduction?.[2022-12-23]. https://openknowledge.worldbank.org/bitstream/handle/10986/20697/WPS7134.pdf?sequence=1&isAllowed=y.

② 参见：Landry Signé. Africa's Consumer Market Potential: Trends, Drivers, Opportunities, and Strategies. [2022-10-10]. https://www.brookings.edu/wp-content/uploads/2018/12/africas-consumer-market-potential.pdf.

③ 参见：Landry Signé. Africa's Consumer Market Potential: Trends, Drivers, Opportunities, and Strategies. [2022-10-10]. https://www.brookings.edu/wp-content/uploads/2018/12/africas-consumer-market-potential.pdf.

④ "走出去"导航网.非洲消费市场"苏醒"，未来 5 年非洲消费者支出速率超 8%.（2020-02-19）[2022-12-25]. https://www.investgo.cn/article/gb/fxbg/202002/477413.html.

　　另外，快速发展的城市化也是激发北非消费潜力和投资潜力的重要驱动力。联合国《2018 年世界城市化展望》报告数据显示，1950 年以来非洲的城市化增速一直高于世界其他地区，预计在 2050 年前其增速也将长期位居世界之首。该报告指出，1950—1990 年非洲城市化的年增长率超过 4%，尽管 2045—2050 年预计将下降至 2.7%，但其增速仍将为各个地区之最；非洲的城市人口也在 1950—2018 年增长了约 16 倍，从 3300 万增加到 5.48 亿，预计 2018—2050 年非洲的城市人口会增加近两倍，到 2050 年将有 15 亿城市居民，占世界城市人口的 22%。[①] 从联合国的统计数据看，北非地区居住在城市的人口百分比居于非洲大陆的总体水平之上。其中，利比亚、阿尔及利亚和突尼斯为北非城市人口占比较高的国家，其城市人口占比远高于非洲和世界的整体水平，预计分别从 2022 年的 81.3%、74.8% 和 70.2% 上升至 2050 年的 88.4%、84.5% 和 80.2%；苏丹的城市人口占比虽然位于北非地区末尾，但将从 2022 年的 36.0% 增加至 2050 年的 52.6%，将以 16.6% 的增速居北非国家之首，且高于非洲平均水平 14.5% 和世界平均水平 11.4%。（见表 2）然而值得注意的是，当前北非地区乃至整个非洲大陆的经济增长与城市化发展速度并不相匹配，大多数国家普遍面临着基础设施落后与不足、城市化缺少产业发展支撑而无法吸纳大量进城劳动力、大城市人口膨胀等突出挑战。因此，在可预见的未来，北非地区对包括农业、信息通信、能源、交通和工业等关键部门的基础设施有着相对稳定的投资潜力，而在公共服务、创造就业和环境可持续性等方面同样也有着迫切的需求，与此相关的产业的发展潜力凸显。

表 2　1950 年、2022 年、2050 年居住在城市的人口比例　　　　　单位：%

地区	1950 年	2022 年	2050 年
世界	29.6	57.0	68.4
非洲	14.3	44.4	58.9
北部非洲	25.9	53.0	64.1
阿尔及利亚	22.2	74.8	84.5
埃及	31.9	43.0	55.6
利比亚	19.5	81.3	88.4
摩洛哥	26.2	64.6	77.2
苏丹	6.8	36.0	52.6

---

① United Nations Department of Economic and Social Affairs. World Urbanization Prospects: The 2018 Revision. [2022-12-25]. https://population.un.org/wup/Publications/Files/WUP2018-Report.pdf.

续表

地区	1950 年	2022 年	2050 年
突尼斯	32.3	70.2	80.2
西撒哈拉地区	31.0	87.0	90.7

数据来源：联合国经济发展和社会事务部，https://www.un.org/en/desa。

此外，鉴于过去北非国家发展模式的不可持续性和当前该地区国家所面临的紧迫的气候变化压力，建设基于绿色和可再生能源发展的气候适应型经济将是北非地区实现可持续发展的关键，否则该地区巨大的发展潜力将无法实现。因此，随着北非地区开始从传统经济向知识经济转型，对绿色工业、数字技术、电子商务、银行和其他服务行业的投资也将展现巨大的发展潜力。

（三）资源潜力

北非地区自然资源丰富，石油、天然气、磷矿和可再生能源等自然资源优势突出，在北非国家的经济发展中占有重要地位。

北非地区是世界上油气富集区之一。该地区目前已发现探明储量大于 500 百万桶油当量的世界级大型和超大型油气田约 50 个。[①] 在石油资源方面，截至 2020 年年底，利比亚的石油剩余探明储量为 63 亿吨，居非洲第一，世界第十，储采比为 339.0；阿尔及利亚石油剩余探明储量为 15 亿吨，居非洲第三，世界第十五；埃及石油剩余探明储量为 4 亿吨，居非洲第六；苏丹石油剩余探明储量为 2 亿吨，储采比为 47.7；突尼斯石油剩余探明储量为 1 亿吨，储采比为 32.7。[②] 在天然气方面，阿尔及利亚天然气剩余探明储量为 2.3 万亿立方米，居非洲第二，储采比为 28.0；埃及天然气剩余探明储量为 2.1 万亿立方米，居非洲第三，储采比为 36.6；利比亚天然气剩余探明储量为 1.4 万亿立方米，居非洲地区第四，储采比为 107.4。[③]

丰富的油气资源使得北非处于非洲能源中心这一核心战略位置。2010—2020 年，除尼日利亚和安哥拉外，阿尔及利亚、利比亚和埃及长期稳定居于非

---

① 黄雷，等. 北非地区中生代盆地区域沉积中心发育机制新认识及油气差异富集效应. 现代地质，2022（5）：1219.

② British Petroleum. Statistical Review of World Energy 2021. [2022-12-25]. https://www.bp.com/content/dam/bp/business-sites/en/global/corporate/pdfs/energy-economics/statistical-review/bp-stats-review-2021-full-report.pdf.

③ British Petroleum. Statistical Review of World Energy 2021. [2022-12-25]. https://www.bp.com/content/dam/bp/business-sites/en/global/corporate/pdfs/energy-economics/statistical-review/bp-stats-review-2021-full-report.pdf.

洲前五大石油生产国的位置。[①]2022年非洲十大产油国名单中，阿尔及利亚以97万桶/天的产量成为非洲第三大产油国，该国正致力于将产量恢复至130万桶/天的水平；而尽管利比亚已探明的石油储量位居非洲第一，但由于政局不稳及油田缺乏维护，经常出现限制生产、封锁出口等局面，其产量仍有较大的波动[②]，2022年，该国以94.6万桶/天的产量位居非洲第四；埃及则以55.64万桶/天的产量位居非洲第五。[③]其中阿尔及利亚与利比亚还为石油输出国组织（简称"欧佩克"，OPEC）成员。此外，阿尔及利亚、埃及和利比亚均属非洲重要的天然气生产国。2021年，阿尔及利亚以24.8万桶/天的产量成为非洲第一大液化天然气生产国，位居世界第十，而埃及和利比亚则分别以4.7万桶/天和4.0万桶/天的产量位居非洲第三和第四。[④]

北非地区也是世界磷矿资源的富集之地。根据美国地质调查局（USGS）2022年公布的数据计算，2021年北非地区已探明的磷矿资源储量约占世界磷矿资源储量的78%。其中，摩洛哥和西撒哈拉以500亿吨储量的绝对优势排在世界第一，约占世界总储量的70%，同时，摩洛哥也是世界主要的磷产品生产国；埃及和阿尔及利亚则以28亿吨和22亿吨的储量分别位列世界第三和第四；突尼斯的已探明储量为1亿吨，与摩洛哥、埃及和阿尔及利亚一样，是世界重要的磷产品生产国之一。[⑤]

北非还具有发展以太阳能和风能为主的可再生能源的天然条件。北非地区太阳能资源丰富，其位于全球太阳辐射强度高值区，年太阳辐射强度在1800—2600千瓦时/米^2，被认为是最适合发展太阳能的地区之一，其太阳能开发和

---

① 参见：British Petroleum. Statistical Review of World Energy 2021. [2022-12-25]. https://www.bp.com/content/dam/bp/business-sites/en/global/corporate/pdfs/energy-economics/statistical-review/bp-stats-review-2021-full-report.pdf.

② 2010—2022年，利比亚石油日均产量（万桶/天）依次为：179.9、51.6、153.9、104.8、51.8、43.7、41.2、92.9、116.5、122.8、42.5、126.9、94.6。数据整理自：Statistical Review of World Energy 2022. [2022-12-25]. https://www.bp.com/content/dam/bp/business-sites/en/global/corporate/pdfs/energy-economics/statistical-review/bp-stats-review-2022-full-report.pdf; 2022年阿尔及利亚成为非洲第三大产油国.（2022-06-12）[2023-02-12]. http://dz.mofcom.gov.cn/article/jmxw/202206/20220603318141.shtml.

③ 中华人民共和国商务部. 2022年阿尔及利亚成为非洲第三大产油国.（2022-06-12）[2023-02-12]. http://dz.mofcom.gov.cn/article/jmxw/202206/20220603318141.shtml.

④ British Petroleum. Statistical Review of World Energy 2022. [2022-12-25]. https://www.bp.com/content/dam/bp/business-sites/en/global/corporate/pdfs/energy-economics/statistical-review/bp-stats-review-2022-full-report.pdf.

⑤ British Petroleum. U.S. Geological Survey. Mineral Commodity Summaries 2022.（2022-01-31）[2023-02-12]. https://www.usgs.gov/centers/national-minerals-information-center/mineral-commodity-summaries.

光电相关基础设施建设的潜力巨大。该地区的风能潜力也非常突出，北非各国中，风能靠前的 10% 的地区的 100 米高空风能密度在 560—800 瓦/米^2，平均风速可达 8.5—9.7 米/秒。[①]但是长期以来，北非国家的能源结构中以油气为主的传统化石能源占绝对地位，可再生能源的开发利用在相当长一段时间内受到能源电力消费价格补贴机制的抑制，加之北非国家发展可再生能源的实际阻力较大，导致可再生能源发展极其缓慢。只有电力价格相对较高且高度依赖能源进口的摩洛哥具有发展可再生能源的强烈意愿，因而其在相关领域的发展上起步较早，发展也相对较好。

2011 年北非变局发生后，该地区经济结构较为单一的脆弱性外显无遗，恢复因动荡而恶化的经济状况、推动经济朝多元化方向发展，成为北非国家普遍追求的目标。受到快速增长的电力需求的推动，北非地区的可再生能源发展迎来了良好的契机，被普遍视为实现经济复兴和优化经济结构的重要组成部分。各国纷纷制定了相关的可再生能源发展规划或设立了相关的发展目标，其中，埃及与摩洛哥的发展势头相对良好。不过截至 2023 年，北非各国的可再生能源装机容量与规划目标仍存在很大的距离（见表 3）。在可预见的未来，北非地区的可再生能源发展前景广阔。

表 3　北非国家 2013—2023 年可再生能源装机容量及 2030 年发展规划

国家	可再生能源装机容量 / 兆瓦											2030 年规划目标 / 兆瓦	2030 年规划占比 /%
	2013	2014	2015	2016	2017	2018	2019	2020	2021	2022	2023		
阿尔及利亚	253	266	299	499	592	604	604	585	505	590	590	22000	27
摩洛哥	1837	2143	2307	2417	2539	3272	3272	3522	3638	3725	4150	10000	52
埃及	3457	3457	3658	3681	3802	4793	5690	5934	6258	6322	6709	54000	42
突尼斯	272	312	330	340	349	375	391	406	406	508	817	4700	30
苏丹	1536	1538	1541	1547	1557	1740	1761	1798	1817	1817	1871	5300*	50
利比亚	5	5	5	5	5	5	5	5	6	6	8	4600	22

数据来源：Abu Dhabi. Renewable Energy Statistics 2023. International Renewable Energy Agency, 2023(2); Abu Dhabi. Renewable Energy Statistics 2024. International Renewable Energy Agency, 2024(2); https://www.iea.org.

注：*5300 兆瓦为苏丹 2031 年可再生能源装机容量的规划目标。

---

① 数据根据全球风图集（Global Wind Atlas）整理，参见：https://globalwindatlas.info/en/。

二、浙江省与北非国家合作的基础与成效

2013—2023 年，在"一带一路"倡议的合作框架下，浙江省与北非国家在贸易、投资等领域的务实合作取得了显著的成果，成了未来浙江省与北非国家深化合作的重要发展基础。

（一）持续发展的贸易基础

贸易往来是 2013—2023 年中非合作中最活跃和最重要的领域，不仅促进了多领域、多层次中非合作体系的形成，也将成为未来浙江省与北非国家深化合作的重要推动力量。

根据中国国家统计局数据，2013—2023 年，中非货物进出口额整体呈波动式发展（见表 4）。但自 2009 年以来，中国连续十多年保持非洲第一大贸易伙伴国地位。2021 年中非货物进出口总额在新冠疫情背景下逆势增长 35.0%，突破 2500 亿美元，并创下 2014 年之后的新高。2023 年中非货物进出口额共计 2821 亿美元，其中出口 1727.8 亿美元，进口 1093.1 亿美元。而浙江是中国同非洲合作的重点省份。2017—2023 年，浙江省与非洲进出口额整体保持稳定上升的态势（见表 5）。得益于中非、浙江省与非洲贸易需求和政策利好的推动，2022 年浙江省与非洲双方贸易额达 3353.9 亿元，超过了 2019 年新冠疫情暴发前浙江省与非洲 3235.8 亿元的交易额（见表 5），同比增长 21.2%，大约占 2022 年中非贸易额（18786 亿元[①]）的 17.9%，证明浙江省与非洲贸易往来已经开始恢复，并在 2023 年创下历史新高，达到 3787.0 亿元。浙江省对非贸易合作的特点与中非贸易合作的高度互补性特征大体相似，对非出口以非洲所需的工业制成品为主，进口则以自身发展所缺的资源类产品为主。长期以来，浙江省与非洲贸易结构互补性较强，是双方持续性合作的内生性动力。

表 4 2013—2023 年中国与北非国家及非洲货物进出口总额 单位：亿美元

国别（地区）	2013	2014	2015	2016	2017	2018	2019	2020	2021	2022	2023
阿尔及利亚	81.9	87.1	83.5	79.8	72.3	91.0	80.8	65.9	74.3	73.8	103.1
埃及	102.1	116.2	128.7	109.9	108.3	138.3	132.0	145.5	199.7	180.1	158.1
摩洛哥	38.0	34.8	34.2	36.3	38.3	43.9	46.7	47.7	65.2	65.7	74.3

---

① 中华人民共和国海关总署. 2022年12月进出口商品主要国别（地区）总值表（美元值）.（2023-01-13）[2023-03-13]. http://www.customs.gov.cn/customs/302249/zfxxgk/2799825/302274/302275/4793979/index.html.

续表

国别（地区）	2013	2014	2015	2016	2017	2018	2019	2020	2021	2022	2023
苏丹	45.0	34.5	31.2	26.3	28.1	25.5	30.3	32.8	26.0	28.8	21.7
突尼斯	14.4	14.5	14.2	14.3	15.3	16.1	15.7	16.5	21.5	21.2	22.7
利比亚	48.7	28.8	28.4	15.3	23.9	62.1	72.7	27.1	54.0	75.3	61.0
北非六国	330.1	315.9	320.2	281.9	286.2	376.9	378.2	335.5	440.7	444.9	440.9
非洲	2102.5	2216.7	1788.0	1489.6	1706.4	2041.6	2090.2	1879.4	2542.5	2793.9	2821.0
占比 /%*	15.7	14.3	17.9	18.9	16.8	18.5	18.1	17.9	17.3	15.9	15.6

注：*指中国与北非六国货物进出口总额占中国与非洲货物进出口总额的比例。表格根据中国国家统计局数据制得，详见：https://data.stats.gov.cn/easyquery.htm?cn=C01。

表 5 2017—2023 年浙江省与北非国家及非洲进出口总额 *　　　　单位：亿元

国别（地区）	2017	2018	2019	2020	2021	2022	2023
阿尔及利亚	123.9	137.2	165.3	151.4	139.2	135.4	225.7
埃及	181.1	225.2	245.9	286.3	320.8	318.5	309.4
摩洛哥	73.0	83.6	94.0	87.1	108.3	114.1	152.0
苏丹	43.0	36.2	42.4	46.0	29.8	38.3	31.2
突尼斯	21.8	24.3	26.2	27.0	28.3	29.0	37.5
利比亚	26.8	32.6	63.5	46.7	52.7	61.3	10.6
北非六国	449.6	539.1	637.3	644.5	679.1	696.6	766.4
非洲	1744.3	1985.2	3235.8	3550.4	2767.6	3353.9	3787.0
占比 /%**	25.8	27.2	19.7	18.2	24.5	20.8	20.3

注：*2013—2016 年浙江省与非洲进出口总额分别为：224.5 亿、220.4 亿、261.3 亿、1536.9 亿元。

**指浙江省与北非六国进出口总额占浙江省与非洲进出口总额的比例。表格根据中国海关总署网（详见：http://customs.gov.cn/）以及浙江省统计局统计年鉴（详见：http://tjj.zj.gov.cn/col/col1525563/index.html）相关数据制得。

北非是中国与非洲开展贸易往来的重点地区。2013—2023 年，中国与北非国家货物进出口总额占中国同非洲货物进出口总额的平均比例约为 17.0%（见表 4）。商务部《对外投资合作国别（地区）指南》2020 年和 2021 年版的相关资料显示，中国为埃及、阿尔及利亚、摩洛哥、苏丹和突尼斯的前五大贸易伙伴之一。[1] 其中，埃及还是中国同非洲经贸往来的重点国家之一，2023 年为中国在非的第五大贸易伙伴。[2] 而中国与利比亚近 11 年的贸易往来受到利比亚局势不稳和新冠疫情冲击的影响而呈现出较为明显的波动（见表 4），尚未恢复至

---

① 参见商务部网站关于北非国家的《对外投资合作国别（地区）指南》：http://fec.mofcom.gov.cn/article/gbdqzn/。

② 数据参见国家统计局网站：https://data.stats.gov.cn/easyquery.htm?cn=C01。

2011 年利比亚战争前的稳定增长状态，但中国一直为利比亚进口的主要贸易伙伴之一。北非同是浙江省对非进出口的重点地区，2017—2023 年浙江省与北非国家进出口总额连年上升，尤其在 2021 年新冠疫情冲击之下仍实现了 679.1 亿元的交易量，占浙江省与非洲进出口总额比例的 24.5%（见表 5）。具体到国别方面，从 2017—2023 年的数据看，埃及是浙江省在北非地区的第一大贸易合作伙伴，2023 年浙江省与埃及进出口额达 309.4 亿元，占浙江省与北非进出口总额的 40.4%（见表 5）；阿尔及利亚和摩洛哥分别位列其后；尽管浙江省与苏丹、突尼斯、利比亚三国的进出口交易量相对较低（见表 5），但仍位列全国各省份与三国贸易水平的前列。

（二）稳定有力的投资基础

非洲是浙江省企业"走出去"和开展产能合作的重点地区，2013—2023 年，浙江省在推动非洲工业化水平、产业配套和出口创汇能力方面积极有为，也为未来浙江省进一步加强与北非国家的投融资合作奠定了良好的基础。

中国对非投资覆盖范围广，投资需求相互促进。中国是非洲第四大投资来源。2013—2023 年，中国对非直接投资存量整体呈上升趋势，从 2013 年的 262 亿美元波动上升至 2023 年的 421 亿美元（见表 6）。2022 年，中国境内投资者在非洲 51 个国家（地区）设立对外直接投资企业超过 3300 家。[①]中国对非投资产业不断丰富，涵盖工、农、商、渔等各个领域，已成为非洲经济包容性发展的推动力之一，在推进非洲工业化、促进就业、发展基础设施、提升东道国的工业园区管理水平方面发挥了积极作用。2021 年年末，建筑业、采矿业、制造业、金融业、租赁和商业服务业为中国对非直接投资存量前五的行业，总计占中国对非直接投资存量总额的 87.7%，其中仅建筑业和采矿业两项占比约 57%[②]，主要因为中非以基础设施和资源为基础的合作有机统筹了中国的资源需求与非洲强烈的基础设施需求。根据 2013—2023 年中国对北非国家直接投资存量情况，阿尔及利亚和苏丹成为中国在北非的主要投资对象国（见表 6），其中，阿尔及利亚是中国在海外最大的承包工程市场之一，苏丹的承包工程市

---

① 中华人民共和国商务部，国家统计局，国家外汇管理局.2023 年度中国对外直接投资统计公报.北京：中国商务出版社，2024：41-42.

② 中华人民共和国商务部，国家统计局，国家外汇管理局.2023 年度中国对外直接投资统计公报.北京：中国商务出版社，2024：26.

场 50.0% 以上由中国企业参与。埃及对中国投资者则有着持续的吸引力（见表 6），2023 年埃及与阿尔及利亚同属中国对非投资的前 15 大对象国[①]。中国对摩洛哥、突尼斯投资存量虽规模不大，但大致呈现小规模稳步增长的态势，其中，2023 年摩洛哥所吸引的中国投资大幅上涨，主要受到其发展汽车电池及产业潜力爆发的推动。另外，受到利比亚局势的影响，目前中国企业对于重返利比亚大多仍处于观望状态。

表 6　2013—2023 年中国对非洲和北非国家直接投资存量　单位：千万美元

国别（地区）	2013	2014	2015	2016	2017	2018	2019	2020	2021	2022	2023
非洲	2618.6	3235.0	3469.4	3987.7	4329.7	4610.4	4439.0	4339.9	4418.6	4090.1	4211.5
阿尔及利亚	149.7	245.2	253.2	255.2	183.4	206.3	177.5	164.4	171.6	162.2	170.0
埃及	51.1	65.7	66.3	88.9	83.5	107.9	108.6	119.2	127.3	120.3	128.7
摩洛哥	10.3	11.4	15.6	16.3	31.8	38.2	30.3	38.3	34.9	28.3	51.3
苏丹	150.7	174.7	180.9	110.4	120.2	132.5	120.3	112.0	111.6	88.6	95.2
突尼斯	1.4	1.5	2.1	1.6	1.5	2.2	3.7	2.9	3.3	2.6	0.9
利比亚	10.9	10.9	10.6	21.1	36.7	42.6	29.9	15.5	13.9	8.8	7.3

数据来源：中华人民共和国商务部，国家统计局，国家外汇管理局.2022 年度中国对外直接投资统计公报.北京：中国商务出版社，2023.

　　非洲是浙江企业"走出去"的重点目的地之一。目前，浙江省已有一批优秀的企业在非洲落地扎根并开花结果。2019 年与 2021 年，浙江省多家企业入选《中非经贸合作案例方案集》，数量位居全国前列，成为引领地方对非合作的典范。值得一提的是，过去几年由于新冠疫情和非洲的债务问题，银行业普遍把对非投资的风险等级上调，中非投融资合作的发展进步是相当有限的。但在此大背景下，浙江省的民营资本对非投融资仍展现出较高的意愿与活力。如2022 年 11 月中国（浙江）中非经贸论坛暨中非文化合作交流周开幕式上，浙江省 26 个对非经贸合作项目集中签约，签约金额达 579.78 亿元，签约项目包括浙江华友钴业非洲锂原材料采购项目（200 亿元）、中天建设集团贝宁项目、肯尼亚蓝海力 40 兆瓦风力发电项目等。此外，会上还揭牌成立了中非跨境人民币结算中心（浙江），为中非建立良好的合作提供了更加便捷的结算渠道，也为降低企业的汇率成本以及汇率风险做出了切实可行的努力。

---

① 中华人民共和国商务部，国家统计局，国家外汇管理局.2022 年度中国对外直接投资统计公报.北京：中国商务出版社，2023：54-56.

浙江对非投融资有效地推动了浙江省与非洲的经济合作，为两地经济发展带来了实实在在的好处。如在改善民生方面，浙江建设集团承建的阿尔及尔省奥力得法耶特（Ouled Fayet）镇1500套租售房项目是阿尔及利亚政府的重点保障房项目，建成后成为该国同期最好的政府保障住房项目之一，并被作为样板在全国推广，成为中国企业参与当地改善民生的重要代表之一；在能源开发方面，浙江正泰新能源开发有限公司投资承包的本班（Benban）光伏项目，为埃及带去了中国高端光伏产品和先进经验，并促进低碳减排，可实现25年电力零排放，同时还助力解决当地就业问题和技能培训需求；在产能合作方面，巨石埃及玻璃纤维有限公司已建成的年产34万吨玻璃纤维生产基地不仅为埃及创汇增收，创造了大量的就业机会，同时也有效地推动了埃及上下游相关产业链的蓬勃发展，助力该国制造业转型升级；再如浙江恒石纤维基业有限公司在埃及投建的风电织物生产基地项目，也有效地带动了当地的劳动力就业和经济发展，填补了当地风电产业链的空白，成为中非产能合作的典范。

总而言之，2013—2023年，在中国与非洲和阿拉伯国家共建"一带一路"的大环境下，浙江省发展成为中国地方开展对非合作的重要窗口，并在对非工作中起到了积极的示范作用。虽然过去浙江省对非交往或对非工作的核心动机更多的是经济动机，而贸易和投资也因此成为浙江省对北非国家活动中最为积极和活跃的领域。这11年里，浙江省与北非国家的合作交流无论在广度还是深度上均稳步拓展，双方在经贸往来、人文交流等多方面的合作快速发展，取得了实实在在的交往成果，总体呈现稳中有进、稳中向好的态势。

三、浙江省与北非国家深化务实合作的主要挑战

在当前复杂多变的国际形势下，中非合作面临的不确定因素上升，浙江省与北非国家开展合作同样面临着不少实际挑战。

（一）企业涉北非业务困境不减，拓展合作的阻力仍存

当前，浙江省与北非国家深化合作的意愿与势头并未减弱，反而有进一步加强的趋势。不过目前浙江省涉北非业务仍面临着不少现实挑战，普遍面临的问题主要有以下几点。

其一，贸易资金流通困难阻碍双方合作及相关业务的拓展。北非国家获取外汇的能力并不稳定，时常面临程度不一的外汇短缺问题，对其发展生产所需

的生产资料的进口及促进国民经济增长产生了不利的影响。如埃及面临着较为突出的外汇短缺困境，自 2022 年 2 月开始采取不断收紧的政策限制美元的汇款和流通，进口交易中停止使用"跟单托收"而只能使用"跟单信用证"的决定，仅列出可不使用信用证交易的部分例外情况，从而加强了外汇管制；同样，对于阿尔及利亚等以油气等碳氢化合物出口作为外汇收入主要来源的国家（碳氢化合物出口占国家出口总额的 95.0% 以上），油价上涨虽然缓解了阿尔及利亚等产油国的美元短缺困境，但是对摩洛哥等非产油国则产生了不利影响。这并不利于浙江省与北非企业间合作与业务的进行与拓展。

其二，原有的合作模式在推动浙江省与非洲合作的持续发展方面展现出一定的局限性。当前，北非国家的增长模式仍不具备可持续性，仍严重依赖自然资源作为经济增长的动力，不利于未来的增长。另外，北非国家的经济发展结构较为单一，对外依存度和经济增长的脆弱性较高，普遍高度依赖进口和以初级商品为基础的自然资源出口。转变发展方式并走可持续发展道路是北非国家未来发展的重要方向。现阶段，推动结构转型、加快工业化进程、落实民生工程、推动绿色发展，是北非乃至非洲国家实现多元化发展和实现包容性与可持续增长的关键路径。近些年来，尤其新冠疫情的出现使得北非国家更加关注供应链上的脆弱性和缺陷问题，希望发展本土制造业的意愿与推进改革的力度有所增强，对工业制成品的进口限制明显增加，更希望借助外来资本协同本土力量助力其工业发展，这在一定程度上限制了原有的浙江省与非洲合作模式的发展。过去浙江省对北非出口以北非所需的工业制成品为主，进口则以自身发展所缺的资源类产品为主。尽管双方贸易合作高度互补，但过去的合作主要以"物"流为主，技术流溢出则相对较弱，这并不符合北非国家希望发展本土制造业的需求。且在可预见的未来，中国优化资源配置以及推动产业链升级转型的需求也将推动浙江省与北非国家合作模式的转变，更多地注重技术转移以及对北非等非洲国家制造业的投资与发展。

其三，"走出去"支撑不足不利于深化浙江省与北非国家的合作。浙江企业普遍有扩大或者开拓非洲市场份额的愿景，但鉴于对非洲国家的法律政策、营商环境、风土人情、宗教文化不了解，即便有拓展非洲市场的愿望，能够真正走向非洲并扎根非洲的企业数量尚不多。因此，对非合作企业希望政府能够引导对非贸易和投资，提供有组织的咨询服务、合作建议、金融保障、政策支持和扫盲培训。但当前在政策传达和落实方面存在省、市、县联动断链的情况，非洲市场未得到应有的重视和充分挖掘，对有意愿走进非洲和已经落地非洲的企业提供的服务不足，不利于拓展与北非等非洲国家的合作。

（二）联通薄弱仍为客观发展障碍，限制了合作的进一步拓展

基础设施发展长期滞后是制约北非国家经济增长的重要因素，同时也将限制浙江省与非洲合作的深入发展。联合国贸易和发展会议报告指出，非洲 54 个国家中只有 10 个国家在能源、信息通信技术和交通方面拥有相对完善的基础设施，可有效支持服务和商品在国家内部和国家之间的流动。[①]除了苏丹外，阿尔及利亚、埃及、利比亚、摩洛哥、突尼斯等 5 个北非国家均位列其中。但即便如此，对北非国家而言，对安全的能源、高效的交通、可靠的通信系统的巨大需求依然明显，区域内的联通也相对有限。如苏丹的用电紧张问题经过多年发展后有了极大改善，但目前其电力供应依然不能满足全国工农业发展需求；利比亚电力缺口较大，普遍存在输变电设备陈旧、线路老化的问题。阿尔及利亚、埃及、苏丹、利比亚等国的公路和铁路网络运力不足，多因设备陈旧落后、受到战争和恐怖袭击的破坏或因自然灾害受到损害等，急需改造、升级或维修。另外，北非国家的数字基础设施建设目前正处于快速发展阶段，虽然前景广阔，但相关的建设仍处于初步的发展阶段，服务能力和应用能力还相对有限。现阶段，基础设施发展被视为北非地区乃至整个非洲大陆解放生产力和可持续经济增长的关键推动力，这从该地区国家的发展规范均强调对基础设施的需求中可见一斑。除此以外，贸易壁垒以及缺乏多样化的生产和出口结构也大大限制了北非经济发展的可能性，一定程度上限制了其经济规模扩大的潜力。

因此，除了相对落后的基础设施，复杂的贸易壁垒、地区国家之间的经济结构互补性弱等都是制约北非发展的重要因素。可以预测，联通薄弱也将成为浙江省与北非合作的客观限制因素。

四、浙江省与北非国家深化务实合作的未来

在中非合作日益深化的大背景下，浙江省与北非国家的进一步合作将有利于推动中非合作提质增效的大局。浙江省与北非国家的合作不仅有着牢固的历

---

① UN Trade and Development. Economic Development in Africa Report 2022. [2024-01-19]. https://unctad.org/system/files/official-document/aldcafrica2022_Ch1_en.pdf.

史基础，而且未来一方面受双方发展需求的驱动，另一方面若能结合彼此发展的特色优势互相成就，还将迸发出新的活力，展现出新的发展需求与空间，为双方进一步深化合作提供强有力的动力与更多的机遇。

（一）发展方向契合度高，未来深化合作可期

浙江省与北非国家的发展战略方向契合度高，未来加强合作可期。

现阶段，浙江省在中国全面建设社会主义现代化国家新征程、向第二个百年奋斗目标进军的历史时期，被赋予了"探路先锋"的使命。2020年，习近平总书记在考察浙江时提出了浙江"努力成为新时代全面展示中国特色社会主义制度优越性的重要窗口"[①]的目标定位；2021年5月即"十四五"开局不久，浙江又被赋予了高质量发展建设共同富裕示范区的使命。国家赋予浙江的重托与高期待值将浙江的地位提升到了一个全新的战略高度，也为浙江的发展带来了新动力和新机遇。2023年浙江省政府工作报告将"高质量发展建设共同富裕示范区，体系化推进中国式现代化省域实践，推动共同富裕先行和省域现代化先行取得优异成绩"作为未来5年浙江发展的一个重要目标；报告还提出"要建设更高水平对外开放体系，全方位参与共建'一带一路'"，将其作为推进"两个先行"的落实路径之一。[②]而与非洲合作是参与共建"一带一路"最重要的方向之一，也是推进较为积极和进展相对顺利的合作方向。可以说，未来深化与北非乃至非洲国家的合作，是浙江省推进高水平对外开放的一个重要战略路径和全方位参与共建"一带一路"不可或缺的部分。此外，进入21世纪以来，北非国家在推动经济结构改革、促进人的发展、发展的可持续性以及发展的自主性上面临着不同程度的问题与困境，这在一定程度上为浙江省加深与北非国家的合作创造了机会。可以说，未来浙江省与北非国家加强往来的战略驱动力强劲，双方深化合作的前景广阔。

（二）各自特色优势明显，持续合作潜力巨大

自2003年时任浙江省委书记习近平提出浙江面向未来发展的"八八战略"以来，开放通道、民营经济、数字赋能、绿色发展已逐渐成为浙江省扩大国

---

① 袁家军.践行"八八战略" 打造"重要窗口".人民日报，2021-05-16（5）.

② 王浩.政府工作报告——2023年1月12日在浙江省第十四届人民代表大会第一次会议上.浙江日报，2023-01-18（1）.

内、国际两个市场联动效应的重要优势，这与北非国家的发展潜力和需求相得益彰，有利于双方开展可持续性合作。

首先，浙江省和北非都有突出的区位条件，双方可利用彼此的特色相互促进。浙江省一直是长三角经济带发展的重要引擎，加之十多年来瞄准打造共建"一带一路"重要枢纽的定位，现已形成较为突出的"开放通道"优势，对内可辐射长三角经济带，对外可辐射共建"一带一路"国家。因此，浙江省在推动内外循环发展方面拥有相对成熟的经验。目前浙江省已基本形成海港、陆港、空港、信息港"四港"联动的一体化"开放通道"发展格局，在港航基础设施、集疏运体系、国际一流航运中心建设，以及在以港兴产、以产兴城的港产城融合发展上具有相对成熟的经验。这对北非国家进一步发挥其区位潜力以带动国内、国外联动发展、推动相关基础设施升级改造、加强物流发展的自主性方面大有裨益。而如前文所介绍的，北非的区位优势更突出地表现在其国际市场辐射力和门户枢纽服务能力上，北非不仅可作为浙江企业出海西亚非洲优先考虑的目的地之一，还可成为各类商品进入欧美的集散地。未来，浙江省与北非可进一步利用各自的区位条件特点和优势共同发展、相互促进。

其次，浙江省的民营经济实力在激发北非国家发展潜力方面大有可为。2023 年 7 月《中共中央 国务院关于促进民营经济发展壮大的意见》提出要"促进民营经济做大做优做强，在全面建设社会主义现代化国家新征程中作出积极贡献，在中华民族伟大复兴历史进程中肩负起更大使命、承担起更重责任、发挥出更大作用"。[①]浙江省是民营经济大省，民营经济是其发展的特色与优势。浙商是中国较早探索并进入非洲市场的地域性投资群体，其敢为人先、创新创业、勇闯天下的精神使得浙江省对非合作网络遍布非洲大地，是推动浙江省与非洲共同发展的积极践行者。2023 年 2 月，浙江省提出实施"地瓜经济"提能升级的"一号开放工程"，积极支持数量庞大的浙商群体"跳出浙江发展浙江"，积极有为地推动浙商高水平"走出去"闯天下与高质量"引进来"强浙江的双向循环，以更好地实现浙江省和当地社会经济发展的有机统一。长期以来，北非国家的人口潜力、资源潜力、市场潜力和投资潜力虽然巨大，但其在推动国家建设、服务国家发展方面均未能被充分地激活，而结构转型特别

---

① 中华人民共和国中央人民政府.中共中央 国务院关于促进民营经济发展壮大的意见.（2023-07-14）[2023-07-20]. https://www.gov.cn/zhengce/202307/content_6893055.htm.

关注通过增加资本积累、加速技术革新、引进新的经济活动、发展市场和经济日益正式化来提高劳动生产率。浙商在资金流、技术流、人才流的注入可助力激活北非国家各类发展要素的潜力，未来可在推动北非工业化，解决就业、农业、教育、卫生等民生问题上发挥更加积极的作用。同时，北非地区的发展潜力对浙商而言也具备相当的吸引力，特别是其资源优势、市场与投资潜力对浙商"走出去"及浙江稳链、强链、补链和保障产能供应有积极的意义。

再次，浙江省的数字经济优势将成为未来与北非国家深化合作的重要动力之一。数字经济被普遍视为经济发展与经济结构重塑、转型的重要引擎，浙江省与北非国家均将数字化赋能视为各自发展规划中的重要内容。浙江省自 2017 年推动实施数字经济"一号工程"以来，已成为中国"数字经济"强省和推动"数字丝绸之路"建设的主要力量，在新型基础设施、数字产业化与产业数字化、数据要素市场与数字生态建设各方面取得积极成效，尤其在数字贸易、数字化治理、云计算与大数据、人工智能等领域发展势头迅猛。当前北非国家普遍重视数字化发展在刺激经济复苏、创造就业和促进社会公平及性别平等方面的"数治"潜力。但该地区国家无论是在数字接入、数字使用，还是在数字能力上，均存在不同程度的"数字鸿沟"，因而在数字方面的发展需求较大。而浙江省在数字生态系统建设方面具有一定的比较优势，且北非地区的数字经济市场被普遍看好。未来浙江省可通过三方发展筹资或者扩大混合发展筹资的方式，拓展与北非国家在数字基础设施建设方面的合作，或者广泛参与与北非国家在物联网、通信、云计算和大数据、人工智能等领域的技术合作，共享数字经济发展成果。此举不仅高度契合浙江省推动"数字浙江"建设和"以信息化带动工业化"的发展战略，还有助于消除北非存在的"数字鸿沟"，并提升数字化发展在北非的惠普性和可及性，同时，浙江省的数字经济优势也将在深化与北非国家的合作中进一步释放。

最后，绿色低碳发展需求将为浙江省与北非国家合作共享创造更多机遇。过去，浙江在"绿水青山就是金山银山"理念的引领下，在经济转型升级、资源利用、环境改善、城乡均衡发展等方面为中国的绿色发展做出了积极探索。在共同应对全球气候变化的大背景下，绿色低碳越来越成为推动可持续发展和高质量发展的鲜明导向。北非国家发展绿色能源的天然优势突出，在推进建设以风电、光伏发电等新能源为主体的新型电力系统和推动"风光油气电"融合发展等方面，不仅潜力突出且需求巨大，低碳经济有望成为北非国家经济发展的重要增长点。而且，北非国家在应对气候变化的资金与技术方面存在短板，能源转型仍面临不少挑战。未来，合作共赢的气候治理新局面将为浙江省与北非国家的绿色合作带来新机遇。浙江省与北非国家可围绕能源有效开发、能源清洁化、能源利用等领域加深合作，加强绿色低碳技术创新合作，还可在以数字化改革撬动经济社会发展全面绿色转型方面深化经验交流，共同推进碳达峰和碳中和，不断提高合作的质量和水平。

五、浙江省与北非国家深化合作的建议

当前中国与北非深化合作的战略驱动趋势不变、可持续合作的内生动力稳固、合作意愿整体上也较为强烈，可以预见，浙江省与北非国家的合作也将成为浙江省深化对非合作的重要组成部分。在新时代推动构建中非新型战略伙伴关系的背景下，提升地方参与的积极性也越发重要。为促进各发展要素在浙江省与北非国家的合作中高效流动，结合当今时代发展的特点，紧密围绕浙江省与北非国家政府、企业和民众的关切来确定优先合作顺序和重点方向尤为关键。为此，建议浙江省与北非国家坚持遵循真实亲诚的义利观，着手构建以"发展"为议题、以"人"为本的互利共赢合作格局，保障双方的合作行稳致远。就理论层面而言，浙江省与北非国家深化合作可以从以下几个方面推进。

首先，在对接国家发展需求层面，未来浙江省与北非国家的合作需与该地区国家的发展战略相协调，引导和激励相关人才流、技术流、资金流、物资流和信息流在推动区域国别长远发展战略的优先领域和关键行业实现有效流动。

其次，在助力企业发展层面，未来中非合作的高质量发展离不开双方携手为中非企业提供更多有利的发展要素，如创新制度推动贸易投资更加便利化，为企业和人员安全提供充足的保障，在金融支持、资金流动、信息服务等方面重点解决企业关切等。

再次，在满足民众需求层面，遵循以"人"为本的合作导向，是打造浙江省与北非合作知识体系和话语体系的内核所在。未来浙江省与北非国家的合作更需加强重视有利于非洲改善民生如农业减贫、教育就业、医疗卫生、能力建设等领域的合作。

最后，围绕健康、绿色、数字、创新等新领域培育合作新增长点符合当前时代发展的趋势，也应成为未来浙江省与北非国家深化合作的一个重点推进方

向，从而更好地推动双方合作向广度拓展、向深度推进，从而实现更大范围、更宽领域、更深层次的合作格局。

在具体实践层面，需要加强服务保障，助力企业走进北非国家，可以从以下路径加以推进。

第一，要加强省、市、县联动。现实中，不仅民间层面对非洲缺乏了解，地方政府层面也存在忽视非洲市场的现象，不利于浙江省推动放大中非合作示范窗口的规划。鉴于此，建议省政府层面加强与地方政府的政策沟通，确保深化对非合作规划能有效传达到位，避免出现涉非企业寻求帮助时信息服务提供不到位或"一刀切"的劝退情况。

第二，要加大支持物流和电商平台的自主性建设。企业对非贸易平台多依托亚马逊等国际电商平台进行销售，而自主研发的平台较少，在当前美国与中国断链脱钩加速的背景下，亚马逊等平台对商家限制的风险也逐渐增加。需要加大对跨境电商、海外仓等新业态新模式的支持力度，一方面可规避美中脱钩和汇率波动的风险，另一方面也可满足当前企业拓展业务的需求。

第三，要加强市场开拓服务保障。当前浙企已走进或有意愿走进北非等非洲国家的大多是规模较小的民营个体企业，在内部管理、人才培养、语言能力、法律知识、产品与工程质量、社会责任和长远经营规划方面都有待提高。政府应积极为企业提供市场准入和出口资质认证方面的指导和支持，如通过完善合作机制、加强信息交流、推介重点展会等举措，加大对外贸企业特别是中小微外贸企业开拓北非市场的支持力度，并做好信息咨询、商事法律等方面的服务。同时，在风险可控的前提下，鼓励国有大型金融机构加大资源倾斜，积极满足中小微企业外贸融资需求；鼓励政府性融资担保机构为符合条件的小微外贸企业提供融资增信支持。

第四，加强发挥人文交流的作用，促进相互了解以密切交流合作。目前大多民众对北非等非洲国家缺乏基本的了解，相互间的刻板印象较多，对非洲的认知普遍停留在较浅层面。企业普遍希望能够通过多种渠道了解非洲的风土人情、文化习性等，以拉近非洲人民和中国人民的距离。过去浙江省在推动中非人文交流方面取得了不错的成绩，但离高质量推动打造中非人文交流枢纽的要求还有一定的距离，尤其在影视广播、新闻媒体方面，还较欠缺具有广大社会影响力和能产生裂变性大众宣传效应的合作，而这远不符合数字时代人文交流和话语传播的特征，也难以满足当前企业了解北非（非洲）的需求。建议浙江省结合中非特点及自身特色优势，加强相关合作。如发挥好浙江横店影视城在国际交流合作、文化海外传播、国际形象塑造领域的作用，以优质内容为核心、以技术创新为支撑，扶持和引导一批具有特色优势的影视文化产品和文化服务出口北非，并有序、有规模地推动涉非动漫影视的制作和传播，讲好中北非交流或中非合作交流的故事。除此以外，还可凝聚浙江日报报业集团、浙江广播电视集团、浙江出版联合集团、浙江省文化产业投资集团四大省属文化国企，共同参与打造具有影响力的中非新闻和文化传播平台，辅以出品系列文化影视作品，助力浙江省与北非人民的相互了解。

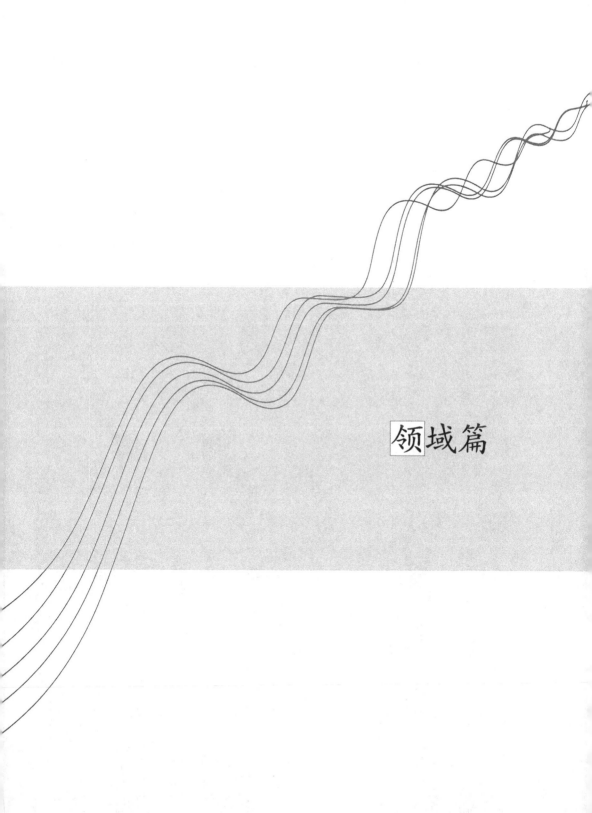

领域篇

浙江省与北非国家物流合作的基础与前景

陈越柳　夏　懿

摘要：作为制造业大省、现代物流强省、对外开放重要窗口，浙江省与北非在国际物流领域的合作初见成效，双方物流合作的空间大、前景广、需求旺，对于在变幻莫测的国际形势中保障中国能源进口和稳定北非能源出口有重大意义。当前浙江省与北非开展物流合作还面临着多重挑战：北非国家物流基础设施差，运力与储力不足；物流业深受西方影响，中非物流合作不确定性增加；国际物流信息化水平低，数字物流发展慢等。浙江在与北非的物流合作上，需要优化贸易结构与物流组合，打造国际贸易敏捷物流；加快国际物流信息化建设，创建国际数据共享平台；推进"快递出海"工程，畅通国际物流寄递大通道；衔接跨境电商高质量发展，开拓国际物流新型业态；推进交通物流基础设施建设，营建独立自主物流合作环境。浙江和北非在物流合作上的推进也将带动其他领域合作，为双方的和平发展提供源头活水。

关键词：浙江省；北非；国际物流；物流合作

作者简介：陈越柳，博士，浙江师范大学非洲研究院助理研究员。

夏懿，中央民族大学民族学与社会学学院博士研究生。

国际物流是实现国际贸易的必要基础，是打造一流营商环境的重要着力点，是实施高水平对外开放和"双循环"战略的关键环节。自国务院颁布《"十四五"现代物流发展规划》以来，中国式现代物流体系建设取得重大进展，为中国高质量发展和高水平对外开放注入了新动力。在第三届"一带一路"国际合作高峰论坛上，习近平宣布中国支持高质量共建"一带一路"的八项行动，其中构建"一带一路"立体互联互通网络成为重要行动，中国将会同各方搭建以铁路、公路直达运输为支撑的亚欧大陆物流新通道，积极推进"丝路海运"港航贸一体化发展，加快陆海新通道、空中丝绸之路建设。①"一带一路"立体互联互通网络的建设，正是新形势下应对不确定性、实现共建国家共赢的智慧举措。

北非是世界能源的主要供应区域之一，也是中国重要的经贸合作伙伴，双方在经济上具备优势互补的特点。北非国家一方面迫切需要推进地区和平发展、稳定能源出口、改善产业结构、保障自身安全；另一方面致力于谋求合作伙伴多元化和合作效益最大化，因而积极寻求和深化与中国的合作。作为制造业大省、现代物流强省、对外开放重要窗口，浙江省与北非国家稳定友好的合作，对中国和北非都具有重要意义。双方的经济合作需要建立在国际物流合作基础上，同时贸易合作新局面也推动了国际物流合作新发展。

一、浙江省现代物流体系建设与国际物流发展趋势

浙江省区位优势突出，沿海港口众多，河网分布密集，公路铁路通畅，拥有完善的交通基础设施和雄厚的贸易产业基础，强有力地支撑起浙江物流业现代化、国际化、信息化的发展，并呈现出发展快、特色强、水平高的态势。自《"十四五"现代物流发展规划》和《浙江省现代物流业发展"十四五"规划》发布以来，浙江紧紧围绕国家物流枢纽建设和现代物流发展，立足自身区位特点与产业结构，深度衔接国家重大战略，在现代物流体系建设与国际物流发展上取得显著成效，国际竞争力进一步提升，成为中国物流对外合作的重要省份。

（一）浙江省的物流格局与物流优势

浙江省在现代物流体系建设与现代物流格局规划方面，从打通物流通道、构建综合枢纽、形成国内国际循环圈等方面入手，着力优化"一湾一轴三圈四港"的现代物流总体布局，即打造大湾区物流创新示范高地、构建义甬舟双向开放物流主轴线、构筑国内国际三大物流循环圈、打造"四港"联动开放平台。同时，浙江省坚持"通道+枢纽+网络"一体建设，促进物流高效畅通，构建全域协同物流设施网络，即统筹全省物流枢纽布局、完善重大物流通道设

---

① 习近平出席第三届"一带一路"国际合作高峰论坛开幕式并发表主旨演讲.人民日报，2023-10-19（1，3）.

施网络、提升多式联运设施衔接水平、补强城乡末端设施短板。①目前，浙江的物流业发展已形成"一湾一轴三圈四港"的现代物流总体布局和"通道＋枢纽＋网络"的现代物流运行体系。在政府整体、长远的规划与布局下，浙江物流企业牢牢把握机遇，并且注重实际效益与现实可行性，不断探索出推动物流高质量发展的产业模式，极大提高了浙江的物流优势和对外合作竞争力。

首先，浙江省构筑起国内国际三大物流循环圈，推动物流从长三角区域开始，不断延伸触角，提高了物流合作的辐射力与含金量。近年来，浙江省围绕"长三角一体化"和"双循环"新发展格局，打造出国内国际三大物流循环圈，即围绕长三角一体化的长三角物流循环圈、围绕打造海陆联动的国内物流循环圈和围绕全球布局的国际物流循环圈。三大物流循环圈奠定了浙江的物流格局基本框架，它的运行与协作，不仅有效发挥了长三角世界级港口群、机场群、产业群的整合与联动作用，也扩大了浙江物流服务的区域范围与产业类型，大大提高了物流合作的辐射能力与带动能力。

其次，浙江省"四港"联动取得显著成效，促进综合交通体系实现优化，形成了高效、便捷、透明、及时、绿色、实惠的物流服务优势。"四港"联动是浙江积极响应国家"四位一体联通"、建设智慧物流的重要发展战略。浙江以海港为龙头、陆港为基础、空港为特色、信息港为纽带，构建起内畅外联、一体融合、高效智能、绿色低碳的现代物流体系。②目前，浙江已形成以宁波舟山港为核心，南北向沿海（服务沪苏温福方向，海上中转联运和海陆联运为主）、西北向沿江（服务宁波舟山港至长江沿线地区，江海联运为主）、西向沿河（服务杭嘉湖绍衢地区，海河联运为主）、西南向沿陆（服务金衢丽和长江中上游地区，海公铁联运为主）的四大联运通道。在综合运输链和全球物流链中，"四港"的相互开放与协同，推进了不同运输方式之间的有效衔接，发挥出了"四港"联动的组合效益，实现了浙江省综合交通体系的全面优化，运力显著提升、运输明显增效、运费不断降低。

再次，浙江省海运、水运、陆运运力突出，海铁联运、江海联运和海河联运成功打造出独具特色的多式联运体系。浙江海岸线总长 6486 公里，居全国

---

① 浙江省发展和改革委员会.浙江省现代物流业发展"十四五"规划.（2021-06-24）[2023-03-03].https://www.zj.gov.cn/art/2021/6/24/art_1229540815_4671278.html.

② 浙江省发展和改革委员会.浙江省现代物流业发展"十四五"规划.（2021-06-24）[2023-03-03].https://www.zj.gov.cn/art/2021/6/24/art_1229540815_4671278.html.

首位，深水海岸线 105.8 公里，港口是浙江最大的战略资源与特色优势之一。①
浙江沿海港口地处连接国际航道和国内支线的优良位置，业已形成以宁波舟山
港为中心，温州港、台州港和嘉兴港为南北两翼的现代港口联盟体系，并联合
其他沿海小港形成沿海港口群。2022 年，浙江沿海港口完成货物吞吐量 15.4
亿吨、集装箱 3800 万标准箱，分别增长 3.7%、9.2%②，其中宁波舟山港完成货
物吞吐量 12.5 亿多吨，连续 14 年保持全球第一，完成集装箱吞吐量 3335 万
标准箱，稳居全球第三。③作为世界级大港、浙江对外开放"金名片"的宁波
舟山港，港口条件极为优越，目前有万吨级以上大型泊位近 170 座，5 万吨级
以上的大型、特大型深水泊位超过 100 座；集装箱航线实现新突破，航线总数
稳定在 300 条以上，"一带一路"航线达 120 条。2022 年，宁波舟山港海铁联
运班列增至 23 条，业务已辐射全国 16 个省（区、市）、63 个地级市，年业务
量超 145 万标准箱，同比增长超 20%，创历史新高。④2022 年嘉兴港累计完成
货物吞吐量 1.32 亿吨，其中完成外贸货物吞吐量 1398.49 万吨、集装箱吞吐量
285.39 万标箱，嘉兴海河联运吞吐量达到 3788.15 万吨，水运运力全国领先。⑤
中欧班列"金华平台"持续织密境外网络，班列线路增至 22 条，全年累计开
行班列达 700 列。⑥浙江省独具特色的多式联运体系，全面提升了海运、水运、
陆运的运力与效率。

最后，浙江省的国家物流枢纽数量多、规模大，助推了省内物流业一体化、
集群化发展，增强了物流运行和循环的活力与动能。浙江省累计获批 5 个国家
物流枢纽，即宁波舟山港口型国家物流枢纽、金华（义乌）商贸服务型国家物
流枢纽、金华生产服务型国家物流枢纽、温州商贸服务型国家物流枢纽、嘉兴
生产服务型国家物流枢纽，总数量位居全国前列。宁波舟山港口型国家物流枢

① 浙江省交通运输厅融媒体中心.加快建设高水平交通强省系列报道|浙江全面深化高水平交通强省建设.
（2022-09-23）[2023-03-03]. http://jtyst.zj.gov.cn/art/2022/9/23/art_1676891_59028835.html.
② 杨烨.2022年浙江完成水运投资235亿元.（2023-01-17）[2023-03-04]. https://www.cs.com.cn/xwzx/hg/202301/
t20230117_6319400.html.
③ 浙江省交通运输厅.宁波舟山港年货物吞吐量排名蝉联全球第一.（2023-02-02）[2023-03-03]. http://jtyst.zj.
gov.cn/art/2023/2/2/art_1229304975_59030812.html.
④ 浙江新闻客户端.连续14年 宁波舟山港年货物吞吐量排名蝉联全球第一.（2023-01-31）[2023-03-05]. http://
kab.ningbo.gov.cn/art/2023/1/31/art_1229104354_58894360.html.
⑤ 嘉兴在线.嘉兴加快建设长三角海河联运枢纽港.（2023-01-29）[2023-03-06]. http://www.cnjxol.com/23790/
202301/t20230129_1105084.shtml.
⑥ 洪宇翔，等.2022年浙江海港运输生产稳中有进 集装箱增7.3%.（2023-01-07）[2023-03-04]. https://zj.zjol.
com.cn/news.html?id=1987889.

纽是我国铁矿石中转、原油转运、液体化工储运基地，以及华东地区重要的煤炭、粮食储运基地，聚集全国最大铁矿石码头、亚洲最大原油码头以及世界第二大单体集装箱码头，是世界上货物吞吐量最大的港口，是唯一一个年货物吞吐量超过 10 亿吨的超级大港，是全世界大型、特大型货船进出最多的港口。金华（义乌）商贸服务型国家物流枢纽位于全球最大的小商品集散中心义乌，其全面联动了铁公机、海网邮、义新欧、义甬舟等综合物流体系，有力保障了义乌实现"买全球 卖全球"的目标。金华生产服务型国家物流枢纽是内陆开放的重要窗口，是长三角国际大宗物资集散、交易、交割中心，"一带一路"中欧班列华东区域集结中心。温州商贸服务型国家物流枢纽由乐清湾物流园与温州机场航空物流园共同打造而成，是以航运和海运等多式联运为核心的国际物流中心。嘉兴生产服务型国家物流枢纽是浙江全面接轨上海的桥头堡，也是海陆联运的重要物流基地，是重要的长三角大宗温控商品供应链基地。可见，浙江省的五大国家物流枢纽规模庞大、分布合理、特色突出，而且都根植于本地的产业结构、区位优势与运力特点，彼此之间又相互联通，高效助推了三大物流循环圈的运行与完善，提升物流运力的同时也增强了物流循环的动力。

（二）浙江省物流对外合作的重点领域

整体而言，浙江省的物流业优势明显、实力雄厚、发展势头强劲，是全国乃至全球物流链的关键节点，浙江省是中国物流对外开放与合作的重要省份。但是，浙江物流产业的短板也很明显，国际航空物流、海外快递与海外仓储、数字物流、冷链物流等重要领域有待完善与拓展。目前，浙江省在物流对外合作方面，充分发挥传统优势的同时，努力补齐短板，立志打造成具有国际竞争力的综合物流强省，现已取得不错成绩。

第一，相较于海运、水运、陆运的显著优势，浙江在航空物流领域的国际竞争力有待提升，国际航空物流成为浙江的重要发展领域。2022 年年初，浙江省政府办公厅发布《关于加快国际航空货运发展的意见》，表明浙江将倾力促进国际航空货运的发展，并提出构建"两枢（纽）两特（色）一专（业）"的国际航空货运机场体系，打造布局合理、要素聚集、供需匹配、畅通高效的国际航空货运格局。[①]在国际航空物流整体规划上，浙江聚焦机场建设，推动加

---

① 浙江省人民政府办公厅. 浙江省人民政府办公厅关于加快国际航空货运发展的意见. (2022-01-12) [2023-03-06]. https://www.zj.gov.cn/art/2022/1/12/art_1229019365_2389295.html.

快航空物流枢纽和物流产业集群化，合理布局各机场职能，致力于将杭州机场打造成全国航空物流中心和全球"邮快跨"集散中心，将嘉兴机场打造成区域航空物流枢纽和长三角多式联运中心，联动宁波、温州、义乌机场并且结合各地产业优势打造出航空集散中心。除了机场建设和航空物流长远布局外，浙江省积极拓展国际货运航线，加快推进航运发展，加速推进国际物流网络化、立体化发展，截至 2022 年年底，浙江拓展国际货运航线达 31 条，国际航空货运储运能力持续扩容。

第二，对于快递业务全国领先的浙江而言，国际快递领域尚未形成优势，市场缺口很大，对外合作竞争力仍低于西方国际快递行业巨头。浙江加快了推进快递"出海"工程的步伐，以杭州、宁波、金华—义乌、嘉兴等邮政快递枢纽为依托，积极建立与跨境电商发展相适应的国际寄递物流大通道，完善境内外快递物流网络布局。随着国际快递经营许可权限的下放，2022 年，浙江省新许可的国际快递业务企业逐步增多，大幅提升了国际寄递物流通关效率，浙江省国际寄递产业集群初具雏形，全省已有国际快递业务企业 81 家。[①]浙江省的国际快递与欧美国际快递行业巨头之间的差距明显，无论是在物流布局、物流运力上，还是在物流配送范围、物流服务上，都与德国 DHL 以及美国 UPS、FedEx 等国际快递公司存在较大差距，进军国际快递行业竞争压力大。目前浙江的国际快递有所发展，顺丰国际等企业成为国内行业标杆，但是仍然不能满足市场需求，物流服务能力也有待提升。

第三，作为跨境电商领头羊，浙江省的海外仓、海外智慧物流等新业态急需发展，现有发展水平尚不足以满足现实需求。目前，浙江正在积极推动海外仓建设，致力于将海外仓打造成实现贸易联通、融入全球供应链的外贸基础设施。截至 2022 年 4 月，浙江共有 5 个省级公共海外仓分布在《区域全面经济伙伴关系协定》（RCEP）国家，10 个分布在中欧班列沿线国家，中欧班列沿线国家入驻海外智慧物流平台的仓有 59 个，涉及 9 个国家 26 个城市。[②]截至 2022 年年底，中邮海外仓已布局 11 个国家 14 个海外仓，助力全省 1656 家跨境卖家"浙货出海"。圆通、顺丰、佳成、盈和等邮政快递企业海外仓项目共

---

① 中国新闻网.浙江构建全球快货圈　已有国际快递业务企业81家.（2022-12-13）[2023-03-02]. http://www.scio.gov.cn/31773/35507/35513/35521/Document/1734333/1734333.htm.

② 芦磊，王琪，张晓雯.打造稳外贸内生动力 浙江建设海外智慧物流平台谱新篇.（2022-04-18）[2023-03-02]. https://www.comnews.cn/content/2022-04/18/content_6348.html.

有 36 家入驻省商务厅海外智慧物流平台。菜鸟在全球布局 6 大智慧物流枢纽，并在欧洲、美洲、中东等地区广泛建设分拨中心、海外仓及末端物流设施，服务于进出口外贸的跨境仓库已突破 100 个，覆盖亚洲、欧洲、美洲的 30 多个国家和地区，每月有 240 多架包机用于干线运输，并和全球 50 多个港口合作建立智能清关系统，为"国货出海""浙货出海"扩宽国际物流通道。①海外仓在国际供应链环节中具有"蓄水池"作用，有助于重塑浙江外贸新路径。但是目前浙江的海外仓建设水平尚未跟上跨境电商、跨境贸易的需求，市场缺口仍然很大。

第四，作为数字经济排头兵，浙江省近几年举全省之力发展数字物流、智慧物流、海外智慧物流平台建设。浙江省以数字化改革为契机，加快推进物流数字化转型，希冀以数字"软手段"啃外贸"硬骨头"。目前，浙江创造性开发出物流降本数字化场景应用，初步实现物流降本增效路径"一图可视"，为企业厘清降本路径、政府制定降本政策提供参考。而海外仓数字化建设是浙江对外物流智慧赋能的重要一环，全国唯一在商务部指导下，由浙江政府部门建设的提供公共服务的海外智慧物流平台崭露头角，为浙江的对外贸易提效赋能。截至 2022 年 9 月底，平台已入驻公共海外仓 356 个，覆盖全球 50 个国家198 个城市，入驻海外仓总面积超过 519 万平方米。②无论是在全物流链和物流网络数字化、信息化、可视化方面，还是在智慧物流平台搭建方面，浙江省都在努力通过全方位数字赋能来取得物流建设的新突破。

第五，浙江在冷链物流方面短板明显，需要多方联动，提高冷库容量，打通跨区域冷链物流大通道。冷链是物流行业的"明珠"，对于农牧产品进出口和运输、派送起到关键性、决定性作用。冷链物流是浙江现代物流体系建设与国际物流发展的重中之重，近年来浙江致力于补强冷链短板，截至 2023 年年末已有舟山、宁波、嘉兴、台州 4 家国家骨干冷链物流基地。现阶段，浙江冷链物流依据"骨干基地—物流园区—分拨中心—配送网点"四级功能节点布局，综合流通率已大幅提升，流通环节产品损耗率明显下降，产业综合实力持续加强，冷链相关产业加速集聚，规模不断扩大。冷链物流短板的攻克和物流能力的提升，将推进相关产业的发展，促进农产品进出口，推动农村更好地融

---

① 浙江物流网. 浙江"快递出海"打通国际物流寄递大通道.（2022-12-02）[2023-03-03]. http://www.zj56.com.cn/AppModules/OutWeb/NewsDetail.aspx?id=A046A349-ADC3-45C0-AB6D-CECCECAEF3EA.

② 任芳. 跨境电商海外仓迎来蓬勃发展. 物流技术与应用，2022，27（11）：58-61.

入浙江省三大物流循环圈和全球产业链供应链。

总之，自国务院颁布《"十四五"现代物流发展规划》、浙江省政府颁布《浙江省现代物流业发展"十四五"规划》以来，浙江全力以赴发展现代物流，推进综合交通强省和物流强省建设，在自身产业规模和产业结构基础上，协同对外贸易以促进国际物流发展，物流业国际竞争力进一步提升，物流对外合作空间大、需求旺、前景广。

二、浙江省与北非国家开展物流合作的基础与机遇

作为长三角地区商贸集散地、中国对外经济内引外联重要门户，浙江省的物流业辐射世界 200 多个国家和地区，现代物流体系颇具规模和综合实力。北非国家也在全球物流链中积极融入"全球买　全球卖"，以经济体形式与中国开放贸易。浙江企业积极参与北非港口建设，拉动了中国和北非各国之间的经济互动与循环，通过双方港口连片对位发展，共同维护了多方现代物流生命线。

（一）北非国家的区位、港口优势与国际物流发展

北非地理位置优越，在国际贸易和国际物流中区位优势突出，是联通亚洲、欧洲与非洲的关键枢纽。北非的北部地区三面环海，与世界主要经济体欧洲、北美隔海相望；东有苏伊士运河沟通西亚阿拉伯自由市场，并且靠近丝绸之路西端，与中国商贸往来密切；向南联通和辐射中非地区，是中非与亚欧沟通的重要中转站。北非地区海运极其便利，运营北非航线的航运公司主要有CMA（法国达飞轮船）、MSK（丹麦马士基航运）、MSC（瑞士地中海航运）、SAF（南非航运）、CSCL（中国中海集运）、NDS（荷兰尼罗河航运）等。其中法国的CMA在整个北非海运航线中占比最大，其北非航线涉及利比亚、突尼斯、阿尔及利亚、摩洛哥的港口和内陆点。北非拥有众多极具战略通道性质的港口，港口物流政策相对宽松，因此，北非港口在十多年来开始挑战欧洲港口的转运中心地位，北非港口和海洋运输已成为国际物流链的重要组成部分。

虽然北非国家在国际交通中占据得天独厚的优势，但其产业结构单一，除能源、矿产资源外，其他资源如水资源、植被资源、耕地资源等相对匮乏，农业主要分布在有水源供给的地中海沿岸、尼罗河沿岸及河口三角洲地区。除传统能源产业外，制造业基础薄弱，发展极不均衡，工业多依托于当地丰富的石油气和矿产资源所带动的相关产业。埃及是北非唯一完全垂直整合的纺织工业

国家。北非国家在衣食住行和工业发展上有赖于进口，因而稳定粮食、制造业进口和能源出口，是其经济安全和国家治理的重要内容。近年来随着经济不断发展，国民消费能力和需求也进一步增加。优越的港口资源不仅强有力地支撑起北非的国际贸易，还在保障进出口顺畅，维持区域稳定方面发挥了极为重要的作用。表1列出了北非国家重要港口信息及其进出口货物。

表1　北非国家重要港口信息及其进出口货物

国家	港口名	港口信息	进出口货物
摩洛哥	卡萨布兰卡港	摩洛哥西北沿海，该国最大港口，主要码头泊位44个，岸线长7000米，最大水深12米	出口磷酸盐、柑橘、鱼类、铅锌矿及农产品等；进口粮食、钢铁、木材、水泥、煤炭、石油、机械及电子产品
	阿加迪尔港	摩洛哥西南沿海阿加迪尔湾东北岸，主要码头泊位12个，岸线长3510米，最大水深15米	出口铁矿石、鱼制品及农产品等；进口糖、水泥、谷类、食品及建筑材料
	丹吉尔港	摩洛哥北部沿海丹吉尔湾内，濒临直布罗陀海峡西南侧，散货港，主要码头泊位16个，岸线长1945米，最大水深12米	出口麻、水泥、蔬菜、柑橘、鱼类、煤，以及油籽等；进口小麦、糖、机械、电子产品、食油、茶及奶制品等
利比亚	班加西港	利比亚北部沿海苏尔特湾入口东岸，濒临地中海南侧，利比亚第二大港，可容纳167.6米长船只，吃水8.53米，港区仓库容积达1.7万平方米	出口羊毛、皮货、羊、羊毛织品及羊毛毯等；进口食品、纺织品、陶瓷及化学品等
	的黎波里港	利比亚西北沿海，濒临地中海的南侧，利比亚最大海港，主要码头泊位有20个，岸线长3354米，最大水深约10米	出口石油、水泥、羊毛、皮张、橡胶及渔产品等；进口粮食、机械、建材、运输设备及日用轻工业品等
	米苏拉塔港	距首都的黎波里仅250千米，有集装箱装卸泊位7个，岸线长1500米，吃水11米；筒仓泊位2个，岸线长400米；滚装泊位1个	出口粮食、铁矿石、羊肉制品、石油及其加工品等；进口机械、建材、陶瓷、纺织品等
突尼斯	比泽特港	突尼斯最北端，濒临地中海南侧，是干货港，主要码头泊位8个，岸线长1661米，最大水深12米	出口粮食、酒、铁矿砂、水泥、铅砂及牛等；进口煤、木材、杂货等
	斯法克斯港	突尼斯东部，地中海加斯湾西岸，进港航道长4572米，宽242.6米，水深10.97米	出口磷灰石、地毯、皮革及橄榄油等；进口粮食、纺织品、杂货

续表

国家	港口名	港口信息	进出口货物
突尼斯	突尼斯港	突尼斯东北沿海，本国最大港口，4 个深水泊位，1 个杂货泊位在北岸，南岸有石油、铁矿石和磷灰石泊位，码头水深一般达 9.7 米	出口磷酸盐、石油、橄榄油及纺织品等；进口粮食、机械及工业原料等
阿尔及利亚	阿尔及尔港	阿尔及利亚北部地中海岸中段，全港总计有 54 个泊位，码头线总长 9519 米，能允许 2.5 万吨级船随时进港	出口石油、皮革制品、软木及制品、羊毛、机械产品及零件、铜、饮料、塑料、洗涤剂和矿砂等；进口机械设备、机电产品、钢铁制品、运输设备、橡胶及制品等
	安纳巴港	阿尔及利亚东北沿海塞布斯河口，有 24 个杂货、散装货泊位，吃水从 2.5 到 13 米不等；可停靠滚装船和集装箱；有 5 个油轮泊位，吃水从 8.75 米到 13 米不等	出口磷灰土、铁矿石、酒、粮食及锌矿石等；进口煤、木材、建筑材料、碳化氢及杂货等
	阿尔泽港	阿尔及利亚西北沿海，濒临地中海西南侧，是石油输出港，主要码头泊位有 17 个，最大水深 26.5 米，可泊 25 万载重吨的油船，另有 5 个杂货泊位，最大水深 8 米	出口石油及其制品等；进口粮食、机械设备、电子设备等
	贝贾亚港	阿尔及利亚北部沿海贝贾亚湾西岸，濒临地中海的西南侧，油港，主要码头泊位有 11 个，岸线长 2186 米，最大水深为 12.8 米	出口原油、铁矿石及酒等；进口石油制品、羊毛、机械、煤、盐及面粉等
埃及	亚历山大港	埃及北部沿海尼罗河口，波斯湾东岸入海处，濒临地中海的东南侧，是埃及最大的港口；港区主要码头有 60 个，岸线长 10143 米，最大水深为 10.6 米	出口石油、棉花、矿石、水果、糖浆、盐、纺织品、粮谷、棉纱、黏土及农产品等；进口钢铁、汽车、茶叶、咖啡、木材、轻（重）型机械、烟草及工业品等
	塞得港	埃及东北沿海苏伊士运河北口，濒临地中海北岸，埃及第二大港，主要码头泊位有 23 个，岸线长 5188 米，最大水深 13.7 米	出口棉花、卷烟、皮革、棉籽、盐等；进口机械、食品、煤、酒、建材、石油制品、金属制品、黄麻等
	苏伊士港	地中海东部苏伊士运河北入口，货物转运中心，埃及货物出口门户，岸线长 1200 米，前沿水深 16.5 米，面积约 60 万平方米	出口棉花、纺织品、皮革、棉籽及盐等；进口机械设备、食品、煤、酒、建材、石油制品等

国家	港口名	港口信息	进出口货物
苏丹	苏丹港	苏丹东北沿海中部，濒临红海西侧，苏丹唯一对外贸易港口，全国重要产盐基地，主要码头泊位有 14 座，岸线长 2381 米，最大水深 12 米	出口花生、皮张、棉花、油饼、瓜子、棉籽、牛、羊及石油制品等；进口粮食、原油、棉织品、铁器、麻、茶、面粉、糖及杂货

（二）浙江省与北非国家物流合作的良好基础与发展机遇

浙江省与北非国家的经贸合作不断发展扩大，2019 年出台的《浙江省加快推进对非经贸合作行动计划（2019—2022 年）》为中国首个省级对非贸易备忘录，北非成为浙江对外投资重要目的地之一。近年来，浙江省政府、企业和北非合作伙伴达成物资采购、能源输出、出口贸易、基础设施建设、贸易园等合作项目，在纺织服装、电子产品、食品、机械制造、能源矿产、服务贸易等领域进行企业间 B2B（企业对企业）对接，在"市场贸易多元化"战略的驱动下，一批汽车制造、光伏产业、房地产等行业浙企在北非扎根、开花、结硕果。"浙江制造"的出海浓墨重彩地描画着新丝绸之路的起点。

交通和物流基础设施历来是浙江省与北非合作的重点领域，浙江企业积极参与到北非的港口建设中，通过双方港口连片对位发展，共同维护了多方现代物流生命线。目前浙江省与北非国家的物流合作已见成效，其中浙江中非国际经贸港服务有限公司（简称"中非经贸港"）成为中非合作经典案例。中非经贸港成立于 2015 年 3 月，是浙江省国际贸易集团和台州市政府联合打造的集金融服务、跨境电子商务、海外业务拓展、物流服务于一体的一站式对外经贸综合服务平台。2015 年年底，中非经贸港在阿尔及尔着手打造集清关、仓储、配送、代售、结汇、推广等服务于一体的公共海外仓，其实际面积达 5000 平方米。截至 2022 年 3 月，中非经贸港累计服务中小微企业 4600 余家，累计完成出口额超 20 亿美元，吸引入驻知名国外客商 5000 家以上，出口缝制设备、汽摩配、医药化工、塑料模具等商品 20000 种以上，累计提供各类买家和卖家退税、赊销等金融服务超 20 亿元，连续 6 年位列台州市出口企业前十强。[1]此外，浙江中国小商品城集团与摩洛哥外贸银行于 2020 年 11 月 9 日签署合作备

---

[1] 中非桥跨境贸易服务平台.浙非合作经典案例(九)|中非国际经贸港：建设"四流"整合的阿尔及尔海外仓.（2022-03-01）[2023-03-03]. http://www.zhongfeiqiao.com/Index/news/id/1951/tid/1.html.

忘录，该协议促进了双方在建设物流交易园区项目方面的合作。^①

　　能源运输也是浙江省与北非合作的关键领域，宁波舟山港作为亚洲第二大原油码头，保障着全省乃至全国的石油输送，而能源运输的高效与稳定，有赖于中国—北非石油海运路线的安全。中国—北非石油海运路线从地中海起航，经过苏伊士运河和红海，穿过曼德海峡，再过亚丁湾，入阿拉伯海，渡过印度洋，由马六甲海峡进入中国南海。自"一带一路"倡议实施以来，中国积极参与海上丝绸之路沿线国家、地中海沿岸国家的港口建设，其中包括埃及的苏伊士港、摩洛哥的丹吉尔港等，极大保障了中国与这些国家的贸易通畅与能源安全。中国与北非国家的物流合作与信任，能有效保障原油货船正常、高效、安全地航行。而北非国家港口条件优越，多年的能源出口贸易也促进了相关物流行业和配套设施的完善。阿尔及利亚的阿尔及尔港、埃及的亚历山大港等都是北非重要的石油输出港。中国与北非国家的友好往来与长期合作，为浙江省与北非的物流合作提供了安全保障，在多变的世界局势中改善了北非的投资环境与营商环境，促进了双方的能源安全。

　　除了已有的物流合作基础和经验之外，浙江省与北非国家优势互补的产业结构，以及全球跨境电商的迅猛发展，也为双方深化、拓展物流领域的合作提供了机遇。当前国际形势复杂，促使浙江省与北非都不断优化产业结构和进出口结构，确保国际贸易中产业链、供应链的稳定与安全。从北非角度看，区域能源发展需要从传统能源向可再生能源、新能源聚集调整，进一步调整能源生产、消费和产业结构，重点发展能源之外的新型产业，利用好荒漠、半荒漠地区土地成本优势，通过产业新领域和新动能形成跨国物流平台和增强跨国辐射能力。浙江是资源小省和资源消耗大省，能源需求大，依赖外省调入与进口。同时，浙江的制造业发达，产业基础雄厚，以纺织、机械和化工为三大龙头，拥有众多具有市场竞争力的中小企业，致力于打造世界品质的"制造大省"。当前阶段，浙江立足高质量发展和高水平对外开放，在巩固纺织、汽车、石油化工、智能家居的基础上，着重发展信息技术、生物医药、新材料、高端设备、新能源等新兴产业。资源和空间转换昭示着双方物流新业态的开发，北非青年人青睐的高科技产品和服务、北非技术的更新需求和社会的发展，都给浙

---

① 中华人民共和国商务部. 浙江中国小商品城集团公司与摩洛哥外贸银行签署合作备忘录.（2020-11-23）[2023-03-05]. http://ma.mofcom.gov.cn/article/zxhz/gzdt/202011/20201103017700.shtml.

江的各行各业提供了广阔的市场。产业优化互补考验着双方的智慧共享能力，物流的深度融合将提高主体活力和全球经济运行稳定性。因此，在互补的产业结构基础上，双方急需国际物流保障，通过物流技术体系建设、物流供需精准对接、物流新领域的前瞻布局，为中国—北非持续合作提供渠道。

跨境电商的蓬勃发展，也催生了许多物流新业态，要求浙江省与北非国家在物流合作上不断探索新业态、新模式、新路径。浙江是中国最早开始发展跨境电商的省份，跨境电商已成为浙江外贸高质量发展的重要引擎。近年来，跨境电商点、线、面的功能不断延伸，扩容出海外仓、海外快递、智慧物流等新面向。《浙江跨境电子商务高质量发展行动计划》[①]、《浙江省对外贸易主体培育行动计划（2022—2025）》[②]均提出培育代表性海外仓、海外快递、智慧物流等发展方向。北非国家自身工业生产能力不足，农副产品匮乏，而全球互联网跨境买卖的需求旺盛，跨境电商市场大、前景好，因此也催生出北非末端物流、海外仓储、快递配送的市场需求。北非的快递业远未饱和，浙江制造有待与北非新兴市场同行，开发对应的具有远程派送能力的海外仓，设立最后一公里交付业务，提高物流速度和行业敏捷性。

（三）浙江省与北非国家开展物流合作的政策基础

现阶段，"一带一路"倡议、金砖国家扩员等有效推进了浙江省与北非国家的物流合作，扩大了双方物流合作的前景和空间，同时浙江省经济自贸区的建设，也为与北非之间的合作提供了政策支持。

浙江省自贸区的建设和高水平对外开放，有力地拓展了与北非国家贸易合作的深度与广度。2017年4月，浙江自贸试验区挂牌，《中国（浙江）自由贸易试验区条例》实施，2020年国务院同意浙江自贸试验区扩区，形成"一区四片"的发展格局。[③]修订后的条例提出五大功能定位，即打造以油气为核心的大宗商品资源配置基地、新型国际贸易中心、国际航运和物流枢纽、数字经济发展示范区、先进制造业集聚区。金融方面，鼓励自贸试验区推进人民币跨境

---

① 浙江省人民政府办公厅.浙江省人民政府办公厅关于印发浙江跨境电子商务高质量发展行动计划的通知.（2021-06-21）[2023-03-03]. https://www.zj.gov.cn/art/2021/6/21/art_1229019365_2305350.html.

② 浙江省外贸工作领导小组.浙江省外贸工作领导小组关于印发浙江省对外贸易主体培育行动计划（2022—2025）的通知.（2022-09-19）[2023-03-04]. http://zcom.zj.gov.cn/art/2022/9/19/art_1229267969_4997744.html.

③ 沈吟，等.新修订的《中国（浙江）自由贸易试验区条例》5月起施行.（2022-03-24）[2023-03-03]. https://www.zj.gov.cn/art/2022/3/24/art_1554467_59685747.html.

使用、开展境外贷款业务、设立战略性新兴产业投资平台。①可见，集中发展、国际发展、科技发展、贸易优先成为主要指导意见，这也成为中国—北非贸易合作中的"浙版定心丸"，促进了浙江省与北非国家的多维度、多领域合作。浙江在与北非的合作上集中于贸易、基础设施建设、港口、航运、金融、旅游和制造业领域，始终对标国际贸易最佳实践和最高标准，进而助推北非国家增加了贸易额、外商投资、旅游收入和建设制造业基地。浙江省自贸区的建设促进浙江经济发展迈向新高度，为浙江省与北非未来的合作提供政策支持，双方合作的活力与势头逐年增强。

三、浙江省与北非国家开展物流合作的挑战与建议

当前国际形势风云变幻，对浙江省与北非国家开展物流合作造成风险，北非国家国际物流发展现状和物流基础设施等方面存在的问题和阻力，也是双方开展合作重要的挑战。但同时，浙江积极建设物流强省，其现代物流业，尤其是国际物流和数字物流在未来具有强劲的内生动力和广阔的市场空间，为新阶段的高质量发展和高水平对外开放提供源头活水。

（一）浙江省与北非国家开展物流合作所面临的挑战

聚焦于北非物流基础与物流市场的实际情况，在全球形势发展不明朗的国际环境下，本文总结了浙江省与北非国家在开展物流合作时所面临的挑战，具体如下。

1. 北非物流基础设施较差，运力与储力相对不足

北非国家物流基础设施较差，公路、铁路、航空交通基础弱，局部地区的交通因之前的冲突与战乱而遭受破坏，有待修复与重建，亟待推进物流多样化、网络化、立体化建设，尤其陆运与航空物流的货物运输，以及能源的管道运输等。就目前而言，中国与北非在交通和物流基础设施上的合作已取得阶段性成绩，但是离北非国家形成完善深入的国内、区域内互联互通尚有很大距离，这是影响浙江省与北非深化国际物流合作的直接因素之一。

北非国家在物流储力方面也有待提高，尤其是跨境电商催生下的海外仓业

---

① 浙江省人大及其常委会. 中国（浙江）自由贸易试验区条例.（2022-03-18）[2023-03-02]. http://zhengce. zj.gov.cn/policyweb/httpservice/showinfo.do?infoid=e13eb2e0f807490597dfea5278ed5f49.

态急需通过对外合作促进发展。目前，北非海外仓数量少、储力低、分布不均。而北非尚处于城市化进程中，电商市场刚步入兴起阶段，受基础设施和消费水平等制约，快递物流发展慢，竞争格局尚未稳定，国际合作空间大。随着城市化进程和互联网发展加快，北非的电商业务逐步兴起，末端物流、海外仓的需求将翻倍扩大。而浙江在这些行业和相关基础设施建设方面具有强大的技术和成熟的经验。所以，北非国家物流储力和运力的不足，既是浙江和北非物流合作的挑战，也是机遇。

2. 北非物流业受西方影响大，物流合作不确定性增加

虽然北非海运便捷，但北非线主要挂靠的船运公司为 MSK、ESL（阿联酋航运）、PIL（南美轮船）、南非航运、PIL（新加坡太平船务）、MARUBA（阿根廷马鲁巴航运）、荷兰尼罗河航运、中国中海集运、CMA 轮船、丹麦马士基航运、NYK（日本邮船）等。其中 CMA、MSK、NYK 三家公司的运价较高，但是速度最快。而中国船运公司 CSCL 速度快，运价相对较低。不过，在北非海运航线中法国 CMA 市场占比最大，涉及利比亚、突尼斯、阿尔及利亚、摩洛哥的港口和内陆点。由于北非大部分地区是法国前殖民地，CMA 可以享受很多政策优惠，几乎垄断了阿尔及尔客户，相应的海运价格也较高。此外，对于全球能源安全至关重要的北非航线而言，安全性和国际平等合作尤为重要。

除了航运物流，北非地区的国际快递业和海外仓也深受西方影响。德国 DHL 是全球最大的国际快递公司，为全球最大的递送网络之一，在五大洲拥有近 34 个销售办事处以及 44 个邮件处理中心，其运输网络覆盖全球 220 多个国家和地区的 120000 多个主要城市。德国 DHL 快递以及美国的 UPS 国际快递、FedEx 国际快递是中国—北非之间快递业务往来的重要选择，市场占比大。在海外仓领域和末端物流领域，美国亚马逊 FBA（亚马逊物流服务）一直是行业巨头，近年来一直在慢慢涉足中东、北非地区。早在 2021 年，亚马逊 FBA 就宣布将在阿联酋首都阿布扎比开设一个先进的配送中心，推动中东和北非地区业务发展。2021 年 9 月，亚马逊 FBA 埃及站正式上线，加速了亚马逊 FBA 在埃及的物流布局。可以说，北非的物流业深受西方影响，中国企业竞争压力较大，物流合作的不确定性也在增加。

3. 北非国际物流信息化水平低，数字物流亟待改善

新冠疫情暴发以来，数字互联互通的重要性不断提升。目前，利用互联网获得教育、购物和医疗服务已成为北非地区日常生活的重要组成部分。而近年来北非地区跨境电商也逐渐兴起，对于快递物流、海外仓、国际物流和末端物流的需求不断增大。但除了交通和物流基础设施，北非国家的数字物流领域也亟待拓展，国际物流信息化水平低，相关人才配比不足，互联网发展需要进一步推进。这对浙江省与北非在跨境电商、"全球买 全球卖"的经济浪潮中保持物流便捷、实时、高效与实惠产生了极大影响。数字基础设施合作是当前中国和北非国家在基础设施合作领域中的新高地，也是浙江利用数字经济高地扩大开放，打造地方参与"一带一路"倡议的特色所在。虽然阿里巴巴、华为和百度等多家中国企业参与了北非国家的数字基础设施建设合作，但目前北非国家的物流数字化和信息化仍然不能满足浙江跨境电商的需求，需要加大建设和投资力度。

（二）浙江省与北非国家开展物流合作的建议

结合浙江省的物流产业优势与国际物流合作发展的重点领域，针对北非物流基础和物流市场现状，为进一步促进和深化浙江省与北非国家的物流合作，服务浙江高质量发展和高水平对外开放，本文提出以下几点建议。

1. 优化贸易结构与物流组合，打造国际贸易敏捷物流

浙江省与北非国家开展国际物流合作，需要根植于双方的进出口结构、贸易结构和产业结构，协同双方产业优化和升级步调，聚焦国际贸易与国际物流的适配度与协调性，促使物流基础设施投入、物流合作发展与实际贸易中物流需求、物流体系运行相吻合，例如根据双方农业、能源合作特色提升冷链物流、原油物流服务质量等。要充分盘活浙江省国内国际三大物流循环圈和"四港"联动，以浙江省和北非的物流合作支撑起长三角甚至全国与北非的贸易合作，辐射和深化中国各地区与北非的贸易合作和产业互补，提升浙江省作为物流枢纽对于全国的贡献值。同时，结合浙江省"四港"联动的合理布局，优化浙江省与北非在各种贸易形式和进出口货物品类上的物流组合方式，提升国际物流敏捷度，加强国际物流服务能力。

2. 加快国际物流信息化建设，创建国际数据共享平台

依托沿海区位优势和互联网信息优势，浙江省的物流体系正在形成陆、海、天、网"四位一体"互联互通的格局。浙江省需要持续推动物联网、大数据、

人工智能等现代信息技术与物流业发展深度融合，并且政企联动、平台发力、高校参与，助力物流体系全面深入，产业链、供应链稳定畅通。在与北非的物流合作上，浙江省需要深化与北非国家的信任与合作，帮助北非进行人才培养，促进双方在物流信息上的实时共享。浙江省还可以通过物流合作与数字经济合作，加强对北非国家数字基础设施的援建与投资，以数字经济赋能物流业，提升智慧物流体系建设、推动物流各领域数据共享，创建国际数据共享平台。

3. 推进"快递出海"工程，畅通国际物流寄递大通道

中国的国际快递起步晚、发展慢，欧美快递业深耕北非市场已久，根基已深，对于浙江快递企业抢占北非市场造成不少挑战。前期为加快浙江跨境电商企业在北非市场的拓展，可与北非已有快递公司合作，以尽快畅通"浙货出海"的寄递通道。但是推进"快递出海"工程刻不容缓，只有中国自己畅通国际物流寄递大通道，才能保证中国与北非各国贸易往来的稳定与安全。浙江的快递企业多，物流基础强，国际物流需求大，国际物流合作空间大，应该加大政策扶持力度，确保"快递出海"顺利深入与全球合理布局，形成境外快递物流网络，从而服务全球国际快递。

4. 衔接跨境电商高质量发展，开拓国际物流新型业态

浙江需要将市场运作和政府推动有机结合，进一步推动海外仓稳定健康发展，合理布局海外仓建设，把海外仓打造成实现贸易联通、融入全球供应链的外贸基础设施，带动贸易创新发展和外贸量稳质升。中国在北非的海外仓仍然不足，且美国亚马逊FBA海外仓储力紧张，费用高，更需要推动在北非的海外仓基础设施建设，在衔接跨境电商高质量发展的同时，依据销售路径、通道和用户情况，在北非合理布局海外仓，加强海外仓数字化建设，在北非整合区域内海外仓和末端快递运力，提升浙江跨境电商在北非市场的物流配送能力与服务能力。

5. 推进交通物流基础设施建设，营建独立自主物流合作环境

针对北非交通、物流基础设施差，运力和储力不足，以及物流业深受西方影响，与浙江物流合作不确定性增加的困境与挑战，浙江需要继续加大推进对北非国家的交通、物流基础设施的投资建设，包括数字物流基础设施投资建设，推进国际物流立体化、网络化发展，提升浙江省与北非国际物流合作的多样性与灵敏性，加强陆运与空运建设，打造国际敏捷物流体系。这对于双方营

建独立自主的物流合作与贸易往来环境极为重要，尤其是大宗商品、粮食、能源贸易的物流通畅、自主与安全直接关系到双方的经济局势。浙江省与北非在交通、物流基础设施建设的合作上，需要国家顶层设计与地方参与有效联动，浙江积极衔接中国在北非地区以及共建"一带一路"国家的交通与物流布局，保障中国与北非国家，以及其他共建"一带一路"国家的互联互通，提高海外交通物流基础设施建设的价值率与回报率，促进全球经济秩序平衡。

浙江省参与北非基础设施建设的
合作机遇和建议

於宾强

摘要：近年来，浙江省作为"一带一路"倡议中的排头兵和主力军，在参与北非国家基础设施建设合作中成就非凡。浙江省准确定位自身特色，大力参与北非数字基础设施和交通基础设施建设合作。整体来看，浙江省参与北非基础设施建设合作有诸多机遇：基础设施建设合作始终是"一带一路"倡议中的优先领域，完善基础设施建设是北非国家的共识和发展指向，浙江省的基础设施建设具有突出优势等。未来浙江省应该沿着顶层设计与地方参与有效联动、政府发力与企业开拓统筹推进、依托智库合作形成智力支撑的综合路径，参与北非基础设施建设合作，形成具有自身特色的"一带一路"倡议参与经验。

关键词："一带一路"倡议；浙江省；北非；基础设施

作者简介：於宾强，博士，浙江（嘉兴）中外政党研究中心讲师。

中国是基础设施建设大国，拥有完备的工业体系，是全球基础设施建设行业中不可或缺的一方。2013 年以来，中国提出的"一带一路"倡议使共建国家通过合作加强了基础设施建设，推动了经济社会发展。①北非国家是参与"一带一路"倡议设施联通的重要部分。"2014 年 6 月，习近平主席在中阿合作论坛第六届部长级会议开幕式上提出中阿合作共建'一带一路'，构建以能源合作为主轴，以基础设施建设、贸易和投资便利化为两翼，以核能、航天卫星、

---

① 潘基文."一带一路"加强基础设施建设　推动经济社会发展.（2018-12-25）[2022-11-20]. https://www.yidaiyilu.gov.cn/ghsl/hwksl/75633.htm.

新能源三大高新领域为突破口的'1+2+3'合作格局。"①近年来，随着"一带一路"倡议由"写意画"到"工笔画"的转变，地方参与"一带一路"倡议的定位愈加重要，浙江是国家"一带一路"倡议顶层设计中的"排头兵"，深入分析其参与"一带一路"倡议基础设施建设的机遇和挑战并给出建议，对于中非合作具有重要的现实意义。

一、中国和北非基础设施建设合作的现状

中东变局后，北非国家迎来了完善和重建国家基础设施的新浪潮。同时，中国以"一带一路"倡议为合作发展平台，与北非六国开展了交通运输基础设施、能源基础设施和数字基础设施等领域的互惠合作。在此过程中取得的成就不仅为中国和北非国家基础设施建设合作的进一步深化奠定了基础，同时也是新时代践行全球发展倡议的生动实践。

（一）交通运输基础设施

交通运输基础设施涉及公路、桥梁、机场、铁路、港口等建设项目。就阿拉伯国家而言，交通基础设施依然是其国家建设的重心。阿拉伯国家在谋求摆脱单一"石油经济"的过程中，逐步降低了对以石油为主的碳氢能源的倚重，并且积极发展绿色经济，更加重视旅游业的发展，因此对交通运输设施有较大需求。特别是在北非地区，公路在交通设施建设中占据较大份额。②因此，传统的交通运输基础设施建设合作的前景依然广阔。同时，中国和北非国家的合作中兼顾了经济实力孱弱、政府资金缺乏的国家，以援建的形式成就了一批工程项目。

北非六国中，中国和埃及的合作最为密切。自2013年以来，中国和埃及的相关合作涵盖了交通基础设施建设的全领域。中国与埃及合作的项目主要包括中铁—中航国际联合体总包的埃及斋月十日城轻轨项目、中航国际斋月十日城轻轨维护项目、中国港湾工程有限责任公司承建的苏赫纳第二集装箱码头水工项目、中国能源建设集团广西电力研究设计院承包的本哈8千米环路项目、

---

① 中华人民共和国外交部. 新时代的中阿合作报告.（2022-12-01）[2022-11-23]. http://www.chinaarabcf.org/chn/zagx/zajw/202212/t20221201_10984018.htm.

② 中国对外承包工程商会. 中东和北非交通运输基础设施前景分析——《国际工程观察》2021年第六期总第一百三十六期.（2021-04-01）[2022-11-24]. https://www.chinca.org/CICA/info/21040110255511.

四川路桥和成都建材院联合承建的苏伊士运河铁路桥旧桥改造升级项目、中国港湾工程有限责任公司承建的阿布基尔集装箱码头项目等。

中国与阿尔及利亚的基建合作创造了中国对外基建合作的典范。中国参与修建的阿尔及利亚东西高速公路是阿尔及利亚成立以来最大的基建项目，被誉为"世纪工程"，该大通道沿着地中海走势贯穿该国东西境，全长 1216 千米，途经 24 个省区，惠及 90% 的人口，2006 年 6 月开始建设，2023 年 8 月正式通车。东西高速公路不仅为中国在非洲大陆的基建合作树立了良好的口碑，客观上也成为中国企业在北非站稳脚跟的原因之一。2022 年 11 月，中国建筑集团有限公司旗下中建阿尔及利亚公司签约 Annaba 至 Oued Zied 13.5 公里铁路复线和 Azzaba、Berrahal 车站项目的设计、建造合同，由中国建筑集团有限公司与当地国有铁路公司组成的联合体共同负责实施，本次合同签署意味着中建阿尔及利亚公司正式进军铁路领域。

中国和突尼斯的基建合作不断扩大和深化。2018 年，中国援建了突尼斯本·阿鲁斯青年体育中心项目，该项目是中非合作论坛北京峰会"八大行动"下重点项目。新冠疫情期间，中国援建了突尼斯斯法克斯综合医院项目。中国的援建以全球共同发展为指向，得到突尼斯的称赞和信任，也为突尼斯深化与中国的合作提供了契机。2019 年，突尼斯表示重视并积极参与"一带一路"建设，会持续改善国内投资环境、简化审批手续，借鉴中方发展经验，期待双方在交通基础设施等多个领域加强对接、挖掘机遇、深化务实合作，同时提出希望中国企业以 PPP（公私合作伙伴关系）形式参与突尼斯基础设施项目并开展相关技术经验交流，共同推进两国务实合作再上新台阶。[①] 近年来，中国东华科技集团、武汉五环科技、南车集团、中国建材集团有限公司、中国水利电力对外有限公司等相继获得了一批大型基础设施项目，工程和设备质量得到了突尼斯的高度赞扬，成为"南南合作"的典范。

中国和苏丹、利比亚的交通基础设施建设合作主要包含在两国国家重建的规划中。2019 年以来，苏丹一直面临政局不稳的情况。在动荡的局势和经济受阻的情况下，国家的基础设施建设成为国家重建的重要组成部分。2022 年 9 月，中国中铁股份有限公司进入苏丹，以期在交通基础设施领域展开合作，支持苏

---

① 新浪财经. 李小鹏会见突尼斯客人.（2019-02-25）[2022-11-19]. http://finance.sina.com.cn/roll/2019-02-25/doc-ihsxncvf7746617.shtml.

丹的交通基础设施重建与升级，主要涉及矿业剥离项目、机场修复升级、铁路规划发展等各领域。利比亚自中东剧变后至今陷入冲突，国内安全形势复杂多变，在交通基础设施合作方面仍然缺乏相应的环境和机遇。

（二）能源基础设施

能源基础设施指的是能源开发和利用过程中使用的物质设施，包括水坝、水库、发电厂、智能电网、变电站、配气站、煤矿田等，其中电力基础设施建设是中国和北非国家合作的重点。《推动丝绸之路经济带和21世纪海上丝绸之路能源合作愿景与行动》明确提出，要推进跨境电力联网工程建设，积极开展区域电网升级改造合作，探讨建立区域电力市场，不断提升电力贸易水平。[①]北非国家都存在电力短缺的问题，其中，苏丹和利比亚国内局势动荡不稳，陷入"脆弱国家"的境地，至今均面临着严重的电力短缺。

2014年后，得益于埃及将电力建设上升到国家安全的层面，中国和埃及的相关合作迎来了新机遇。中国完成并新中标了埃及的一大批电力项目。例如，2021年完成了阿斯旺本班光伏工业园太阳能电站项目和国家电网500千伏输电线路项目等，中标了中国电建卢克索2400兆瓦联合循环电站EPC项目、国电南瑞大开罗电力调度中心项目；中国西电、正泰电器、特变电工等公司中标多个变电站项目。2022年9月，中国西电集团与埃及EGEMAC电器制造有限公司合资成立的西电-EGEMAC高压电气有限公司又成功中标并签约埃及国家输电公司位于埃及北部新三角洲区域的NDHPS12 220kV GIS成套EPC变电站和NDHPS4 66kV GIS成套EPC变电站总包项目，两项目签约金额共计7.2亿埃及镑（约合2.57亿元人民币）。[②]

突尼斯因其有利的地理位置而拥有丰富的绿色能源，例如太阳能和风能等，中国和突尼斯围绕绿色能源基础设施展开了一系列合作。2022年，电建海投公司在突尼斯首都突尼斯市与GFR公司签署突尼斯200兆瓦光伏项目投资合作协议。2022年5月，突尼斯外国投资促进局局长甘米表示，希望中国企业挖掘与突尼斯在相关领域特别是可再生能源领域的巨大合作潜力，在突尼斯开展

---

① 国家发展和改革委员会，国家能源局. 推动丝绸之路经济带和21世纪海上丝绸之路能源合作愿景与行动.（2017-05-16）[2022-11-19]. https://www.yidaiyilu.gov.cn/zchj/qwfb/13745.htm.

② 闫婧，姚兵. 中国西电集团成功中标埃及国家输电公司两个变电站项目.（2022-09-01）[2022-11-28]. http://zjydyl.zj.gov.cn/art/2022/9/1/art_1229692192_29312.html.

投资合作。① 在阿尔及利亚，2017 年，国机集团所属中国机械工业建设集团承建了阿尔及利亚 KAIS1266 兆瓦联合循环电站项目，2019 年，中国电建与阿尔及利亚电力和新能源开发公司签署了阿尔及利亚南部塔曼拉塞特省因扎姆地区 9 兆瓦光伏电站 EPC 实施项目。

　　浙江省是中国和北非国家能源基础设施建设合作中的重要参与者和积极开拓者，其涉及领域主要是交通基础设施和能源基础设施领域。一方面，浙江在埃及、阿尔及利亚和摩洛哥等国继续扩展相关合作。近年来，正泰国际中标埃及"三大新城"新首都 CBD 项目、新阿拉曼变电所项目、新蒙苏拉基建项目等，提供低压控制箱、照明箱、智能控制柜等一系列产品及配套服务，助力"三大新城"基础设施建设及高端商务楼宇建设。此外，该企业还中标了埃及"农网改造　体面生活"项目。2018 年，正泰参与了首届阿尔及利亚电力与可再生能源展，并现场展示了阿尔及利亚第一条组装线的建立与实施进度。2019 年 10 月，正泰中自携可编程逻辑控制器、非接触式母排无线测温传感器及智慧水务解决方案等产品和方案亮相 2019 年摩洛哥国际电力展览会。2020 年 1 月，正泰承建的 165.5 兆瓦本班光伏项目顺利移交埃方运营维护。在共建"一带一路"框架下，埃中清洁能源合作取得丰硕成果，有效改善了埃及能源结构，为埃及绿色发展和经济可持续增长提供重要保障。② 本班光伏产业园也成为世界最大光伏产业园之一。正泰新能源投资建设本班光伏项目，向埃及输出中国高端光伏产品和先进经验，可实现当地 2025 年电力零排放。除了正泰集团外，中国能源建设集团浙江火电建设有限公司也积极开拓北非能源基础设施市场，埃及是其在境外开发的重点国别之一，多年来相继承建了阿布吉尔电站 2×650 兆瓦燃油/气电站 CP-118 标段 EPC 总承包工程、卡夫拉·谢赫 500 千伏、纳赫达赫 220 千伏、萨达法 66 千伏等变电站 EPC 项目，并成立了埃及代表处和埃及分公司。③

　　另一方面，在利比亚等国内冲突不断的国家，浙江以"敢为人先"的浙商精神不断发力寻求合作的机遇窗口。2023 年，浙江大华技术股份有限公司在

①　中华人民共和国商务部. 中突绿色发展论坛成功举办.（2022-04-25）[2022-11-28]. http://tn.mofcom.gov.cn/article/zxhz/hzjs/202205/20220503311099.shtml.

②　周辋，等. 凝聚绿色共识　共促绿色发展. 人民日报，2022-02-10（3）.

③　胡雪彬. 中国能建浙江火电参加 2022 年中国（埃及）贸易博览会.（2022-06-15）[2022-11-28]. http://www.chinapower.com.cn/guihuajianshe/qiye/2022-06-15/153810.html.

的黎波里与利比亚机场管理局总部人员进行了合作会谈，旨在提供技术和后勤支持，为利比亚机场的良好运行提出解决方案和设计，以确保机场采用最高技术，提高安全标准。利比亚机场管理局报告称，双方同意组建一个联合小组，对其他机场进行实地考察，为具体合作进行相关准备。[①]

（三）数字基础设施

数字基础设施合作是当前中国和北非国家在基础设施合作领域中的新方向。以数据创新为驱动、通信网络为基础、数据算力设施为核心的数字基础设施体系是浙江利用数字经济高地扩大开放，打造地方参与共建"一带一路"的特色优势。在北非现有的基础设施和数字发展生态的背景下，中国与北非地区的数字基础设施合作走出了一条符合当地实际状况和社会需求的特色之路。世界经济进入数字时代以来，数字互联互通的重要性不断提升。与世界其他地方一样，利用互联网获得教育、购物和医疗服务已成为中、东、北非地区日常生活的重要组成部分。阿里巴巴、华为和百度等多家中国企业参与了北非国家的数字基础设施建设合作。

非洲联盟委员会前副主席伊拉斯塔斯·姆文查认为，"数字基础设施建设等在内的'一带一路'项目持续开展，促进了互联互通和无缝贸易，已经改变非洲面貌，也改变了非洲普通百姓的生活"[②]。2015年，随着中国共建"数字丝绸之路"倡议的提出，中国与北非地区的数字基础设施建设合作迎来了新的发展合作机遇。阿里巴巴和华为等迅速进军中东和北非地区的信息技术服务行业，积极扩展与北非国家数字基础设施合作的新空间。[③]截至2021年11月，中国建设了非洲50%以上无线站点及高速移动宽带网络，累计铺设超过20万千米光纤，服务超过9亿非洲人民。[④]在突尼斯和阿尔及利亚，中国的北斗卫星导航系统已在参与农业、电信、海洋监测和救灾领域的工作。其中，华为作

---

① Sami Zaptia. China's Dahua Technologies Presents Its Security and Control Products to Airports Authority.（2023-02-15）[2023-11-28]. https://libyaherald.com/2023/02/chinas-dahua-technologies-presents-its-security-and-control-products-to-airports-authority/.

② 马欣然，张宇琪，白舸. 非洲国家共享"一带一路"数字经济红利.（2022-03-31）[2022-11-28]. http://zjydyl.zj.gov.cn/art/2022/3/31/art_1229691721_31607.html.

③ 习近平外交思想与新时代中国外交. 澳媒：中国"数字丝路"助力中东北非发展.（2022-09-26）[2022-12-02]. http://cn.chinadiplomacy.org.cn/2022-09/26/content_78438313.html.

④ 北京周报. 非洲数字经济驶入"快车道".（2022-07-06）[2022-11-19]. http://www.beijingreview.com.cn/chinafrica/202207/t20220706_800299983.html.

为全球最大的电信设备供应商之一，在北非地区走出了一条有别于西方的道路。①2022年9月完工的埃及斋月十日城轻轨铁路也采用中国数字化网络控制技术，利用大数据将列车控制、故障检测及旅客服务系统集于一体，实现各系统与列车之间的信息交互。数字教育也是中埃加强数字化合作的重点领域。2020年3月，在中国互联网企业支持下建设的在线教育平台Edmodo入选埃及教育部国家K12教育的指定远程学习平台，推广至全国2200多万名学生和100多万名教师。②同时，中国互联网企业在埃及还积极打造移动智慧教室，融合人工智能、虚拟现实、大数据等技术，探索数字教育创新模式。

二、浙江参与"一带一路"倡议基建合作的定位

推进"一带一路"倡议走深走实，需要地方根据自我优势与非洲国家进行针对性的合作。"一带一路"倡议提出至今，经历了从"写意画"到"工笔画"的转变，而地方找准参与共建"一带一路"定位依然是推动其进入新发展阶段的内在要求。③

在"一带一路"倡议的"五通"中，设施联通的发展也需要进入精细化合作的轨道。2017年由环境保护部（现生态环境部）、外交部、发展改革委、商务部联合发布的《关于推进绿色"一带一路"建设的指导意见》指出，各方要积极推进绿色基础设施建设，强化生态环境质量保障。其中包括制定基础设施建设的环保标准和规范，加大对共建"一带一路"国家重大基础设施建设项目的生态环保服务与支持，推广绿色交通、绿色建筑、清洁能源等行业的节能环保标准和实践，推动水、大气、土壤、生物多样性等领域环境保护，促进环境基础设施建设，提升绿色化、低碳化建设和运营水平。④在此基础上，地方政府参与"一带一路"基础设施合作有三个面向。首先，需要按照自身发展优势

---

① Tin Hinane EL Kadi. How Huawei's Localization in North Africa Delivered Mixed Returns.（2022-04-14）[2022-11-28]. https://carnegieendowment.org/2022/04/14/how-huawei-s-localization-in-north-africa-delivered-mixed-returns-pub-86889.

② 中国青年网．网龙Edmodo入选埃及教育部指定线上学习平台．（2020-03-20）[2022-11-17]. https://edu.youth.cn/jyzx/jyxw/202003/t20200320_12249145.htm.

③ 人民网．习近平在第三次"一带一路"建设座谈会上强调 以高标准可持续惠民生为目标 继续推动共建"一带一路"高质量发展.（2021-11-20）[2022-11-17]. http://politics.people.com.cn/n1/2021/1120/c1024-32287280.html.

④ 环境保护部，外交部，发展改革委，商务部．关于推进绿色"一带一路"建设的指导意见. (2017-04-26) [2022-11-28]. https://www.mee.gov.cn/gkml/hbb/bwj/201705/t20170505_413602.htm.

寻求最佳发展领域；其次，需要按照共建"一带一路"国家的特色，走出一条既适合自身条件又能契合当地发展环境的路径；最后，需要服从"一带一路"倡议基础设施建设的大局，配合国家整体的发展方向，贯彻顶层设计中对基础设施合作提出的新指导。

国家对浙江参与"一带一路"倡议基础设施合作的期许最早体现在 2015年发布的《推动共建丝绸之路经济带和 21 世纪海上丝绸之路的愿景与行动》（以下简称《愿景与行动》）中。《愿景与行动》提到，长三角等沿海地区经济区应该利用开放程度高、经济实力强、辐射带动作用大的优势，成为"一带一路"倡议特别是 21 世纪海上丝绸之路建设的排头兵和主力军。①浙江是长三角经济一体化中的重要组成部分，拥有数字化改革和数字经济的先发优势以及发达的民营经济和市场主体。浙江首先要明确自身在整个"一带一路"倡议中的先锋角色和实力担当。2017 年，国家发展和改革委员会、国家海洋局联合发布《"一带一路"建设海上合作设想》，指出中央支持浙江海洋经济发展示范区建设，通过缔结友好港或姐妹港协议、组建港口联盟等形式加强沿线港口合作，支持中国企业以多种方式参与沿线港口的建设和运营；推动共同规划建设海底光缆项目，提高国际通信互联互通水平；推动 21 世纪海上丝绸之路的信息基础设施联通建设，共建覆盖 21 世纪海上丝绸之路的信息传输、处理、管理、应用体系以及信息标准规范体系和信息安全保障体系，为实现网络互联互通、信息资源共享提供公共平台。②因此，国家期许浙江依靠临海优势和发达的海洋港口经济，进一步参与"一带一路"倡议基础设施合作中港口和数字基础设施等领域的合作。

浙江省在国家的顶层设计和规划下，在实际合作计划中明确了自身需要充分发挥浙江独具的共建"一带一路"优势。《浙江省标准联通共建"一带一路"行动计划（2018—2020 年）》指出，要推动十大领域合作，包括加强基础设施领域标准合作，助推城市发展，充分发挥工程建设标准的引领作用，强化建筑部品、部件的标准化和通用化，提升建筑领域的绿色发展水平。③浙江是"一

① 中国一带一路网. 推动共建丝绸之路经济带和21世纪海上丝绸之路的愿景与行动.（2015-03-29）[2022-11-18]. https://www.yidaiyilu.gov.cn/yw/qwfb/604.htm.

② 国家发展和改革委员会，国家海洋局. "一带一路"建设海上合作设想（七语言版本）.（2017-06-20）[2022-11-19]. https://www.yidaiyilu.gov.cn/zchj/jggg/16621.htm.

③ 浙江省推进"一带一路"建设工作领导小组办公室. 浙江省标准联通共建"一带一路"行动计划（2018—2020 年）.（2018-09-05）[2022-11-21]. https://www.yidaiyilu.gov.cn/zchj/jggg/65195.htm.

带一路"的重要起点之一，非洲是共建"一带一路"倡议的重要伙伴。近年来，浙江省以中非合作"八大行动""四点主张""九项工程"为指引，坚持开放强省工作导向，为浙江省与非洲合作提供了重要契机和广阔空间，形成了以综合平台为载体、民营经济为主导、数字经济为亮点的具有浙江标识度的浙江省与非洲合作模式，成果显著。①

三、浙江参与北非基础设施合作的机遇

浙江参与北非基础设施合作的机遇，主要体现在以下三点。

（一）基础设施建设合作依然是共建"一带一路"的优先领域

基础设施是共建"一带一路"的优先领域，而北非国家在改善和重建其基础设施方面有着较为迫切的需求和政策支持，这是浙江参与北非国家基础设施建设合作的政策机遇。从顶层设计来看，基础设施是互联互通的基石，是"一带一路"建设的优先领域。一方面，国家应把交通基础设施互联互通作为突破口；另一方面，能源基础设施应谋求输油输气管道等运输通道排阻，推进跨境输电通道、跨境光缆的建设。国家也一直在推动高质量共建"一带一路"在西亚北非地区走深走实并做出不懈努力。此外，就当前来看，非洲发展的关键是工业化，其前提是基础设施的不断完善，基础设施建设既是非洲谋求经济起飞和结构转型所急需的，也是中国对非合作的重点和优先领域。②在北非地区，基础设施互联互通是影响其他领域发展的重要因素，该地区国家多数面临着基础设施建设不足和发展不完善的问题。对其而言，基础设施建设规模大、效益明显，具有很强的国际影响和示范效应，能够坚定各国参与共建"一带一路"的信心。③"一带一路"倡议中，基础设施作为优先发展领域具有前瞻性，新兴的数字基础设施、交通基础设施和能源基础设施在可预期的时间内依然是北非国家的发展重心。

浙江在"一带一路"倡议设施联通合作层面优势明显。浙江处于"一带"和"一路"的交会地带，浙江在参与共建"一带一路"中的角色定位明确，即

① 浙江省发展与改革委员会. 这场"一带一路"盛会让浙江与非洲"湘聚". (2021-09-28) [2022-11-21]. https://www.yidaiyilu.gov.cn/p/188648.html.
② 郝睿，蒲大可，许蔓. 中国参与非洲基础设施投资和建设研究. 国际经济合作，2015 (11): 34-39.
③ 隆国强. 找准"一带一路"建设优先领域. 人民日报，2016-01-12 (7).

全力打造"一带一路"重要枢纽，在参与和服务共建"一带一路"上努力走在前列。[①]浙江的发展规划集浙商的优势、通道的优势和平台的优势于一体，将数字基础设施作为未来发展的主要方向，积极打造具有国际化水平的数字城市，为参与北非国家数字基础设施建设积累了宝贵的经验。2021 年，浙江省发展改革委和省经信厅联合发布了《浙江省数字基础设施发展"十四五"规划》，该规划是"十四五"时期指导浙江省数字基础设施发展的纲领性文件，涵盖信息网络基础设施、算力基础设施、新技术基础设施、融合基础设施等方面。[②]这与国家政策支持相匹配，与北非国家基础设施建设需求相符合。

（二）完善基础设施建设是北非国家的共识和发展指向

基础设施互联互通是国家经济发展的基础支撑，而北非国家均将完善基础设施建设作为国家的共识和发展的指向，这是浙江参与北非国家基础设施建设合作的窗口机遇。中东和北非地区的能源和公共事业基础设施建设规模在全球的地区排名相对靠后[③]，具有较大的发展前景。一方面，埃及、阿尔及利亚、摩洛哥、突尼斯的国家基础设施亟待完善，基础设施发展水平参差不齐和滞后已经成为制约这些国家经济和社会发展的重要因素，同时这些国家也有朝着新基建和绿色基建发展的动力和国家能力。另一方面，利比亚至今未能建立统一政府，国家的基础设施需要大量重建，然而缺乏资金和安定的环境是首要问题。整体而言，北非国家基于实际情况，都将完善基础设施建设作为国家发展的共识和优先推动方向。

埃及、突尼斯、阿尔及利亚和摩洛哥等国将基础设施建设纳入长久的国家发展战略规划。2014 年塞西上台后，将电力和铁路基础设施建设提升到国家优先战略层面，同年塞西政府启动了"埃及国家公路建设项目"，2018 年，埃及出台了《2035 年综合可持续能源战略》，对电力基础设施继续投入和改善。突尼斯将发展绿色基础设施作为主要突破点。突尼斯外国投资促进局局长甘米表

① "探路"新格局：浙江逆风先行　起舞"双循环".（2021-04-02）[2022-12-01]. https://www.chinanews.com. cn/m/cj/2021/04-02/9446353.shtml.

② 浙江省发展与改革委员会，省经信厅. 省发展改革委、省经信厅关于印发《浙江省数字基础设施发展"十四五"规划》的通知.（2021-06-24）[2022-12-21]. https://www.zj.gov.cn/art/2021/6/24/art_1229540815_4671247. html.

③ 中国对外承包商会. 中东和北非能源和公共事业基础设施发展概览——《国际工程观察》2021 年第十二期总第一百四十二期.（2021-06-30）[2022-11-26]. https://www.chinca.org/CICA/info/21063015004211.

示，突尼斯地理位置独特，具有联通欧非两大市场的区位优势，且太阳能、风能等绿色能源丰富。希望中国企业挖掘与突尼斯在相关领域特别是可再生能源领域的巨大合作潜力，在突尼斯开展投资合作。[1]苏丹国家交通网络、电网和供水网络等领域的基础设施，都需要大量投资和扩建。而升级和扩大现有发电能力，对配电网络进行现代化改造和扩大，一直是苏丹政府 10 多年来的首要任务，但其为改善电力基础设施提供资金的能力极其有限。阿尔及利亚鉴于其广阔的领土和庞大且不断增长的人口的需求，也需要对其基础设施进行大量持续投资。其 2005—2009 年的五年规划提出投资 2000 亿美元进行基础设施建设，并实施了道路网络、港口与铁路网络的扩建和现代化改造，经济发展得以巩固；2010—2014 年又投资 2860 亿美元加大了南部和高原省份的建设；2015—2019 年，政府投入 41400 亿第纳尔（约合 439.35 亿美元）用于道路建设，5550 亿第纳尔（约合 59.5 亿美元）用于港口建设，340 亿第纳尔（约合 3.65 亿美元）用于机场建设。[2]阿尔及利亚政府希望在不久的将来在阿尔及尔以西建设一个新的深水港，该计划自 2018 年以来一再推迟。阿尔及利亚还对数字基础设施建设表现出了极大兴趣。阿尔及利亚总统阿卜杜勒马吉德·特本表示，"阿尔及利亚正在走向数字经济，不能没有有效的网络流量"，"迈向数字经济、电子商务和电子支付的国家不可能在没有强大而有效的互联网速度的情况下稳步前进"。[3]浙江省与摩洛哥基础设施建设合作存在较大空间。全球基础设施中心（GIH）称，到 2040 年，摩洛哥将面临 370 亿美元的基础设施投资缺口。[4]因此，政府优先考虑道路和现代基础设施的发展，例如港口、机场和铁路。此外，摩洛哥政府还推出了许多基础设施建设计划，包括 2040 年铁路战略、2020 年旅游业愿景、2030 年国家港口战略和努尔-瓦尔扎扎特（Noor-Ouarzazate）太阳能计划。

① 刘叶琳. 中突共谱绿色能源合作新篇.（2022-05-24）[2022-12-27]. https://m.investgo.cn/article/yw/tzyj/2022 05/603428.html.

② 商务部国际贸易经济合作研究院，中国驻阿尔及利亚大使馆经济商务处，商务部对外投资和经济合作司. 对外投资合作国别（地区）指南：阿尔及利亚（2021 版）. [2022-11-27]. http://www.mofcom.gov.cn/dl/gbdqzn/upload/aerjiliya.pdf.

③ 中华人民共和国商务部. 特本：阿尔及利亚正朝着数字经济发展，绝不向切断网络妥协.（2020-09-21）[2022-11-27]. http://dz.mofcom.gov.cn/article/jmxw/202009/20200903002936.shtml.

④ 中国国际贸易促进委员会. 企业对外投资国别（地区）营商环境指南：摩洛哥（2022）. [2023-01-22]. https://www.ccpit.org/image/1331845275517497346/a72b009b34144093afe47cd7c9efdc33.pdf.

（三）浙江省在基础设施建设合作领域优势突出

浙江省参与"一带一路"倡议基础设施合作已经取得诸多成就，积累了足够的经验，具有相对突出的优势。首先，浙江省的数字基础设施建设能力处于世界领先水平。2020 年浙江省出台的《中共浙江省委关于制定浙江省国民经济和社会发展第十四个五年规划和二〇三五年远景目标的建议》指出，浙江省将加快打造"一带一路"重要枢纽，推动新型基础设施互联互通和"城市大脑"、移动支付等走向"一带一路"，高质量推进杭州数字丝绸之路合作示范区的建设。[①]2020 年 3 月，习近平总书记来到杭州城市大脑运营指挥中心，观看了"数字治堵""数字治城""数字治疫"等应用展示，对杭州市运用"城市大脑"提升交通、文旅、卫健等系统治理能力的创新成果表示肯定。[②]2018 年，世界电子贸易平台（eWTP）进入非洲。卢旺达政府在首都基加利宣布与阿里巴巴共建世界电子贸易平台，这是世界电子贸易平台首次在非洲国家落地。2019 年，世界电子贸易平台落地埃塞俄比亚，使得该平台有了新的发展。其次，浙江省交通基础设施建设中形成了一批旗舰项目。北非摩洛哥、东非乌干达、中亚乌兹别克斯坦，都已列入浙江华立集团工业园的建设版图。世界第一大港口宁波舟山港集团与世界第一大矿企巴西淡水河谷公司共建的淡水河谷鼠浪湖磨矿中心也正式投产。最后，能源基础设施也取得骄人成绩。浙江正泰集团将"光伏+"模式复制推广至埃及等更多共建"一带一路"国家和地区，建造绿色基础设施。

四、浙江参与北非国家基础设施建设的建议

浙江省在参与北非国家基础设施建设合作中既有相应的机遇，也面临着多种现实挑战。浙江省不仅要利用政策机遇，抓住窗口机遇，发挥浙江自身的突出优势，推动其参与北非基础设施建设合作走深走实，还需要从全局展开谋划，在有效衔接顶层设计的同时，通过政府与企业合力开拓统筹推进，并且大力发展特色智库作为智力支持，最终促进浙江参与北非基础设施建设，打开新

---

① 中共浙江省委. 中共浙江省委关于制定浙江省国民经济和社会发展第十四个五年规划和二〇三五年远景目标的建议.（2020-12-11）[2022-11-22]. https://www.yidaiyilu.gov.cn/zchj/dfzc/158060.htm.

② 李中文，等. 践行"八八战略"打造"重要窗口"（沿着总书记的足迹·浙江篇）.（2022-06-03）[2022-11-17]. http://politics.people.com.cn/n1/2022/0603/c1001-32437646.html.

局面。

（一）顶层设计与地方参与有效联动

从国家层面看，"一带一路"倡议与北非国家的对接相对较晚，受地区环境的影响，形成具体合作规划较迟。因此，浙江在参与北非国家基础设施建设合作中要主动发挥自我优势，逐步夯实合作基础，用实际项目打开突破口为共建"一带一路"贡献浙江力量。首先，浙江推进与北非国家基础设施建设合作的同时，从其地理区位、中央政策支持指向和全省经济发展水平的优势出发，需要积极利用浙江的临海优势，以及处于地中海南部沿岸和红海沿岸的北非国家在港口基础设施建设上具有的天然优势，无论是在能源基础设施建设上，还是在交通基础设施建设上，浙江都具有与北非国家进一步合作的实力与潜力。而北非国家在新港口建设方面需求高涨，也为合作提供了窗口机遇。虽然港口基础设施的价值在中东和北非地区是最小的，但 32 个新港口项目中，有 24% 的项目正在建设中，新港口建设在北非国家表现突出，摩洛哥有 9 个新港口项目，埃及有 8 个，突尼斯和阿尔及利亚都有 2 个。[1]其次，从地方角度讲，浙江应该巩固与北非国家的友好往来，以民心相通等"软联通"交流，推进设施联通等"硬联通"合作，以增信释疑，并更好地促进双方的基础设施建设合作。《中非合作论坛第八届部长级会议达喀尔宣言》强调，中非将加强智库和地方政府合作，增进民心相通和文明互鉴，厚植中非友好事业的社会基础。[2]2018 年，浙江省承办的青年汉学家研修计划等活动吸引了来自埃及等国青年学子的参与就是良好的契机。

（二）政府发力与企业开拓统筹推进

地方参与"一带一路"倡议设施联通中，企业是不可缺少的主体，但是积极有为的政府服务是企业对外合作的重要保障。地方政府以及企业是推进共建"一带一路"的关键力量，二者需要主动结合国家战略，发挥比较优势，找准突破口。首先，浙江省政府应该主动发力，当好"一带一路"倡议国际合作的

---

① 国复资讯. 中东和北非运输基础设施项目：重点关注道路、铁路和城市运输. [2022-12-09]. https://www.goalfore.cn/a/1051.html.

② 中国一带一路网. 中非合作论坛第八届部长级会议达喀尔宣言（全文）. (2021-12-02) [2022-11-19]. https://www.yidaiyilu.gov.cn/xwzx/hwxw/203073.htm.

排头兵，利用好自身优势，在参与北非国家基础设施建设合作中积极进取，为企业探明合作的先路。浙江要不断利用好世界互联网大会、世界浙商大会、世界油商大会、浙江省推进"一带一路"建设大会、海丝港口国际合作论坛等多个世界级合作平台，为浙江企业打开与北非国家基础设施合作的空间，继续深耕传统基建，同时开拓数字基础设施等新基建领域的交流互动。政府应该充分发挥"政府助手、企业帮手"作用，按照"政府引导、企业主导、共建共享"原则，为浙江参与北非基础设施合作的企业提供政策解读、项目合作以及金融、法律等集成服务。其次，企业要积极深入北非基础设施建设市场，在国际经济合作的背景下，政府搭桥、企业开拓将是应对七国集团"全球基础设施和投资伙伴关系"倡议与中国在北非展开竞争的最佳策略，同时也是践行"一带一路"倡议开放包容理念的应有之义，要在"一带一路"倡议顶层设计的指导下，准确定位自身参与北非基础设施合作的主要领域、参与手段以及合作模式，打造出既服务国家整体战略又凸显浙江特点的合作模式，争取在新形势下成为参与北非国家基础设施合作的地方榜样。当前浙江以"自下而上"的互动机制推动中非合作，民营企业、浙江省与非洲服务中心、科研院所、义乌市中非商会等民间力量大力参与其中。然而，在中非基础设施建设合作方面还应该继续完善相应机制。

（三）依托智库形成智力支撑

在安全形势复杂、大国博弈频发和相关合作机制仍需完善的背景下，浙江参与北非基础设施建设合作需要依托不同研究领域的智库，形成全方位的智慧支撑。整体而言，一方面，要继续在浙江省"一带一路"研究智库联盟的平台上打造对非研究的高水平团队，为"一带一路"倡议"五通"建设提供政策分析、安全评估和可行性研究等，为政府提供决策和企业进行合作提供强有力的保障。另一方面，"一带一路"倡议涉及诸多领域，基础设施建设合作始终是国家战略的优先考虑领域，同时基础设施建设也是"五通"中综合性最强的内容，有必要破除学科之间的限制，将有关基础设施领域的科技智库纳入其中，发挥浙江数字基础设施高地的优势，使浙江成为地方参与对非"一带一路"倡议设施联通的排头兵和标杆。

北非国家的绿色能源合作
机遇与浙江省的参与路径

朱　琳

摘要：随着全球气候变化带来的挑战日趋严峻，推动绿色低碳转型已成为各国参与全球气候与环境治理的重要议题。北非国家各类能源潜力巨大，很有可能在未来全球各种能源产业链中占据重要地位，主要大国在非洲的能源市场竞争也在逐步升级。近年来，中国和北非国家在绿色发展方面根据彼此需求，利用技术与资源的优势互补，共同推动双方绿色发展，合作初见成效。浙江作为中国首个绿色能源示范省，在中国和北非绿色能源合作中发挥重要作用，而绿色能源也将是浙江开展与北非国家合作的新优势与新增长点。深入挖掘中国和北非国家的绿色能源合作机遇，开辟浙江参与双方绿色能源合作新领地，不仅对推动浙江地方发展有所助益，对于中国应对未来全球能源产业链的冲击也有重要的战略意义。

关键词：绿色能源；北非；中国；浙江省；合作

作者简介：朱琳，上海外国语大学国际关系与公共事务学院、中东研究所博士研究生。

绿色能源、可再生能源、清洁能源大体等同。联合国将可再生能源定义为从自然资源中获得的能源，认为其补充率高于消耗率，并将太阳能、风能、地热能、水力发电、海洋能、生物能源等列为可再生能源。[1]剑桥词典称绿色能源是以保护自然环境的方式产生的能量，例如通过使用风、水或太阳产生的能量。[2]中国将绿色能源与清洁能源视为同义词，指不排放污染物的能源，与可

---

① United Nations. 什么是可再生能源？ [2022-12-20]. https://www.un.org/zh/node/178940.

② Cambridge Dictionary. Green energy. [2022-12-20]. https://dictionary.cambridge.org/dictionary/english/green-energy.

再生能源几乎是同义词①，并将核能纳入绿色能源范畴。②综合而言，可将绿色能源概括为可再生的、对环境友好型的低碳乃至脱碳型的能源，也称清洁能源。传统化石能源的不可再生性及对环境、气候产生的不良影响，使得国际社会逐步转向对绿色能源的开发与利用。世界各国纷纷部署能源转型战略，能源绿色化、清洁化转型步伐逐渐加快。北非地区作为传统化石能源的主要产地，在达成全球气候变化控制目标、推动能源转型过程中扮演重要角色。浙江作为中国首个清洁能源示范省，在绿色能源发展方面已见成效，在中国和北非国家的绿色能源合作中扮演日益重要的角色。本文着重分析北非国家绿色能源发展的现状，挖掘北非国家绿色能源的发展机遇，探讨浙江省与北非国家开展绿色能源合作的基础与路径等，以期对浙江拓展与北非合作有所裨益。

一、北非国家绿色能源发展现状

当前，全球已进入新一轮的科技与产业革命，全球气候环境治理呈现出新的特点。绿色能源与信息科技逐渐融合，产生非化石能源主导的多元发展模式，人类生产和生活方式也随之向低碳、绿色、智能化转型。由此，绿色能源的开发利用成为推动能源转型和应对全球气候问题的重点。北非国家的能源革命方兴未艾，推动绿色能源发展已成为北非各国重要的发展战略。北非国家绿色能源发展整体呈现出以下几个特点。

（一）北非绿色能源与传统能源协同发展

北非地区在传统化石能源领域占据一定优势，是非洲最大的能源市场。除苏丹外，北非地区依靠传统化石能源提供相对廉价的电力，在阿尔及利亚、埃及、利比亚和突尼斯，天然气是主要的发电燃料，瓶装液化气在日常生活中应用广泛。

随着全球气候问题的加剧与日益增长的能源需求，北非在利用包括石油、天然气、煤炭等传统化石能源的同时，着力发展包括水力、太阳能和风能等在内的绿色能源。北非各国开发绿色能源的自然禀赋较为理想，为绿色能源发展

---

① 央视网新闻. 应对气候变化新闻背景: 新能源与清洁能源.（2009-12-31）[2022-12-25]. http://news.cntv.cn/society/20091231/101499.shtml.

② 国家能源局. 核能是清洁、安全、绿色的能源.（2012-08-21）[2022-12-25]. http://www.nea.gov.cn/2012-08/21/c_131798214.htm；核电：不该被误解的清洁能源. 经济日报, 2014-12-24（15）.

提供了绝对优势。但北非国家绿色能源的开发和利用各有侧重，绿色能源在总能源供应中的占比也各不相同。2020年，苏丹可再生能源在该国能源总量中的占比达到47%[①]；2018年，摩洛哥可再生能源消耗量占该国能源消耗总量的比例达到35%[②]；2020年，埃及可再生能源在该国能源总量中占比达到7%—8%[③]；2020年，突尼斯可再生能源在该国能源总量中占比约11%[④]；2020年，利比亚可再生能源在该国能源总量中占比为4%[⑤]；2020年，阿尔及利亚可再生能源在能源总量中占比几乎为零[⑥]。

北非国家制定了一系列能源投资和多样化计划，旨在促进传统能源和绿色能源协同发展，传统能源的发展为绿色能源转型提供了一定的经济效益支持。在此推动下，北非国家的绿色能源发展在整个非洲地区而言始终较为稳定，从2012年到2022年，北非可再生能源发电装机容量占非洲总量的比例为20%—25%，可再生能源发电总量占非洲总量的比例为20%—24%。（参见表1）

表1　北非及非洲可再生能源发电装机容量和发电总量情况[⑦]

年份	北非可再生能源发电装机容量/兆瓦	非洲可再生能源发电装机容量/兆瓦	北非可再生能源发电装机容量占非洲总量比例/%	北非可再生能源发电总量/吉瓦时	非洲可再生能源发电总量/吉瓦时	北非可再生能源发电总量占非洲总量比例/%
2012	7082	28445	24.9	25417	110134	23.1
2013	7360	30697	24.0	28153	127704	22.0

① International Renewable Energy Agency. Energy Profile: Sudan.（2023-08-08）[2024-01-20].https://www.irena. org/-/media/Files/IRENA/Agency/Statistics/Statistical_Profiles/Africa/Sudan_Africa_RE_SP.pdf.

② 陈斌杰.摩洛哥未来将在太阳能领域提供更多投资机会.（2019-03-01）[2023-02-08]. https://www.imsilkroad. com/news/p/132173.html.

③ International Renewable Energy Agency. Energy Profile: Egypt.（2023-08-08）[2024-01-20]. https://www.irena. org/-/media/Files/IRENA/Agency/Statistics/Statistical_Profiles/Africa/Egypt_Africa_RE_SP.pdf.

④ International Renewable Energy Agency. Energy Profile: Tunisia.（2023-08-08）[2024-01-20]. https://www.irena. org/-/media/Files/IRENA/Agency/Statistics/Statistical_Profiles/Africa/Tunisia_Africa_RE_SP.pdf.

⑤ International Renewable Energy Agency. Energy Profile: Libya.（2023-08-08）[2024-01-20]. https://www.irena. org/-/media/Files/IRENA/Agency/Statistics/Statistical_Profiles/Africa/Libya_Africa_RE_SP.pdf.

⑥ International Renewable Energy Agency. Energy Profile: Algeria.（2023-08-08）[2024-01-20]. https://www.irena. org/-/media/Files/IRENA/Agency/Statistics/Statistical_Profiles/Africa/Algeria_Africa_RE_SP.pdf.

⑦ 根据国际可再生能源署发布的《2022年版可再生能源数据》（Renewable Energy Statistics 2022）与《2023年版可再生能源数据》（Renewable Energy Statistics 2023）整理得出。网址：https://www.irena.org/-/media/ Files/IRENA/Agency/Publication/2022/Jul/IRENA_Renewable_energy_statistics_2022.pdf?rev=8e3c22a36f964fa2 ad8a50e0b4437870; https://mc-cd8320d4-36a1-40ac-83cc-3389-cdn-endpoint.azureedge.net/-/media/Files/IRENA/ Agency/Publication/2023/Jul/IRENA_Renewable_energy_statistics_2023.pdf?rev=7b2f44c294b84cad9a27fc2494 9d2134.

续表

年份	北非可再生能源发电装机容量/兆瓦	非洲可再生能源发电装机容量/兆瓦	北非可再生能源发电装机容量占非洲总量比例/%	北非可再生能源发电总量/吉瓦时	非洲可再生能源发电总量/吉瓦时	北非可再生能源发电总量占非洲总量比例/%
2014	7721	32633	23.7	28836	134985	21.4
2015	8170	34953	23.4	29548	137570	21.5
2016	8558	37703	22.7	30045	138272	21.7
2017	8914	43053	20.7	31384	149117	21.1
2018	10871	48386	22.5	33685	162234	20.8
2019	11805	50555	23.4	37493	173858	21.6
2020	12332	53899	22.9	43685	183625	23.8
2021	12709	56123	22.6	44716	194361	23.0
2022	13031	58796	22.2	—	—	—

（二）北非绿色能源发展态势稳步上升

北非绿色能源发展近年来呈现出稳步增长的态势，可再生能源发电装机容量和发电总量逐年递增、稳步增长。北非巨大的绿色能源发展潜力可能使其在不久的将来成为非洲大陆最具活力的绿色能源市场之一。[①]在利用可再生能源发电方面，北非是非洲风能和太阳能项目的领跑者，其可再生能源发电增长率一直以每年 6% 左右的速度递增。[②]北非目前拥有非洲风力发电总装机容量的近一半以及非洲大陆电网太阳能发电总量的 20%。[③]2012 年至 2022 年，埃及、摩洛哥、苏丹三国可再生能源发电装机容量占北非地区整体总量的 75% 以上，且占比逐年增大；阿尔及利亚、突尼斯、利比亚三国可再生能源发电装机容量占北非整体总量的 25% 以下，且占比逐年减少。埃及、摩洛哥、苏丹三国可再生能源发电总量保持在北非地区总量的 95% 以上；阿尔及利亚、突尼斯、利比亚三国可再生能源发电总量占北非地区总量的比例不足 5%。其中，作为北非地

① North Africa: Policies and Finance for Renewable Energy Deployment.（2023-12-21）[2024-01-20]. https://mc-cd8320d4-36a1-40ac-83cc-3389-cdn-endpoint.azureedge.net/-/media/Files/IRENA/Agency/Publication/2023/Dec/IRENA_North_Africa_policies_finance_RE_2023.pdf?rev=e3c4c1eb15124941a64faa70e6deb24a.

② Renewable Energy Statistics 2023.（2023-07）[2024-01-20]. https://mc-cd8320d4-36a1-40ac-83cc-3389-cdn-endpoint.azureedge.net/-/media/Files/IRENA/Agency/Publication/2023/Jul/IRENA_Renewable_energy_statistics_2023.pdf?rev=7b2f44c294b84cad9a27fc24949d2134.

③ International Renewable Energy Agency. Renewable Energy Market Analysis: Africa and Its Regions.（2022-01-17）[2022-12-28]. https://www.irena.org/-/media/Files/IRENA/Agency/Publication/2022/Jan/IRENA_Market_Africa_2022.pdf?rev=bb73e285a0974bc996a1f942635ca556.

区绿色能源发展的重要组成部分，埃及一国的可再生能源发电装机容量占据整个北非地区总量的将近一半，可再生能源发电总量占据整个北非地区总量的一半以上。①

从单个国家的可再生能源发电装机容量和发电总量来看，北非各国普遍处于稳步上升的态势。埃及可再生能源发电装机容量2012年至2014年均保持在3457兆瓦的水平，但从2015年起表现出增长态势，到2022年增长至6322兆瓦，年平均增长率达8.1%；可再生能源发电总量呈现出曲线增长态势，从2012年的15325吉瓦时增长到2021年的25288吉瓦时。摩洛哥可再生能源发电装机容量从2012年到2022年保持持续性增长趋势，年平均增长率达8.8%；可再生能源发电总量整体保持连续增长的趋势，其中2014年、2020年有所回落。苏丹可再生能源发电装机容量从2012年的1529兆瓦增长到2022年的1871兆瓦，增长速率较为缓慢，约为2.0%；可再生能源发电总量从2012年到2021年呈增长态势，但2015年、2016年、2021年有所回落。阿尔及利亚可再生能源发电装机容量从2013年的253兆瓦增加到2022年的599兆瓦，年平均增长率达9.0%；发电总量则呈现出较大的波动。突尼斯可再生能源发电装机容量从2012年的241兆瓦持续增长到2022年的508兆瓦，年平均增长率达7.7%；可再生能源发电总量从2012年到2021年整体持续增长，在2014年、2019年出现两个峰值。利比亚可再生能源发电装机容量及发电总量很小，可再生能源发电装机容量停滞于5兆瓦—6兆瓦的水平，年发电总量为8吉瓦时，发展较为迟缓。（详见表2和表3）

表2 北非各国可再生能源发电装机容量② 　　　　　　　　单位：兆瓦

年份	阿尔及利亚	埃及	利比亚	摩洛哥	苏丹	突尼斯	北非
2012	253	3457	5	1597	1529	241	7082
2013	253	3457	5	1837	1536	272	7360

---

① Renewable Energy Statistics 2023.（2023-07）[2024-01-20]. https://mc-cd8320d4-36a1-40ac-83cc-3389-cdn-endpoint.azureedge.net/-/media/Files/IRENA/Agency/Publication/2023/Jul/IRENA_Renewable_energy_statistics_2023.pdf?rev=7b2f44c294b84cad9a27fc24949d2134.

② 根据国际可再生能源署发布的《2022年版可再生能源数据》（Renewable Energy Statistics 2022）与《2023年版可再生能源数据》（Renewable Energy Statistics 2023）整理得出。网址：https://www.irena.org/-/media/Files/IRENA/Agency/Publication/2022/Jul/IRENA_Renewable_energy_statistics_2022.pdf?rev=8e3c22a36f964fa2ad8a50e0b4437870; https://mc-cd8320d4-36a1-40ac-83cc-3389-cdn-endpoint.azureedge.net/-/media/Files/IRENA/Agency/Publication/2023/Jul/IRENA_Renewable_energy_statistics_2023.pdf?rev=7b2f44c294b84cad9a27fc24949d2134.

续表

年份	阿尔及利亚	埃及	利比亚	摩洛哥	苏丹	突尼斯	北非
2014	266	3457	5	2143	1538	312	7721
2015	329	3658	5	2307	1541	330	8170
2016	568	3681	5	2417	1547	340	8558
2017	662	3802	5	2539	1557	349	8914
2018	686	4793	5	3272	1740	375	10871
2019	686	5690	5	3272	1761	391	11805
2020	667	5934	5	3522	1798	406	12332
2021	587	6258	6	3638	1817	406	12709
2022	599	6322	6	3725	1871	508	13031

表 3　北非各国可再生能源发电总量[①]　　　　　单位：吉瓦时

年份	阿尔及利亚	埃及	利比亚	摩洛哥	苏丹	突尼斯	北非
2012	583	15325	8	2437	6748	316	25417
2013	291	14734	8	4219	8466	435	28153
2014	391	15157	8	3644	9042	594	28836
2015	327	15640	8	4454	8551	568	29548
2016	431	16121	8	4708	8189	588	30045
2017	635	15973	8	4720	9497	551	31384
2018	782	15942	8	6569	9799	585	33685
2019	840	17968	8	7626	10341	710	37493
2020	841	23972	8	7062	11138	664	43685
2021	780	25288	8	7828	10195	617	44716

（三）北非各国绿色能源发展各有侧重

北非各国侧重于不同类型的绿色能源发展。摩洛哥传统能源方面自然资源禀赋较弱，传统能源进口比例高，存在供应安全性不足等问题，故而摩洛哥政府大力推动可再生能源发展。2018 年摩洛哥可再生能源消耗量占全国能源消耗

---

① 根据国际可再生能源署发布的《2022 年版可再生能源数据》（Renewable Energy Statistics 2022）与《2023 年版可再生能源数据》（Renewable Energy Statistics 2023）整理得出。网址：https://www.irena.org/-/media/Files/IRENA/Agency/Publication/2022/Jul/IRENA_Renewable_energy_statistics_2022.pdf?rev=8e3c22a36f964fa2ad8a50e0b4437870; https://mc-cd8320d4-36a1-40ac-83cc-3389-cdn-endpoint.azureedge.net/-/media/Files/IRENA/Agency/Publication/2023/Jul/IRENA_Renewable_energy_statistics_2023.pdf?rev=7b2f44c294b84cad9a27fc24949d2134.

总量的比例已达到 35%。^①摩洛哥国家水利电力总局根据目前已启动或正在实施的相关项目数据表示，可再生能源发电量在该国家总发电量中的占比在 2022 年达到 42%。^②苏丹可再生能源在总能源供应中占比很高，2014 年苏丹可再生能源在总能源供应中的占比超过一半，高达 51%，2020 年则有所回落，为 47%；2020 年其可再生能源主要由生物能（85%）以及水力或海洋能（15%）组成。苏丹主要依靠水力或海洋能发电，2022 年水力或海洋能发电装机容量占可再生能源装机容量的 79%，生物能占 11%，太阳能占 10%。^③

埃及可再生能源在总能源供应中占比较低，近年来保持在 7%—8% 的水平，其中生物能、水力或海洋能发电为可再生能源主体，2020 年二者占据可再生能源的比例达 85%。在可再生能源发电方面，埃及的水力发电、太阳能和风能发电占据主体。2022 年埃及水力或海洋能发电装机容量占可再生能源发电装机容量的 45%，太阳能达到 27%，风能占 26%^④（参见表 4）。突尼斯可再生能源在总能源供应中占比较低，2020 年突尼斯国内能源需求中可再生能源占比约 11%，其中生物能占可再生能源的比例高达 90%。在可再生能源发电方面，突尼斯的风能、太阳能和水力或海洋能发电占据主体，三者发电装机容量分别占比 48%、39% 和 13%。^⑤

表 4　埃及 2020 年可再生能源供给占比及 2022 年可再生能源发电装机容量占比

单位：%

埃及 2020 年可再生能源供给占比		埃及 2022 年可再生能源发电装机容量占比	
生物能	65	水力 / 海洋能发电	45
水力 / 海洋能发电	20	太阳能	27

① 陈斌杰. 摩洛哥未来将在太阳能领域提供更多投资机会.（2019-03-01）[2023-01-14]. https://www.imsilkroad.com/news/p/132173.html.

② 中华人民共和国商务部. 摩洛哥拟提前 5 年实现 2030 年可再生能源目标.（2021-11-23）[2023-01-14]. http://ma.mofcom.gov.cn/article/jmxw/202111/20211103220206.shtml.

③ International Renewable Energy Agency. Energy Profile: Sudan.（2022-08-24）[2023-01-14]. https://www.irena.org/-/media/Files/IRENA/Agency/Statistics/Statistical_Profiles/Africa/Sudan_Africa_RE_SP.pdf; Energy Profile: Sudan.（2023-08-08）[2024-01-20]. https://www.irena.org/-/media/Files/IRENA/Agency/Statistics/Statistical_Profiles/Africa/Sudan_Africa_RE_SP.pdf.

④ International Renewable Energy Agency. Energy Profile: Egypt.（2023-08-08）[2024-01-20]. https://www.irena.org/-/media/Files/IRENA/Agency/Statistics/Statistical_Profiles/Africa/Egypt_Africa_RE_SP.pdf.

⑤ International Renewable Energy Agency. Energy Profile: Tunisia.（2023-08-08）[2024-01-20]. https://www.irena.org/-/media/Files/IRENA/Agency/Statistics/Statistical_Profiles/Africa/Tunisia_Africa_RE_SP.pdf.

续表

埃及 2020 年可再生能源供给占比		埃及 2022 年可再生能源发电装机容量占比	
太阳能	8	风能	26
风能	7	生物能	2

利比亚可再生能源在总能源供应中占比较低，近年来保持在 3%—4% 的比例，其中生物能占可再生能源比例高达近 100%，其他方面的可再生能源占比几乎为零。而在可再生能源发电方面，利比亚利用可再生能源发电的结构也极其单一，主要是太阳能发电，占比近 100%；2013—2023 年，利比亚利用可再生能源发电装机容量几乎未有进展。[①] 因石油、天然气、页岩气等传统化石能源供应充足，阿尔及利亚可再生能源在总能源供应中占比较低，近年来保持在0.15% 左右的水平，其中太阳能、生物能占据可再生能源主体，2020 年二者占可再生能源比例高达 98%。而在可再生能源发电方面，阿尔及利亚 2022 年太阳能发电装机容量占比达 77%、水力或海洋能发电装机容量占比达 22%（参见表 5）。[②]

表 5　阿尔及利亚 2020 年可再生能源供给占比及 2022 年可再生能源发电装机容量占比

单位：%

阿尔及利亚 2020 年 可再生能源供给占比		阿尔及利亚 2022 年 可再生能源发电装机容量占比	
太阳能	88	太阳能	77
生物能	10	水力 / 海洋能发电	22
水力 / 海洋能发电	1	风能	1
风能	1	—	—

二、北非国家绿色能源发展的有利条件

在低碳化、清洁化能源转型趋势下，北非因较强的光照、丰富的风力资源等自然条件，具备发展绿色能源的天然优势。北非各国政府纷纷提出绿色转型计划，着力部署绿色能源技术的开发和应用，推动绿色能源发展与合作。北非国家发展绿色能源，既能为国内经济社会发展带来新动力，实现可持续发展的

---

① International Renewable Energy Agency. Energy Profile: Libya.（2023-08-08）[2024-01-20]. https://www.irena.org/-/media/Files/IRENA/Agency/Statistics/Statistical_Profiles/Africa/Libya_Africa_RE_SP.pdf.

② International Renewable Energy Agency. Energy Profile: Algeria.（2023-08-08）[2024-01-20]. https://www.irena.org/-/media/Files/IRENA/Agency/Statistics/Statistical_Profiles/Africa/Algeria_Africa_RE_SP.pdf.

目标，也能为应对全球能源危机和环境治理问题谋篇布局，具有长远发展的战略意义。同时，北非国家发展绿色能源的有利因素与需求为未来浙江省与北非的合作提供了一定的现实基础。

（一）得天独厚的天然优势

在开发利用绿色能源方面，北非国家具备相应的外部环境气候等方面的优势。北非国家地处非洲大陆北部，北邻地中海、西靠大西洋、东濒红海，大都属于温带、亚热带地区，临近水域为发展绿色能源提供了合适的地理条件。该地区夏季时间长，气温干燥、太阳照射时间充足，较大范围均为沙漠或半沙漠地区，能够提供充足的开发绿色能源的场地。北非地区绿色资源条件得天独厚，被认为是全球最理想的太阳能、风能等绿色能源开发地区。以太阳能的开发利用为例，北非地区太阳水平总辐射（GHI）在沿海地区可达 1600 千瓦时/（平方米·年），在内陆沙漠地区可达 2600 千瓦时/（平方米·年）。直接辐射（DNI）在沿海地区可达 1800 千瓦时/（平方米·年），在内陆沙漠地区可达 2800 千瓦时/（平方米·年）。[①] 另外，北非国家的风能也极为丰富。一般风能发电需要风速达到 7 米/秒，而北非的大部分地区风速都在 12 米/秒左右，这对发展大规模的风力发电无疑是一项极为有利的条件。在绿色能源开发利用方面，良好的自然条件能够为北非地区发展绿色能源降低投入成本，促使各国政府及企业寻求绿色能源的开发和利用。摩洛哥等国因传统化石能源的财政压力而在绿色能源发展方面较为积极。根据全球风图集（Global Wind Atlas）介绍，尽管埃及以往严重依赖石油和天然气作为其主要的能源供应，却也是积极投身绿色能源发展的国家，因为该国有广阔的土地，光照资源和风能资源好，这两种资源正逐渐成为该地区的主要可再生能源。[②] 北非国家优越的自然环境禀赋为促进浙江省与北非国家在风能、太阳能等领域的合作，以低成本的开发优势促成绿色能源开发利用提供了良好的基础。

（二）解决发展难题的现实动力

2012 年联合国可持续发展大会倡导的绿色可持续发展理念对北非国家产生

---

① 中华人民共和国商务部. 中东北非地区可再生能源和新能源发展及影响.（2018-04-09）[2022-12-25]. http://eg.mofcom.gov.cn/article/zahz/r/201804/20180402729884.shtml.

② 张雪伟. 埃及欲振兴可再生能源产业. 风能，2018（7）：64.

了重大影响。伴随着国家发展水平的不断提高、人口规模的不断扩大、工业化进程不断加快，以及人民生活水平的提高，北非各国对能源的需求逐步增加。经济合作与发展组织（OECD）报告称，中东北非地区能源需求呈持续扩大势头，从 2010 年至 2030 年这一地区国家能源需求年增长率约为 3%，电力需求年增长率为 6%。[①]联合国非洲经济委员会称，电力供应是非洲急需应对的一个重大挑战。预计到 2050 年非洲人口将增加一倍，达到近 24 亿人，而太阳能、风能和水能等可再生能源是满足非洲迅速增长的电力需求的可行替代能源。[②]绿色能源的发展能够为北非的经济、就业、社会发展及环境治理提供重大机遇。北非国家发展绿色能源能够带动本国就业以及产业布局与结构的调整，在这个过程中将创造更多的就业机会，这对于缓解就业压力、缩小贫富差距等具有巨大的带动效应。国际可再生能源署与非洲开发银行 2022 年合作发布的《非洲地区可再生能源市场分析》指出，非洲能源转型的愿景与全球气候目标一致，到 2050 年将多提供 2600 万个相关工作机会，能源转型新增的就业机会将是化石能源行业减少的就业机会的 4 倍。[③]可再生能源设施的开发、管理和维护能够创造可持续的就业机会，预计未来 30 年，摩洛哥将创造约 76 万个相关工作岗位。同时，能源转型将为女性就业提供机会。在全球新能源领域的全职岗位中，女性员工占 32%；而在油气领域，女性员工占 22%。[④]此外，发展绿色能源以应对环境污染和气候变化逐步成为北非国家政府和社会的重要考量。通过支持全球能源转型，北非国家与《巴黎协定》的目标保持一致，即将全球平均气温升幅限制在 1.5℃。发展绿色能源有助于该地区实现对气候、环境变化的国际承诺。

简言之，北非国家发展绿色能源的现实需求较强，这是推动绿色能源发展的根本动力。绿色能源为缓解当前北非发展难题提供了新手段、新方向和新目标。

① 中华人民共和国商务部. 中东北非地区可再生能源和新能源发展及影响.（2018-04-09）[2022-12-25]. http://eg.mofcom.gov.cn/article/zahz/r/201804/20180402729884.shtml.

② 中华人民共和国国务院新闻办公室. 中非清洁能源合作助推非洲绿色发展.（2022-04-18）[2022-12-25]. http://www.scio.gov.cn/31773/35507/35513/35521/Document/1723100/1723100.htm.

③ International Renewable Energy Agency. Renewable Energy Market Analysis: Africa and Its Regions.（2022-01-17）[2022-12-28]. https://www.irena.org/-/media/Files/IRENA/Agency/Publication/2022/Jan/IRENA_Market_Africa_2022.pdf?rev=bb73e285a0974bc996a1f942635ca556.

④ 中华人民共和国商务部. 可再生能源可为中东北非地区经济社会发展提供机遇.（2022-03-27）[2022-12-25]. http://qa.mofcom.gov.cn/article/jmxw/202203/20220303292661.shtml.

（三）明确的绿色能源战略规划

全球能源转型的大背景下，北非国家经济、能源发展的绿色转型将有利于可持续发展目标的实现。北非国家立足各自实际，纷纷制定相应的能源转型计划以提高可再生能源投资的吸引力，为长期发展谋篇布局。对于摩洛哥等北非传统能源进口国而言，发展绿色能源可节省大量能源进口支出，缓解能源进口带来的巨大财政压力，确保本国能源的安全和稳定；对于利比亚、埃及、阿尔及利亚等北非传统能源出口国而言，在维持传统能源领域发展的基础上，继续拓展绿色能源发展渠道，积极构建传统能源与绿色能源相互协调、相互促进的发展格局，从而实现经济社会短期或中长期效益是其重要目标。在此基础上，北非国家普遍采取了自上而下的绿色发展规划与执行体系。

埃及作为非洲第二、北非第一人口大国，在很长一段时间里经常遭遇停电的困扰，为此，埃及积极发展绿色能源发电项目。埃及此前计划称，到 2022 年使可再生能源发电占比达到 20%，其中 12% 来自风电，5.8% 来自水电，2.2% 来自太阳能发电；到 2025 年使绿色能源发电占比达到 42%。[①]2020 年年初埃及提出《2035 年综合可持续能源战略》，为光伏产业发展设定了具体目标，提出到 2035 年埃及光伏发电装机容量预计达到 43 吉瓦，在可再生能源电力装机总量中的占比超七成。[②]2022 年 11 月，埃及石油部部长在联合国 COP26 气候峰会上宣布埃及政府将在 2030 年之前进一步扩大可再生能源产能，使其 42% 的电力需求由可再生能源提供。而在此之前，埃及将上述目标的实现时间定在 2035 年，此次将目标时间提前，表明了埃及加快向绿色能源转型的坚定决心与信心。[③]埃及政府不断完善管理和监督机制，为光伏发电设定上网补贴电价，同时鼓励有实力的国际企业参与可再生能源电力市场。

摩洛哥因传统能源资源贫乏，超过 95% 的基础能源依赖进口，18% 的电力从西班牙进口，每年能源需求增速达 6.5%。但摩洛哥风能、太阳能资源较丰富，具备发展绿色能源的天然优势，故而摩洛哥积极发展绿色能源，制定可再生能源发展战略，指出到 2020 年实现可再生资源满足国内 42% 能源需求的目

① 张雪伟. 埃及欲振兴可再生能源产业. 风能，2018（7）：64.

② 邹松. 非洲发展可再生能源潜力巨大. 人民日报，2022-06-14（17）.

③ 中华人民共和国商务部. 埃及制定 2030 年可再生能源目标.（2021-11-08）[2024-01-21]. http://eg.mofcom.gov.cn/article/jmxw/202111/20211103215535.shtml.

标。[1]摩洛哥向联合国提交了"2050年温室气体长期低排放战略"，重申该国对发展可持续能源的承诺，计划到2030年将其可再生能源产能提高到12吉瓦，以满足不断增长的电力需求，并加大绿色能源产能。摩洛哥计划在未来8年内将可再生能源在总能源结构中的占比从目前的40%提升至52%。[2]目前摩洛哥被认为是中东北非地区能源转型的先驱，将进一步领导地区绿色能源发展。

突尼斯政府高度重视能源结构转型，大力开发绿色能源。早在2010年突尼斯就制定了包含约40个项目在内的绿色能源发展计划，其中太阳能和风能开发、提高能源效率、电网建设、太阳能板制造、沼气发电等作为计划的第一步先行实施，旨在到2016年把可再生能源在能源消费中的比例提高5倍，风能和太阳能发电量达1000兆瓦。[3]2017年突尼斯政府拨款10亿美元用于发展可再生能源项目以生产1000兆瓦电力，其中650兆瓦来源于太阳能光伏发电项目，350兆瓦源于风能。[4]突尼斯政府提出，到2030年实现30%的可再生能源利用率目标，力争实现能源自主和可持续发展。[5]在注重绿色能源整体发展的过程中，突尼斯政府还大力发展家庭太阳能，完善配套设施，以回收家庭太阳能多余的电力，以期进一步提升绿色能源的开发及利用效率。

阿尔及利亚在2011年启动了可再生能源发展计划，其电力和天然气监管委员会（CREG）制定了"2011—2030年可再生能源发展规划"，计划建设67个电站项目，包括27个光伏电站、27个柴油混合电站、6个太阳能热电站和7个风力电站。阿尔及利亚计划到2030年利用可再生能源发电量达到22000兆瓦，国内电力需求的40%来自可再生能源，其中一半满足国内市场，另一半向境外市场输出。[6]该国能源部部长穆哈迈德·阿卡布曾在公开场合表示，为普及可再生能源，到2028年该国太阳能装机将达5.5吉瓦。[7]

① 中华人民共和国外交部.摩洛哥国家概况.[2022-12-25]. https://www.mfa.gov.cn/web/gjhdq_676201/gj_676203/fz_677316/1206_678212/1206x0_678214/.

② 邹松.非洲发展可再生能源潜力巨大.人民日报,2022-06-14（17）.

③ 范卫平.突尼斯加快发展绿色能源.中国石化报,2010-11-05（8）.

④ 中非贸易研究中心.突尼斯大力发展可再生能源项目.（2018-05-06）[2023-01-14]. http://news.afrindex.com/zixun/article10681.html.

⑤ 中华人民共和国商务部.中突绿色发展论坛成功举办.（2022-04-25）[2023-01-14]. http://tn.mofcom.gov.cn/article/zxhz/hzjs/202205/20220503311099.shtml.

⑥ 赵畅.阿尔及利亚可再生能源发展潜力分析.中国投资,2021（ZA）:80.

⑦ "走出去"导航网.2020年阿尔及利亚可再生能源占比将达27%.（2020-03-10）[2023-01-15]. https://www.investgo.cn/article/gb/fxbg/202003/479652.html.

利比亚于 2007 年组建了可再生能源管理局，旨在研究和管理传统能源和新能源的产业投资规划，同时平衡两者之间的比重。利比亚国民代表大会根据其 2013—2025 年可再生能源战略计划以及集中光伏发电能力，计划到 2020 年安装 300 兆瓦的光伏系统，到 2025 年安装 450 兆瓦的光伏系统，到 2030 年采用 22% 可再生能源电力。[①] 然而，国际可再生能源署数据显示，利比亚 2012 年至 2020 年可再生能源发电装机容量均保持在 5 兆瓦，2021 年与 2022 年可再生能源发电装机容量为 6 兆瓦。[②] 鉴于利比亚国内政局的不稳定性，其制定的可再生能源发展规划能否如期完成存在很大不确定性。

整体而言，北非国家在绿色能源发展方面已取得一定成果。北非国家不断优化能源结构，具备加快能源转型发展的基础和优势，但尚未形成较为完整的多轮驱动供应体系。北非国家虽已将发展绿色能源作为国家发展的战略任务之一，且各国在发展绿色能源方面采用以需求为导向的"优势策略"，但仍存在发展不均衡、不充分等问题。北非国家绿色能源发展所需的供应链、产业链现代化水平也有待提升，北非构建绿色能源体系可谓机遇与挑战并存。因此，北非国家积极拓展绿色能源合作渠道，寻求突破技术壁垒的合作渠道，吸引外国绿色能源投资，为北非经济社会发展赋能。北非国家绿色能源的合作需求与当前浙江绿色产业"走出去"战略不谋而合，双方积极开展合作，也已取得一定成果。

三、浙江参与北非国家绿色能源合作的基础

近年来，随着中非关系的提质升级和中非绿色发展的整体框架日臻完善，中国和北非国家在绿色能源领域的合作也取得丰富成果。浙江作为中国开展对北非合作的重要力量，在绿色能源合作中具备技术与经验的先决优势。

（一）中非绿色发展框架是浙江省与北非绿色能源合作的基本指引

浙江省与北非的绿色能源合作是以中非绿色发展合作的顶层设计为基本指

---

① 新睿. 加大可再生能源部署　利比亚计划安装 500MW 光伏系统.（2022-06-30）[2023-02-01]. https://news.solarbe.com/202206/30/356710.html.

② Renewable Energy Statistics 2023.（2023-07）[2024-01-20]. https://mc-cd8320d4-36a1-40ac-83cc-3389-cdn-endpoint.azureedge.net/-/media/Files/IRENA/Agency/Publication/2023/Jul/IRENA_Renewable_energy_statistics_2023.pdf?rev=7b2f44c294b84cad9a27fc24949d2134.

引的。2015 年 12 月举行的中非合作论坛约翰内斯堡峰会上，习近平主席在峰会上宣布与非洲共同开展包括绿色发展在内的"十大合作计划"。①2021 年 11 月，习近平主席在中非合作论坛第八届部长级会议上进一步指出，中非要"倡导绿色低碳理念，积极发展太阳能、风能等可再生能源"，并提出中非要共同实施包括绿色发展工程在内的"九项工程"。②《中非合作 2035 年愿景》提出包括"共同打造绿色发展新模式，实现中非生态共建"在内的"八大行动"，进一步提出"能源合作向清洁、低碳转型。中国支持非洲提高水能、核能等清洁能源利用比例，基于各国发展水平和能源需求，积极开发太阳能、风能、地热、沼气、潮流、波浪等可再生能源，通过分布式供电技术为非洲偏远地区提供稳定、可负担电力供应，支持光伏产业发展"③。同时，会议通过的《中非应对气候变化合作宣言》指出，"支持非洲国家更好利用太阳能、水电、风能、沼气等可再生能源。中方将进一步扩大在光伏、风能等可再生能源，节能技术，高新技术产业，绿色低碳产业等低排放项目的对非投资规模，不再新建境外煤电项目，助力非洲国家优化能源结构，推动产业结构升级，建设优化城市规划和垃圾管理办法的智慧城市，实现绿色、低碳、高质量发展"④。

在中非绿色发展合作的整体带动下，中国和北非绿色发展合作也取得丰富成果。2015 年 8 月，中国同埃及签约筹备建立可再生能源国家联合实验室。⑤2021 年 10 月，第二届"一带一路"能源部长会议上，摩洛哥正式加入"一带一路"能源合作伙伴关系。⑥中资企业也积极参与非洲可再生能源发展合作。截至 2021 年 3 月，数十家中资企业与非洲企业合作建设光伏电站，累计投资 21 个项目、装机容量超过 1.5 吉瓦。⑦中国已成为中东地区可再生能源领域的重要参与力量。有研究指出，包括埃及等国在内的中东国家都已经把能源

---

① 中华人民共和国国务院新闻办公室. 开启中非合作共赢、共同发展的新时代.（2015-12-07）[2022-12-26]. http://www.scio.gov.cn/zhzc/10/Document/1458160/1458160.htm.

② 中非合作论坛. 习近平在中非合作论坛第八届部长级会议开幕式上的主旨演讲（全文）.（2021-11-29）[2022-12-29]. http://www.focac.org/ttxxsy/202111/t20211129_10458625.htm.

③ 中华人民共和国商务部. 中非合作 2035 年愿景.（2021-12-08）[2022-12-29]. http://xyf.mofcom.gov.cn/article/lt/202112/20211203226116.shtml.

④ 中非合作论坛.《中非应对气候变化合作宣言》（全文）.（2021-12-02）[2022-12-29]. http://www.focac.org/zywx/zywj/202112/t20211202_10461235.htm.

⑤ 茉莉，王大千. 中国与中东国家能源合作的机遇与前景. 光明日报，2022-12-26（12）.

⑥ 中华人民共和国商务部. 摩洛哥加入"一带一路"能源合作伙伴关系.（2021-10-29）[2022-12-31]. http://ma.mofcom.gov.cn/article/zxhz/gzdt/202110/20211003212949.shtml.

⑦ 邹松. 非洲发展可再生能源潜力巨大. 人民日报，2022-06-14（17）.

多元化作为一大经济增长战略，对中国的融资、设计、采购、施工、调试、移交和开发服务的需求将继续增长，中国对中东和北非的清洁能源项目投资规模正不断扩大。同时，中国参与的一些能源发展项目正在成为共建"一带一路"框架下"北非电力走廊"的一部分，将惠及埃及、阿尔及利亚、突尼斯、摩洛哥和苏丹等国。① 中国和北非的绿色能源合作，为浙江和北非开展该领域的合作奠定了一定基础。

（二）中国绿色能源发展为浙江省与北非绿色能源合作提供技术支撑

中国绿色能源的整体发展与浙江的绿色能源优势，亦是浙江省与北非开展合作的重要支撑。

中国绿色能源发展是国际绿色能源发展的重要组成部分。国际可再生能源署数据显示，2015 年中国可再生能源供应占总能源供应的比例为 7.5%，2020年提升至 8.6%，增长了 1.1%。2015 年至 2020 年，中国可再生能源供应量增加33.7%，可再生能源供给在总能源供应中占比逐年增加。2020 年可再生能源供给中，水力或海洋能发电贡献占比为 39%，生物能贡献占比 32%，风能贡献占比19%，太阳能贡献占比 10%（详见表 6）。② 《中国可再生能源发展报告 2021》显示，2022 年中国可再生能源装机容量达 12.13 亿千瓦，占全国电力装机容量的47.3%，可再生能源发电量 2.7 万亿千瓦时，占全社会用电量的 31.6%。③

表 6 　中国总能源供应构成变化及 2020 年可再生能源供给分布情况

中国总能源供应构成变化			中国 2020 年可再生能源供给分布情况 /%	
总能源供应	2015 年	2020 年	水力 / 海洋能发电	39
非可再生能源 /TJ	111746107	128939885	生物能	32
可再生能源 /TJ	9064951	12119545	风能	19
总计 /TJ	120811058	141059430	太阳能	10
可再生能源占比 /%	7.5	8.6	—	

---

① Ossman Elnaggar. China's Growing "Green" Engagement in MENA Across the Region: China Has Made Targeted and Strategic Investments in Major Renewable Energy Projects.（2019-09-19）[2023-02-09]. https://thediplomat.com/2019/09/chinas-growing-green-engagement-in-mena/.

② International Renewable Energy Agency. Energy Profile: China.（2022-08-24）[2022-12-30]. https://www.irena.org/-/media/Files/IRENA/Agency/Statistics/Statistical_Profiles/Asia/China_Asia_RE_SP.pdf?country=China&regionID=&countryID=823f247d-7625-4651-b652-6e40f4c3a14c.

③ 中华人民共和国商务部. 2022 我国可再生能源发展情况.（2023-02-15）[2024-01-20]. https://www.ndrc.gov.cn/fggz/hjyzy/jnhnx/202302/t20230215_1348799.html.

浙江省作为中国东部沿海发展较快的省份，以及全国首个清洁能源示范省，积极推动能源清洁低碳转型，坚持可再生能源开发，具有在绿色能源发展方面的巨大优势，目前在绿色能源发展上处于中国较为领先的地位。《浙江省能源发展"十四五"规划》显示，浙江省在"十三五"期间已"形成完整的光伏装备制造产业链，技术和产量均全国领先"。浙江省内"多个地区形成一定规模的氢能产业集群，潮流能发电利用取得突破"。[①]2020 年年底浙江省可再生能源装机容量达到 3114 万千瓦，可再生能源装机占比达到 31%，并计划到 2025 年年底，可再生能源装机超过 5000 万千瓦，装机占比达到 36% 以上。截至 2020 年年底，浙江省可再生能源装机规模连续多年位居中国第一。浙江省还拥有国内完整且具竞争力的光伏产业链体系，光伏组件产能仅次于江苏省，年产量在 4000 万千瓦左右，是中国第二大光伏组件制造省份；拥有光伏辅材企业 120 余家，位居全国第一；2020 年光伏全产业链产值高达 1200 亿元。浙江省已建和在建抽水蓄能电站总装机规模领跑全国。风电方面，浙江省形成了完整且具竞争力的产业链体系，在整机、齿轮箱、变流器、铸件、电缆等行业均有一批龙头骨干企业[②]，力争为实现碳达峰、碳中和目标做出浙江贡献。同时，浙江绿色能源发展也为浙江省与北非绿色能源合作提供了关键的技术和产业链支撑。

（三）浙江企业是浙江省与北非绿色能源合作的主力军

浙江省作为中国与北非合作的重要省份，在中非的各领域合作中占据重要分量。2021 年浙江省与非洲贸易总额达 434 亿美元，比 2020 年增长 17%。[③]2022 年浙江省对非洲贸易额将近 4000 亿元人民币，占中国的 20% 左右。[④]在绿色能源合作领域，浙江省在原有合作基础上，积极探索"走出去"新模式，积累了浙江经验。

首先，浙江企业作为先行力量积极开辟北非市场。2018 年 11 月，中国企

---

① 浙江省人民政府办公厅. 浙江省人民政府办公厅关于印发浙江省能源发展"十四五"规划的通知.（2022-05-19）[2022-12-30]. https://www.zj.gov.cn/art/2022/5/19/art_1229505857_2404396.html.

② 浙江省发展和改革委员会，浙江省能源局. 浙江省可再生能源发展"十四五"规划.（2021-06-23）[2022-12-30]. https://www.zj.gov.cn/art/2021/6/23/art_1229505857_2305932.html.

③ 尼亚比亚奇. 港媒：从浙江到湖南，中国各省份正拓展对非贸易. 刘长煌，译.（2022-12-06）[2022-12-29]. https://3w.huanqiu.com/a/de583b/4AkujCJT04W?agt=20.

④ 新华访谈 | 刘鸿武：浙江是我国对非合作的一块高地.（2023-12-04）[2024-01-20]. http://zj.news.cn/202312 05/e8d07ec7c153404fa72cef4db1ab4e8c/c.html.

业浙江正泰向埃及苏伊士运河大学捐赠光伏系统，该系统将为孔子学院提供部分教学用电，并成为苏伊士运河大学工程学院学生的教学培训设备，是光伏、新能源发电及太阳能组件相关课程的重要教学参考。①2019 年 9 月，浙江正泰承建的埃及本班 165.5 兆瓦光伏项目正式并网投入商业运营，这是正泰新能源在海外工程、采购和施工领域的重大突破，也是新业务模式的创新和探索②，成为浙江企业投资北非地区可再生能源项目的重要成果。2021 年 9 月，在第二届中国—非洲经贸博览会期间，中非发展基金与浙江可胜技术股份有限公司在中非产业链合作论坛上正式签署战略合作协议，双方将充分结合各自优势，在非洲区域共同推进以太阳能热发电为核心的新能源领域的全面合作。这也是本次论坛上唯一签署的新能源电力项目合作协议。③2022 年 8 月，中国能建国际集团与浙江火电联营体中标埃及康翁波 500 兆瓦光伏 EPC+O&M 项目，主要经营包括设备材料采购、施工、试验、调试及竣工验收等环节在内的一系列工程，项目计划 2024 年 7 月底完工，总工期为 19 个月。④

其次，浙江省整合企业资源优势，积极创新绿色能源"走出去"模式。2020 年 6 月，中国（浙江）环保博览会等十余家企事业单位共同发起成立浙江绿色创新发展联盟。该联盟将联合绿色制造知名企业共建"1154 工程"，以绿色标准、绿色评价为基础，以五大创新工程为载体，打造绿色创新发展新生态，推动绿色选择，重塑绿色价值，共创绿色发展。该联盟机构设置包含绿色制造数字化检测中心、标准化专业委员会、数字化检测专业委员会、区块链技术专业委员会、绿色制造专业委员会、生态环境专业委员会、绿色能源专业委员会、绿色建筑专业委员会、绿色园区专业委员会、绿色生活专业委员会、绿色金融专业委员会、绿色低碳公益活动中心。⑤浙江绿色创新发展联盟的设立标志着浙江绿色发展进入标准化、精细化、智能化、利民化的发展阶段。2021

① 周辀.中企向埃及高校捐赠光伏系统.（2018-11-19）[2022-12-30]. http://world.people.com.cn/n1/2018/1119/ c1002-30409494.html.

② 正泰集团股份有限公司.助力"一带一路"建设 | 正泰埃及 165.5MW 项目打造高质量海外样本.（2020-03-20）[2022-12-30]. https://www.chint.com/zh/index.php/news/detail/id/3673.

③ 可胜技术.中非发展基金与可胜技术签署战略合作协议.（2021-09-29）[2022-12-30]. http://tyn.cosinsolar.com/ news/detail/id/10126.html.

④ 丁源.中国能建国际集团与浙江火电联营体中标埃及康翁波 500MW 光伏项目.（2022-08-04）[2022-12-30]. https://power.in-en.com/html/power-2409449.shtml.

⑤ 浙江省机械工业联合会.浙江绿色创新发展联盟正式成立.（2020-06-30）[2022-12-30]. http://www.zjmif.com/ techdevelop/detail/id/14336.html.

年 11 月，作为浙江参与第四届进博会工作配套活动之一，浙江省商务厅主办了第四届浙江国际工程联盟拓市对接会，在此次对接会上，中能建浙江院、浙能集团、东方日升等 8 家浙江省新能源产业链上下游龙头企业共同发起成立了浙江省绿色低碳产业"走出去"发展联盟，旨在充分发挥设计咨询的引领带动作用，深入整合全产业链优势，推动浙江企业共同开拓海外绿色低碳市场。① 2022 年 11 月，国家发展改革委出台了《关于进一步完善政策环境加大力度支持民间投资发展的意见》，指出"鼓励民营企业加大太阳能发电、风电、生物质发电、储能等节能降碳领域投资力度"②，进一步为浙江省内与绿色能源产业相关的民营企业"走出去"提供了政策上的支持。2023 年浙江省在新兴产业代表性产品电动载人汽车、锂离子蓄电池和太阳能电池方面出口 1401.8 亿元，增长 11.0%，拉动浙江省出口增长 0.4 个百分点。在这一领域，不少浙企脱颖而出。③

四、浙江省参与北非国家绿色能源合作的建议

浙江省与北非国家绿色能源合作紧紧依托中国和北非国家的机制性合作框架和顶层设计，着眼于双方绿色能源发展优势与需求，积极拓展绿色能源合作渠道，推动绿色能源产业升级，构建绿色发展新范式，为双方经济社会高水平、多元化发展赋能。在鼓励浙江绿色能源产业"走出去"，打造浙江省与北非绿色能源合作新增长点的同时，需关注以下几点。

（一）关注北非绿色能源发展差异性

关注北非各国能源发展差异性是浙江省与北非开展绿色能源合作的宏观要求。北非各国绿色能源发展整体有着巨大发展机遇，但各国绿色能源发展进程并不一致。绿色能源在北非各国能源供给中占据的份额及比重各不相同，呈现出较大的差异性。浙江省在与北非国家开展绿色能源合作时，应该在对北非区域整体的认知基础上，进行更为细致的对接，并注意不同国家绿色能源发展的

---

① 郑炜.这个联盟要让"浙江绿"走向世界.（2021-11-09）[2022-12-30]. https://hznews.hangzhou.com.cn/jingji/content/2021-11/09/content_8091583.htm.
② 国家发展改革委.关于进一步完善政策环境加大力度支持民间投资发展的意见.（2022-11-07）[2022-12-26]. https://www.ndrc.gov.cn/xwdt/tzgg/202211/t20221107_1340901.html?code=&state=123.
③ 拜喆喆，冯春鸣.2023 年浙江外贸对全国增长贡献居首.（2024-01-20）[2024-01-20]. http://zj.people.com.cn/n2/2024/0120/c186327-40720401.html.

不同方向和重点，有针对性地了解其绿色能源发展规划和目标。在北非国家现有绿色能源发展进程中，苏丹、埃及、摩洛哥的绿色能源发展整体领先于阿尔及利亚、突尼斯和利比亚。埃及的绿色能源发展中，生物能、水力发电等领域发展较为迅速，而太阳能、风能发电占比较少；阿尔及利亚的太阳能在绿色能源中占据主体，而风能无论在可再生能源总量上还是在发电上，均占据极小的比重；利比亚由于近年来政局动荡，可再生能源发展基本处于停滞状态。故而，应认清北非绿色能源发展的重点方向和领域，厘清不同北非国家之间的发展状况。

（二）拓展融资渠道，降低绿色能源项目融资成本

绿色能源从前期规划、投入开发到最终落地，面临基础设施建设投资周期长、前期投资多、成本收回较为缓慢等困难。浙江省在现有中非、中阿合作框架下，在顶层设计方面，第一，需要积极推动双方高层协商，增进与北非国家政府能源发展规划的交流与协作；第二，需要深入了解其绿色能源发展战略规划和需求，积极参与北非国家绿色能源发展计划的顶层设计和合作，为北非国家提供整体规划方面的援助及技术层面的支持；第三，可以"优势互补"为导向，吸引北非国家对绿色能源合作项目的融资支持，推动与北非国家绿色能源方面的合作。

在推动实施方面，一方面因绿色能源发展所需资金较多、融资较为困难，无论是北非国家政府、企业，还是浙江省所属企业均难以独自承担。浙江省应该积极参与非洲开发银行等地区性或国际性金融机构在绿色能源投融资方面的合作，参与探索混合式融资、无追索权融资、结构化融资等模式[1]，借助地区或国际金融机构在增信、担保、发行绿色债券、推行绿色能源合同标准化等方面的经验和做法，引导浙江省绿色能源企业更多地融入北非绿色能源市场。另一方面要充分发挥绿色信贷、绿色信托、绿色基金、绿色保险以及供应链金融和转型金融等金融工具的作用，进一步拓展绿色能源项目融资渠道。如非洲开发银行在2019年曾宣布不再为煤炭项目提供资金，将重点关注清洁能源和可再生能源，并计划在2020—2030年对非洲增加投入1150亿美元，其中很大一部分

---

① 刘泊静.《"一带一路"绿色能源合作青岛倡议》发布.（2021-10-19）[2023-02-22]. http://www.nea.gov.cn/2021-10/19/c_1310254540.htm.

将用于应对气候变化，帮助非洲实现能源转型，发展可再生能源电力将是其中十分重要的部分。[①]浙江可以此为契机，加强对绿色能源投资政策性保险的支持，为绿色能源项目投保提供更加宽松的条件，促使浙江省企业参与北非的太阳能发电、风能发电等项目建设，帮助北非改善电力供应，促进经济增长。

（三）探索复合式绿色能源合作模式，助力北非各国本土就业

浙江省参与北非国家绿色能源合作过程中，可结合其他领域的发展，以新结构经济学理念为指导，探索创建包含产业升级、能源安全以及绿色可持续发展的复合式绿色能源开发模式。该模式能够因势利导集中力量办大事，结合投资地实际情况，建立相应的工业园区，创造局部有利的基础设施和营商环境以招商引资，进而形成协同性的合作。在工业园区内可以兴建太阳能光伏微电网，辅以储能系统，进而与大电网对接、互补，为园区提供平价稳定的电力；浙江省绿色能源领域企业可以与其他行业的投资者"抱团"出海，绿色能源产业可以在工业园区内发挥双重角色，诸如组件制造等的绿色能源产业本身作为高新技术可以落户园区，起到第一波投资人的作用，带动其他产业入园；其他行业扮演各自产业在能力、技术、设备、服务以及上中下游配套的角色，助力北非国家实现工业化和经济转型。同时吸纳北非国家人员参与其中，发挥彼此各自优势，促进北非国家就业。在融资方面，以发展绿色能源为依托，发展复合式绿色能源模式，有望降低风险，争取到如丝路基金、国家开发银行、中国进出口银行以及各类大型跨国公司绿色金融的支持，并与北非国家的投资者合作，扩大产品的出口市场。例如，针对北非地区沙漠面积较大的实际情况，可以考虑结合沙漠治理和草场修复，进行大规模的地面电站开发；将光伏电站与建筑相结合或与现代化农业设施相结合等，实现分布式的能源供给与其他领域的共同发展效果。[②]

（四）加大力度开展人才培养，促进绿色能源人才交流合作

绿色能源项目建设与运营可带动当地就业，能较为有效地缓解就业压力、缩小贫富差距。北非国家在绿色能源项目招标时，各国政府大多强调本国项目

---

① "走出去"导航网. 报告：非洲可再生能源产业发展快步提速.（2021-01-21）[2022-12-31]. https://zhejiang. investgo.cn/investment/report/detail/3765.

② 于佳. 中非可再生能源合作前景广阔. 石油商报，2022-09-15（11）.

成分所占比例，希望以此增加项目对当地产业发展的带动作用，但北非各国的绿色能源人才远不能满足本国需求。据估算，发展可再生能源和新能源项目平均每年可为中、东、北非地区创造 28 万个直接就业机会，到 2030 年可超过 43 万个，其中太阳能光伏发电项目创造的就业岗位占 41%，风能项目创造的占 28%，太阳能项目创造的占 22%。[①]这对于长期以来受失业困扰的北非国家具有重要现实意义。因而，在与北非国家开展绿色能源合作方面，浙江省可在人才培养方面与北非国家积极合作，通过人才培养促进与北非国家在绿色能源开发、基础设施建设、项目投资与承包等方面的合作，以人文交流合作带动绿色能源经济发展。首先，对北非国家开发可再生能源技术方面的人才进行培训，这是其中的重要一环。北非国家政府在绿色能源发展的技术开发方面投资不足、力度不够，导致该地区在绿色能源技术开发、研发等领域较为落后，致使其绿色能源自主开发性较为薄弱，故而浙江省可通过对技术人才的培养，发展与北非绿色能源的合作。其次，对管理方面的人才进行培训。绿色能源基础设施建成后，需要专业的管理运营人员进行管理和运营，浙江省可通过与北非国家在绿色能源发展管理上的人才培养，促进与北非国家的绿色能源合作。

---

① 中华人民共和国商务部. 中东北非地区可再生能源和新能源发展及影响.（2018-04-09）[2022-12-31]. http://eg.mofcom.gov.cn/article/zahz/r/201804/20180402729884.shtml.

北非国家的农业发展合作机遇与浙江省的参与路径

张　帅

摘要： 农业是北非国家的基础产业，在国民经济中占有重要地位。但受自然资源紧张、经济发展动能不足、气候灾害频发、科技水平有限等多重因素的叠加影响，北非农业现代化发展缓慢。因此，加强与域外国家的农业合作，并以此为路径带动国内农业发展和保障粮食安全，已成为北非国家治理的主要内容。中国是北非国家开展农业合作的主要伙伴，其中北非农业发展规划的制定为中资农企海外投资创造了条件，中国与北非的高层互访和双边农业部级对话的持续推进，为中国北非农业合作创造了机遇，多边合作机制的构建为中国北非农业合作提供了平台。在此背景下，浙江作为助力中国农业"走出去"的重要省份，既要借中非、中阿共建"一带一路"之契机，参照中非合作论坛和中阿合作论坛所达成的农业合作共识，探索与北非国家的农业发展合作领域，也应为浙江农业走向北非创造更多便利的条件，扩大浙江农业的海外传播力和影响力。同时，农企和农业研究机构作为农业海外合作的主要行为体，宜结合自身的主体功能优势，积极开展与北非国家的农业交往，助推浙江打造多元化的海外粮食产业链，以期构建粮食"双循环"新发展格局。

关键词： 北非；浙江；农业合作；粮食安全

作者简介： 张帅，博士，上海政法学院政府管理学院副教授。

农业作为国民经济的基础，关系社会秩序的稳定和国家可持续发展，在国家建设过程中发挥着压舱石的作用。农业之于国家的重要性不仅体现在经济领域，也体现在安全领域。这主要是因为农业现代化发展、农业科技创新以及农业基础设施建设等，都直接关系着一国的粮食安全，是确保国家粮食高产优质的关键。自 21 世纪以来，经济全球化和贸易自由化的快速发展促使全球农业发展格局深度调整，全球变暖等气候问题对全球主要产粮国的影响不断加深，生物质能源、转基因作物、大宗商品投机等非传统因素导致国际农产品市场的风险持续增加，粮食安全及饥饿问题仍是很多发展中国家的治理短板。^①当前，俄乌冲突叠加气候极端化，导致全球粮食安全治理负担加重，粮食体系转型更加艰难。发展中国家身处全球粮食体系边缘，粮食供给困境日益严峻。北非国家作为粮食进口国，粮食安全保障压力增大，需要和域外国家开展农业合作，为国内粮食安全治理注入新的动力。浙江是中国重要的经济大省，发展外向型经济始终是浙江省的重要关切。北非国家对农业发展合作的需求，为浙江农业"走出去"，服务"一带一路"沿线地区的农业经贸发展创造了条件。

一、北非国家的农业发展现状

农业是北非国家的基础产业，在国民经济中占有重要地位。2022 年，农业增加值占埃及（10.9%）、摩洛哥（10.7%）、阿尔及利亚（11.4%）、突尼斯（10.1%）等国的国内生产总值的比例均在 10% 以上。^②农业发展在推动北非国家经济建设的同时，也帮助北非国家解决了就业等社会问题，在缓解社会矛盾方面发挥了积极作用。世界银行数据显示，2019 年和 2021 年，除阿尔及利亚的农业从业者占总就业人数比例（10%）相对较低外，在埃及（20%）、摩洛哥（35%）、利比亚（16%）、突尼斯（14%）和苏丹（41%）等国，农业从业者占总就业人口比例均保持在较高水平，其中女性农业从业者比例普遍高于男性农业从业者比例。^③这表明，在北非等发展中地区，妇女承担了多数农业耕种工作，是农业生产的主力军。同时，从世界银行的既有数据也可以看出，从 2016 年到 2021 年，北非国家农业从业人口占总就业人口的比例总体呈下降趋势。^④这反映了在城市化快速发展的背景下，城市由于拥有便利的交通通信设施、良好的医疗环境和优质的教育资源，对农村人口的吸引力逐渐增强，农村人口外

① 张帅.中阿合作论坛框架下的农业合作：特征、动因与挑战.西亚非洲，2020（6）：78-79.
② World Bank. Agriculture, Forestry, and Fishing, Value Added（% of GDP）. [2023-08-02]. https://data.worldbank.org.cn/indicator/NV.AGR.TOTL.ZS?view=chart.
③ World Bank. Employment in Agriculture（% of Total Employment）. [2023-08-02]. https://data.worldbank.org.cn/indicator/SL.AGR.EMPL.ZS?view=chart.
④ World Bank. Employment in Agriculture（% of Total Employment）. [2023-08-02]. https://data.worldbank.org.cn/indicator/SL.AGR.EMPL.ZS?view=chart&locations=LY-MA-TN-SD-DZ-EG

迁已成为当前北非国家的一种发展趋势，这在一定程度上削弱了农业发展的劳动力基础。综合来看，北非国家的农业发展情况如下。

第一，从自然资源来看，北非国家农业自然资源禀赋较弱，制约了粮食产量的提升。自然资源是农业耕种的物质条件，拥有良好的自然资源禀赋，如丰富的水源、肥沃的土壤、广阔的耕地等，有助于保障农作物高产优质。相反，自然资源不足将阻碍农业发展和粮食生产。在耕地方面，如表1所示，在6个国家中，苏丹耕地面积最大，高出其他国家至少两倍。但苏丹政府无法提供充足的资金、技术、人才等资源，农业自然资源潜力无法充分释放，如苏丹仅有25%的耕地被开发，导致苏丹农业发展滞后。[1]摩洛哥和突尼斯的耕地面积占国土面积比例虽较高，但耕地面积总量较小，且存在波动，摩洛哥在2018年、2019年，突尼斯在2018年，耕地面积都出现了下降。利比亚耕地面积占国土面积的比例不仅微乎其微且常年保持不变，耕地面积总量并未有增长趋势。埃及和阿尔及利亚两国耕地面积总量虽有增长之势，但增幅较小，且耕地面积占国土面积比例较低。在水源方面，北非国家多位于撒哈拉沙漠地带，绝大部分地区属热带沙漠气候，降水量稀少。根据联合国的规定，一国从可供使用的淡水中回收再利用的水量如果低于10%，即被视为低度缺水；如果该比例为10%至20%，就被视为中度缺水；如果该比例为20%至40%，则被视为中高度缺水；如果超过了40%，则被认为高度缺水。[2]根据这个比例，对照世界银行公布的数据，埃及、摩洛哥、苏丹、阿尔及利亚、利比亚、突尼斯等国均高度缺水。[3]此外，政府间气候变化专家小组（Intergovernmental Panel on Climate Change）2021年发布的报告显示，北非地区的降水量或将减少，这将加重地区干旱程度，影响农业耕种。[4]

---

① 张帅. 中国与苏丹农业合作的现状与前景. 阿拉伯世界研究，2022（1）: 20.

② Atef Hamdy, and Rossella Monti, eds. *Food Security under Water Scarcity in the Middle East: Problems and Solutions. Greece*: CIHEAM Press, 2005: 251.

③ World Bank. Level of Water Stress: Freshwater Withdrawal as a Proportion of Available Freshwater Resources. [2022-10-05]. https://data.worldbank.org.cn/indicator/ER.H2O.FWST.ZS?view=chart.

④ Intergovernmental Panel on Climate Change. *Climate Change 2021: The Physical Science Basis.* New York: Cambridge University Press, 2021:90.

表 1　北非国家的耕地面积及其占国土面积的比例

国家	耕地面积及占比	2016 年	2017 年	2018 年	2019 年	2020 年
埃及	耕地面积 / 万公顷	278	291	304	321	336
	占比 /%	2.8	2.9	3.1	3.2	3.4
摩洛哥	耕地面积 / 万公顷	822	841	785	689	764
	占比 /%	18.4	18.9	17.6	15.5	17.1
阿尔及利亚	耕地面积 / 万公顷	740	740	750	750	750
	占比 /%	3.1	3.1	3.2	3.2	3.2
利比亚	耕地面积 / 万公顷	172	172	172	172	172
	占比 /%	1	1	1	1	1
突尼斯	耕地面积 / 万公顷	256	260	256	259	259
	占比 /%	16.5	16.8	16.5	16.7	16.7
苏丹	耕地面积 / 万公顷	2038	2068	2099	2099	2099
	占比 /%	10.9	11.1	11.2	11.2	11.2

资料来源：World Bank. Arable Land（% of Land Area）. [2022-10-05]. https://data. worldbank.org/indicator/AG.LND.ARBL.ZS?view=chart.

　　第二，从农产品进出口结构看，在进口方面，主粮是北非国家主要进口的农产品。粮食安全是北非国家的重要关切，也是各国政府治理国家的主要议题。但受自然资源、技术发展水平、经济实力、气候灾害、卫生危机等多重因素的叠加影响，北非国家的粮食安全问题仍未得到有效解决，国内粮食产量无法满足日益增长的人口需求，粮食进口成为北非国家缓解粮食供需矛盾的主要路径。从表 2 中可见，从 2018/2019 年到 2021/2022 年，北非三大主粮的生产量低于消费量，小麦和玉米的消费量甚至高出生产量一倍多。但三大主粮的生产量并未持续增加，在不同阶段还出现了负增长，加重了供给负担。此外，从三大主粮的进口量来看，小麦进口量最大。这主要是因为小麦是北非人民日常所需卡路里的主要供给源，也是北非国家补贴面包的主要原材料。2021 年，世界前 15 个小麦进口国中，北非国家仅占了 3 个（埃及、阿尔及利亚、摩洛哥）。[1]因此，对北非国家而言，小麦是关系国家稳定与发展的关键资源。事实上，2010 年年底席卷西亚北非的阿拉伯变局与 2008—2009 年国际大宗食品价格尤其是小麦价格大幅上涨存在重要关联。[2]早在阿拉伯变局前，在突尼斯、

[1]　World's Top Exports. Wheat Imports by Country. [2022-10-07]. https://www.worldstopexports.com/wheat-imports-by- country/.

[2]　张帅. 埃及粮食安全：困境与归因. 西亚非洲, 2018（3）: 114.

埃及、利比亚等北非强人政权管理的国家，一半以上的小麦依靠进口[①]，导致粮食危机成为压倒其威权统治的最后一根稻草。由此可见，小麦供应趋紧，在北非体现出一种内在逻辑：小麦价格上涨——粮食危机产生——阿拉伯地区剧变爆发。[②]但从表2中可以看出，粮食进口仍然是弥补北非国家供需缺口的主要手段，使得国际粮食市场的任何变化都将影响北非各国粮食市场的稳定，这从2022年俄乌冲突爆发导致国际粮价提升，进而影响北非国家粮食进口便可管窥。[③]在苏丹[④]，2021/2022年农作物播种面积（2021年1月播种）为25.6万公顷，相比2020/2021年下降了28%，相比前五年（2016/2017年至2021/2022年）平均水平下降了10%。[⑤]播种面积锐减直接导致作物产量下降，预计2021/2022年小麦产量为60万吨，相比2020/2021年和前五年的平均水平减少了13%。[⑥]

表2　北非国家三大主粮的生产量、消费量和进口量　　　　单位：千吨

粮食种类		年份			
		2018/2019	2019/2020	2020/2021	2021/2022
小麦	生产量	21002	18399	15810	20431
	消费量	46100	46250	46720	47020
	进口量	26956	27991	28246	27507
玉米	生产量	6919	6441	6431	7561
	消费量	24600	27190	25730	23133
	进口量	18531	20306	17899	15700
大米	生产量	2844	4345	4042	2945
	消费量	4591	4604	4625	4400
	进口量	1022	575	595	1115

资料来源：United States Department of Agriculture. Grain: World Markets and Trade. 2022.

在出口方面，特色经济作物及其制成品是北非国家出口的主要农产品，也

---

① Donald F, Larson et al. Food Security and Storage in the Middle East and North Africa. *The World Bank Economic Review*, 2013, 28(1): 49.

② 张帅. 民生为先：当代中东粮食安全问题及其治理. 世界经济与政治论坛，2021（5）：161.

③ 张帅. 乌克兰危机下的全球粮食安全. 当代世界与社会主义，2022（4）：151-152.

④ 美国农业部关于北非的数据统计中并未包括苏丹，故此处将苏丹单独列出来写。

⑤ Food and Agriculture Organization of the United Nations. *2021 FAO Crop and Food Supply Assessment Mission (CFSAM) to the Sudan*. Rome: Food and Agriculture Organization of the United Nations, 2022: 18.

⑥ Food and Agriculture Organization of the United Nations. *2021 FAO Crop and Food Supply Assessment Mission (CFSAM) to the Sudan*. Rome: Food and Agriculture Organization of the United Nations, 2022: 22.

是这些国家发展农业外向型经济的主要资源。在埃及，棉花和果蔬是其出口创汇的重要来源之一。2019/2020 财年，埃及原棉出口价值 9180 万美元，出口品种主要是长绒棉和超长绒棉。同一财年，埃及出口新鲜及冷冻蔬菜 5.65 亿美元，新鲜水果及干果 5.15 亿美元。[①] 在摩洛哥，橄榄油、罐头水果、蔬菜是其出口的主要农产品。农产品加工业已成为摩洛哥第二大出口创汇产业，2020 年出口额达到 62 亿美元，同比上升 0.7%，占出口总额的 23.7%。[②] 在突尼斯，橄榄、橄榄油、番茄、仙人掌果、椰枣是其出口的主要农产品，其中年均橄榄油出口量已达 14.5 万吨，柑橘出口量在 2.2 万吨左右。[③] 在苏丹，棉花、花生、芝麻和阿拉伯胶是其出口的主要农产品，占农产品出口总额的 66.0%。[④] 在阿尔及利亚，橄榄油和椰枣为主要出口的农产品，其中橄榄油出口已成为阿尔及利亚经济收入的主要来源之一。

第三，从农产品进出口市场看，在进口来源方面，以谷物为例，北非国家的谷物进口来源主要集中在西欧、东欧和拉美地区。从表 3 中可见，俄罗斯是埃及、苏丹和利比亚的主要进口国，法国和阿根廷是摩洛哥和阿尔及利亚的主要进口国，乌克兰是利比亚、突尼斯和埃及的主要进口国。在出口市场方面，则以西欧、亚洲和北美为主要地区。例如，埃及原棉主要销往印度、巴基斯坦、中国、孟加拉国和美国；摩洛哥的蔬菜主要销往法国、西班牙和英国；突尼斯的橄榄油主要出口至西班牙和美国；苏丹的阿拉伯胶主要出口至法国、美国、德国、英国和印度；阿尔及利亚的橄榄油主要出口至法国和加拿大。从北非国家农产品进出口市场可以看出，农产品进出口方向除了受贸易双方供需状况的影响外，还受地理空间的影响。不管是农产品进口来源还是出口市场，欧洲地区始终是优先方向。

① 商务部国际贸易经济合作研究院，中国驻埃及大使馆经济商务处，商务部对外投资和经济合作司. 对外投资合作国别（地区）指南：埃及（2022年版）. [2022-10-07]. https://www.mofcom.gov.cn/dl/gbdqzn/upload/aiji.pdf.

② 商务部国际贸易经济合作研究院，中国驻摩洛哥大使馆经济商务处，商务部对外投资和经济合作司. 对外投资合作国别（地区）指南：摩洛哥（2021年版）. [2022-10-07]. http://ma.mofcom.gov.cn/article/tzzn/201601/20160101230343.shtml.

③ 商务部国际贸易经济合作研究院，中国驻突尼斯大使馆经济商务处，商务部对外投资和经济合作司. 对外投资合作国别（地区）指南：突尼斯（2019年版）. [2022-10-07]. https://www.yidaiyilu.gov.cn/wcm.files/upload/CMSydylgw/202002/202002140221036.pdf.

④ 商务部国际贸易经济合作研究院，中国驻苏丹大使馆经济商务处，商务部对外投资和经济合作司. 对外投资合作国别（地区）指南：苏丹（2021年版）. [2022-10-07]. https://www.mofcom.gov.cn/dl/gbdqzn/upload/sudan.pdf.

表 3　北非国家前三大谷物进口国及进口比例　　　　单位：%

国家	2017 年	2018 年	2019 年	2020 年	2021 年
埃及	俄罗斯（50.30）	俄罗斯（58.60）	俄罗斯（34.70）	俄罗斯（45.00）	俄罗斯（35.60）
	乌克兰（14.70）	乌克兰（10.50）	乌克兰（27.20）	乌克兰（24.10）	乌克兰（20.10）
	阿根廷（9.04）	罗马尼亚（7.52）	罗马尼亚（9.18）	阿根廷（8.89）	罗马尼亚（14.50）
摩洛哥	阿根廷（19.50）	乌克兰（19.30）	法国（29.50）	法国（23.80）	阿根廷（20.20）
	加拿大（16.00）	加拿大（18.30）	阿根廷（18.20）	加拿大（15.40）	法国（16.20）
	美国（15.00）	美国（16.60）	加拿大（13.50）	阿根廷（12.60）	乌克兰（15.40）
阿尔及利亚	阿根廷（34.00）	法国（46.60）	法国（38.60）	法国（34.20）	法国（20.10）
	法国（28.10）	阿根廷（31.90）	阿根廷（26.80）	阿根廷（19.20）	德国（19.60）
	加拿大（13.20）	加拿大（8.61）	加拿大（10.80）	德国（8.65）	阿根廷（18.80）
利比亚	乌克兰（30.30）	乌克兰（39.50）	乌克兰（40.50）	乌克兰（48.00）	乌克兰（48.40）
	俄罗斯（20.20）	罗马尼亚（16.80）	俄罗斯（16.20）	俄罗斯（16.60）	俄罗斯（32.10）
	罗马尼亚（12.70）	俄罗斯（14.80）	罗马尼亚（10.80）	保加利亚（13.80）	保加利亚（12.10）
突尼斯	乌克兰（38.50）	乌克兰（40.70）	乌克兰（42.10）	乌克兰（41.80）	乌克兰（30.30）
	意大利（17.10）	法国（13.50）	法国（12.10）	加拿大（11.20）	俄罗斯（12.10）
	法国（11.40）	美国（9.91）	阿根廷（6.71）	西班牙（9.54）	保加利亚（10.80）
苏丹	俄罗斯（49.70）	俄罗斯（84.70）	俄罗斯（37.40）	俄罗斯（48.50）	俄罗斯（34.90）
	罗马尼亚（12.40）	罗马尼亚（4.76）	罗马尼亚（18.50）	罗马尼亚（12.80）	罗马尼亚（20.00）
	阿根廷（9.57）	印度（2.47）	立陶宛（8.69）	德国（10.60）	美国（16.60）

资料来源：Observatory Economic Complexity. Where does Egypt/Morocco/Algeria/Libya/Tunisia/Sudan Import Cereals From?. [2023-08-03]. https://oec.world/en/visualize/tree_map/hs92/import/tun/show/210/2021/.

综合来看，北非农业发展整体呈现出发展动能不足和进口依赖性强等两个特征。一方面，农业发展动能不足主要是由北非经济发展缓慢和不稳定所致。埃及GDP年增长率虽从2017年的4.2%小幅增长至2019年的5.6%，但随后两年持续下降，在2021年跌至3.3%；阿尔及利亚GDP年增长率从2017年到2019年一直徘徊在1.0%左右，2020年出现负增长（-5.1%），2021年虽有所上升，但仅有3.4%，且在2022年又跌至3.1%；摩洛哥GDP年增长率从2017年到2022年波动较大，2020年还出现了负增长（-7.2%）；突尼斯2017年至2022年的GDP年增长率，仅2018年和2021年较前年有所增长，2020年还出现了负增长（-8.8%）；苏丹GDP年增长率从2018年到2022年分别为-2.7%、-2.2%、-3.6%、-1.9%和-1.0%，连续五年出现负增长；利比亚经济发展波动较大，GDP年增长率从2017年的32.5%连续跌至2020年的-29.8%，随后虽在2021年增至31.4%，但在2022年再次出现负增长（-1.2%）。[①]没有良好的经济基础和经济环境做支撑，农业发展就缺乏必要的资金保障和技术投入。另一方面，粮食进口是北非国家当前解决粮食供不应求的主要路径，这主要是因为北非人口增长的幅度要远大于粮食的年增长幅度，持续扩容的人口使得北非现有粮食产量难以满足人们日益增长的需求，只能通过进口来弥补供需差额。

二、北非农业发展合作的机遇

农业是北非国家的基础产业，也是其出口创汇的主要来源之一。但受自然资源紧张、经济发展动能不足、气候灾害频发、科技水平有限等多重因素的叠加影响，北非农业现代化水平提升缓慢，制约了北非地区粮食安全治理综合绩效的提高。从联合国粮农组织2023年公布的数据中可以看出（表4），从2019年到2022年，北非国家重度粮食不安全人数和重度粮食不安全发生率均持续攀升。这表明，北非地区的粮食安全问题仍在加重。当前，粮食不安全在北非已呈区域性聚集，地区内的六个国家都不具备凝聚各方力量构建区域粮食安全机制以解决区域共有安全问题的能力。[②]因此，加强与域外国家的农业合作并以此为路径带动国内农业发展和粮食安全治理能力的提升，已成为北非国家发展的主要内容。中国是北非国家开展农业合作的主要伙伴，中国和北非国家对

---

① World Bank. GDP Growth (Annual %). [2023-08-02]. https://data.worldbank.org.cn/indicator/NY.GDP.MKTP. KD.ZG?view=chart.

② 张帅. 中阿合作论坛框架下的农业合作：特征、动因与挑战. 西亚非洲，2020（6）；89.

农业发展和粮食安全的高度重视，为农业发展合作创造了诸多机遇。

表 4　北非重度粮食不安全人数及其发生率

项目	2019 年	2020 年	2021 年	2022 年
人数 / 百万	21.5	23.8	28.7	31.1
发生率 /%	8.7	9.5	11.2	12.0

资料来源：FAO et al., eds. *The State of Food Security and Nutrition in the World: Urbanization, Agrifood Systems Transformation and Healthy Diets across the Rural-Urban Continuum*. Rome: FAO, 2023: 20-21.

（一）规划制定创造投资条件

北非国家农业发展规划的制定为中资农企海外投资创造了条件。2010 年年底爆发的"阿拉伯之春"给北非国家敲响了粮食安全警钟，保障粮食安全已成为"后阿拉伯之春"时代北非国家治理的主要方向。这从北非国家已制定的农业发展规划便可管窥。

2016 年，埃及政府在结合联合国可持续发展目标和非洲联盟《2063 年议程》的基础上，发布了《可持续发展战略：埃及愿景 2030》（简称《埃及愿景2030》），并确定了《埃及愿景 2030》的重大发展产业，农业为其中之一。根据发展规划，埃及将从五个方面重点施策：一是增加农业土地面积，支持农业工业化，计划在埃及开垦 400 万费丹（1 费丹=0.42 公顷）土地；二是增强农产品运输和仓储能力，减少相关环节的损失，在全国建立农作物的收集和储存网络；三是发展水产养殖业，促进对水产养殖领域的投资，在更大程度上实现自给自足，减少进口；四是建立农业现代化中心，负责领导和管理农业部门改革举措的实施，并与私营部门协作；五是推出家畜、禽类和鱼类资源开发国家项目，发展现有的畜牧业和渔业，增加供给、满足需求、提高质量、降低成本。[①]此外，塞西政府还制定并实施了"百万费丹"土地改良计划，旨在对沙漠地区进行改良，缓解粮食供需矛盾。

除埃及外，其他国家也制定了相关农业发展规划。2015 年，苏丹政府出台的《五年经济改革规划（2015—2019）》，将提高粮食生产列为重要内容。同

---

① 商务部国际贸易经济合作研究院，中国驻埃及大使馆经济商务处，商务部对外投资和经济合作司. 对外投资合作国别（地区）指南：埃及（2022 版）. [2022-10-07]. https://www.mofcom.gov.cn/dl/gbdqzn/upload/aiji.pdf.

时，为提高农业投资，苏丹还在《非洲农业全面发展方案》的框架下制定了《国家农业投资规划》。2016 年，突尼斯政府发布了《2016—2020 年社会经济发展计划》，将农产品加工列为重要领域之一。2020 年，摩洛哥政府开始推动实施"2020—2030 年绿色一代"农业发展战略。该战略沿袭摩洛哥政府在 2008 年实施的"绿色摩洛哥计划"，重点关注农业产业链和供应链的发展、农业机械化水平的提升、改善农民收入水平、培育农业青年创业、提高农业科技和数字化水平等方向，其目标是在 2030 年使摩洛哥农业 GDP 和出口收入翻番。[①] 2020 年，阿尔及利亚农业部发布了《阿尔及利亚农业路标 2020—2024》，重点关注面包、小麦、玉米、糖、油籽等农作物。可以看出，农业已成为北非国家发展的主要构成，既强调政府对农业的资金支持，也重视域外企业对本国农业市场的投资，这为中资农企投资北非市场创造了条件。

（二）多元农业合作成果奠定坚实基础

多边合作机制的构建和已取得的多元合作成果为拓展中国与北非农业合作奠定了坚实的基础。其一，在合作机制方面，多边农业合作强调，开展多领域农业合作，需立足于一个兼具开放性、包容性、平等性的合作机制，将各国凝聚到这一机制当中，统筹各方发展需求，找到利益聚合点，从而加速合作进程，共享合作成果。[②] 当前，中国和北非国家共同参与的多边农业合作机制主要包括中阿合作论坛和中非合作论坛。北非国家兼具阿拉伯国家和非洲国家的双重身份，是中阿合作论坛和中非合作论坛的重要参与者。

自中非合作论坛（2000 年）和中阿合作论坛（2004 年）成立以来，农业始终是两大论坛的重要议题，这从历届论坛所达成的合作共识中便可管窥。在中非合作论坛框架下，中国和非洲国家在 2019 年召开了首届中非农业合作论坛，共同发表了《中非农业合作论坛三亚宣言》。中国和非洲国家还在 2021 年举办的中非合作论坛第八届部长级会议上表示，双方将计划举办第二届中非农业合作论坛，召开中国—非盟农业合作联委会第一次会议，确保农业合作项目落地。在中阿合作论坛框架下，中国和阿拉伯国家已召开了五次农业会议，在

---

① Maroc.ma. Generation Green 2020-2030. [2022-10-09]. https://maroc.ma/en/content/generation-green-2020-2030; 商务部国际贸易经济合作研究院，中国驻摩洛哥大使馆经济商务处，商务部对外投资和经济合作司. 对外投资合作国别（地区）指南：摩洛哥（2021 版）. [2022-10-07]. http://ma.mofcom.gov.cn/article/tzzn/201601/20160101230343.shtml.

② 张帅. 全球发展倡议下的中国对外粮食安全合作. 国际问题研究，2022（4）：123.

第五届中阿博览会现代农业合作大会期间签署了 36 项合作协议，推动农业合作可持续发展。

中国与北非国家的农业合作受益于中非农业合作和中阿农业合作的整体规划。中非合作论坛和中阿合作论坛所确立的农业合作议题有助于扩展中国与北非农业合作领域，促使中国与北非在既有合作成果的基础上丰富合作内容，探索新的合作模式，这为中国与北非农业合作创造了机遇，也将为双边农业合作提质升级提供更多动力。

其二，在合作成果方面，中国和北非国家对农业发展合作的高度重视，促使双方在技术转移、项目建设、人员培训和农业经贸等四个方面均取得了显著成效。首先，技术转移主要是指中国通过发挥农业技术优势帮助北非国家弥补农业生产短板。中国农业"走出去"在一定程度上也是指中国农业技术"走出去"，通过农业技术的海外传播获得域外国家对中国农业的认同。例如，中国通过盐碱地综合改良技术，帮助阿尔及利亚在原先的盐碱地上种出了小麦、玉米、大麦等农作物。其次，项目建设主要是指农业技术示范中心、农场、农业基础设施等实体的建造。中国将技术、经验、知识等粮食安全治理资源嵌入这些实体当中，并以此为载体助力北非农业可持续发展。中苏农业技术示范中心的建立、中国电建集团承建的阿尔及利亚 35 万吨混凝土粮仓建设项目[1]等都是典型代表。再次，人员培训是中国和北非国家的农业从业者相互分享经验和促进科技交流的主要方式，不仅有助于信息、知识、技术等资源的相互传递和流通，也通过双方农业从业者的交流增强了两国民众之间的关系，有益于促进中国和北非国家的民心相通。如商务部主办的"2018 年埃及食用菌技术及菌草产业发展研修班"[2]，中国农技专家在中苏农业技术示范中心对苏丹农业从业者进行培训等[3]。最后，农业经贸主要是指中国和北非国家间的农产品贸易往来，这也是增进中国与北非经贸关系的主要方式。联合国贸易数据库信息显示，2021 年，中国与阿拉伯国家的农产品贸易总额排在前十的国家中，有四个是北非国家（苏丹、埃及、摩洛哥、阿尔及利亚），其中埃及和摩洛哥既是中国对阿农

---

① 黄灵. 中企承建阿尔及利亚最大粮仓建设项目首个工程竣工. (2018-06-05) [2022-10-11]. http://m.xinhuanet.com/2018-06/05/c_129887231.htm.

② 张帅. 农业合作：理解中国和埃及关系的微观视角. 中国非洲学刊，2022（3）：62.

③ 张帅. 中国与苏丹农业合作的现状与前景. 阿拉伯世界研究，2022（1）：19-37.

产品进口总额排前十的国家，也是中国对阿农产品出口总额排前十的国家。①

综合来看，北非国家农业发展规划的制定为中国—北非农业发展合作提供了对象国机遇，其遵循的逻辑是北非国家应首先拥有发展农业的强烈意愿并为之制定相应的发展政策，而后才具备吸引域外国家进行农业投资的能力。因为政策制定这一行为的发生就蕴含着发展合作的机遇，它反映了政府的发展导向和发展侧重。北非国家对农业的重视将有助于改善北非农业的投资环境，从而吸引更多中资农企走进北非市场。中国与北非的农业部级对话使双方从政府层面探寻更多合作领域，有助于中国和北非国家在农业合作共识的引领下，创新合作模式，增添合作动能。多边合作机制和多元合作成果为增进农业合作提供了更多可能。其中多边合作机制是中国和北非国家共同建立的旨在确保双边农业发展合作的可持续平台，为双方的农企、农业科研机构和农业专家的交流互动创造了条件。中国—北非农业合作的这些民间主体可借助政府搭建的对话平台，寻找合作契机，以期实现优势互补、强强联合。多元合作成果为中国—北非拓展合作领域提供了有益的积累，双方可借鉴既有合作经验，开辟新领域，探索新模式。

三、浙江参与北非农业发展合作的主要路径

浙江是我国农、林、牧、渔全面发展的综合性农区，历届省委、省政府都对农业发展和粮食安全保障给予了高度重视。2022 年，浙江农林牧渔业增加值2397 亿元，增长 3.3%；完成粮食播种面积 1531 万亩（1 亩约 0.067 公顷）、单产 405.7 公斤/亩、总产 124.2 亿斤（62.1 亿千克）；生猪存栏 644.5 万头，同比增长 0.7%；全省农产品出口额 370.4 亿美元，同比增长 11.3%；累计培育家庭农场 10.1 万余家，农民专业合作社 4.2 万家，青年大学生农创客 4.1 万余名；累计创建国家特色农业强镇 35 个，培育省级以上农业龙头企业 555 家。②

从农业现代化发展水平来看，浙江一直走在全国农业发展的前沿。近年来，浙江省以党中央对"三农"工作的重要指示为纲领，以农业大数据建设为核心，推动数字"三农"迈入"数字浙江"建设第一方阵，为全国数字"三农"发展

① UN Comtrade Database. [2022-10-10]. https://comtrade.un.org/data.
② 浙江省农业农村厅. 浙江农业农村概况.（2023-07-19）[2023-10-10]. http://nynct.zj.gov.cn/col/col1589292/index.html.

提供浙江样板。①从农业对外合作来看，2018 年，浙江发布《浙江省农业对外合作发展规划（2018—2022）》，将深化农业国际交流合作、拓展优势农产品海外市场、扩大农业对外投资合作、提高农业外资利用水平、大力推进农业科技合作、加强出口农产品生产基地建设、做大做强对外合作主体、有效搭建农业对外合作平台作为主要任务，并明确指出，将充分利用国际性农业（食品）展会、中国国际茶叶博览会、浙江投资贸易洽谈会、浙江农业博览会等平台和海外浙商机构，广泛开展浙江农业宣传，加强农产品产销对接，提升浙江优势农产品国际知名度。②现代化的农业发展水平和浙江对农业国际合作的高度重视，为浙江农业"走出去"创造了条件。作为助力中国农业"走出去"的重要省份，浙江积极服务"一带一路"框架下的中国对外农业合作，为农业国际交往贡献浙江力量。

非洲是浙江对外合作的主要地区。2019 年，浙江发布了《浙江省加快推进对非经贸合作行动计划（2019—2022 年）》，明确了浙江省与非洲合作的主要领域和发展方向。农业是浙江省与非洲合作的主要内容，尤其体现在农产品贸易方面。2022 年 4 月，"非洲好物网购节"浙江专场活动在浙江省与非洲服务中心和浙商大创业园同步启动，通过浙江省与非洲直播连麦的方式，让浙江人了解非洲特产，其中埃塞俄比亚的咖啡、肯尼亚的红茶和卢旺达的咖啡豆等农产品受到浙江居民的青睐。③据数据统计，浙江省与非洲、中东等地区 70 多个国家有贸易往来，农产品进出口贸易总额从 2014 年的 54.3 亿元增加至 2021 年的 88.6 亿元；农产品贸易种类从 2014 年的 94 个拓展到 2021 年的 364 个；有农产品进出口实绩的贸易企业从 2014 年的 540 家增加至 2021 年的 870 家。④浙江高校和企业也通过不同方式参与对非农业合作。例如，浙江农林大学成立了非洲农林研究院，已先后为肯尼亚、卢旺达等多个国家制定竹产业发展战略并已经开始实施。⑤非洲农林研究院还在 2014 年 4 月和中化集团中化农化有限公司就

① 澎湃新闻. 数据为核，"浙"里的智慧农业发展领跑全国.（2021-08-27）[2022-10-14]. https://www.thepaper.cn/newsDetail_forward_14238374.

② 浙江省农业农村厅. 浙江省农业对外合作发展规划（2018—2022）.（2018-11-29）[2022-10-14]. http://nynct.zj.gov.cn/art/2018/11/29/art_1229142041_649106.html.

③ 楼纯. 不出省就能买到地道非洲特产，浙江对非贸易突破 2300 亿元.（2022-04-29）[2022-10-14]. https://zjnews.zjol.com.cn/zjnews/202204/t20220429_24159661.shtml.

④ 钱晨菲. 浙江与中东非地区 70 多个国家达成农产品贸易往来.（2022-09-27）[2022-10-14]. https://www.chinanews.com.cn/cj/2022/09-27/9861970.shtml.

⑤ 陈佳莹. 浙江在线：中非合作黄金时代 浙江将迎来哪些新机遇?.（2018-09-05）[2022-10-14]. https://www.zafu.edu.cn/info/1012/80989.htm.

共同开拓非洲国家农资（农药、化肥、种子）市场、发展非洲农业业务达成战略合作协议。① 又如，浙江华友钴业联合浙江大学、刚果（金）卢本巴希大学合作开发了华友—刚果（金）现代农业示范园区，通过校企合作的模式推进浙江省与非洲农业合作。此外，杭州在 2018 年 4 月还召开了对非投资合作企业对接会——大型投资项目推介会，帮助莫桑比克、赞比亚、埃塞俄比亚和肯尼亚与中国的农业加工等企业建立直接业务联系。② 北非作为非洲大陆的次区域，是中国共建丝绸之路经济带的重要伙伴，也是浙江未来能够扩展的海外农业市场。

随着中国农业"走出去"步伐的加快和中国与北非农业发展合作机遇的增加，浙江作为中国对外农业合作的重要省份，也积极探索与北非的农业发展合作。2018 年 9 月，由杭州市人民政府主办，杭州市商务委员会及浙江米奥兰特商务会展股份有限公司承办的第五届中国（埃及）贸易博览会在埃及首都开罗国际展览中心举办，这是当时中国在北非举办的唯一自主品牌博览会，农业食品展区是重要的主题展区。③ 此次博览会是杭州贯彻落实中非峰会精神的实际行动，为杭州拓展与埃及等非洲国家的农业经贸往来创造了条件。同时，浙江还是北非国家进口茶叶的主要来源地，浙江近 3/4 的茶叶出口至摩洛哥及其周边非洲国家。④ 既有的农业合作成果为浙江省与北非农业合作奠定了良好的基础。未来，浙江可从以下几个领域继续加强与北非国家的农业发展合作。

（一）开发合作领域

浙江宜借中非、中阿共建"一带一路"之契机，参照中非合作论坛和中阿合作论坛所达成的农业合作共识，探索与北非国家的农业发展合作领域。具体而言，可考虑从三个方面着手。

第一，开展与北非国家的绿色农业合作。农业属于弱质产业，极易受自然灾害和环境变化的影响。随着极端天气频发，环境污染日益加重，农业生产面

---

① 梁小琼. 非洲农林研究院与中化农化签署走进非洲战略合作协议.（2014-04-17）[2022-10-14]. https://www.zafu.edu.cn/info/1003/56027.htm.
② 倪晋亮. 非洲四国在杭州召开大型投资项目推介会　农业、基础设施等六大项目等你来.（2018-04-28）[2022-10-14]. https://ori.hangzhou.com.cn/ornews/content/2018-04/28/content_6859499.htm.
③ 米春泽. 第五届中国（埃及）贸易博览会成功举办　中埃商贸合作态势持续向好.（2018-09-22）[2022-10-14]. https://news.cri.cn/20180922/acb04046-61e3-3f77-fdb8-667fc930b98f.html.
④ 钱晨菲. 浙江与中东非地区 70 多个国家达成农产品贸易往来.（2022-09-27）[2022-10-14]. http://www.chinanews.com.cn/cj/2022/09-27/9861970.shtml.

临的气候挑战越发严峻。在北非，环境恶化、自然资源过度开发、耕地退化、土壤肥力流失等问题仍然存在，严重制约着当地农业的可持续发展，影响了北非地区的粮食数量安全和粮食质量安全。因此，发展绿色农业，实现人与自然和谐共生，在北非地区显得尤为重要。2021年，中国与非洲国家共同制定了《中非合作2035年愿景》，并将绿色合作列为重要领域之一，这为地方在农业领域探索与非洲国家的绿色合作提供了政策保障。实施绿色发展也是《浙江省农业农村现代化"十四五"规划》的重要关切。浙江在病虫害绿色防控、粮食绿色高产高效、水稻绿色高产高效等方面积累了丰富的治理经验，宜在"绿色丝绸之路"建设框架下探索与北非国家在这些领域合作的机遇，助力北非实现绿色产粮，保障粮食生态安全。

第二，探索与北非国家的数字农业合作。数字经济已成为现代经济发展的主流，强调以数字技术为依托实现经济多领域创新发展。早在2017年，中国就与沙特阿拉伯、阿联酋等国共同发表《"一带一路"数字经济国际合作倡议》；2020年7月，中阿合作论坛决定加强中国和阿拉伯国家在互联网和数字经济发展领域的合作与互鉴；2021年3月，中国和阿拉伯国家联盟共同发表《中阿数据安全合作倡议》，深化中阿在数字领域的合作。中阿在数字领域达成的合作共识为浙江开拓与北非国家的数字农业合作提供了政策指引。此外，农业数字化也是浙江农业现代化发展的主要内容。浙江省农业农村厅在2022年9月还专门召开了数字化改革推进大会，以数字赋能农业。浙江宜在"数字丝绸之路"建设框架下，在数字化育种、农业数字化管理、农业数字化经营等方面挖掘与北非国家的农业合作潜力。

第三，开展与北非国家的减贫兴农合作。实现农村现代化发展是国家摆脱贫困的关键。在农村，农民是最底层的劳动者，农业收成的好坏直接关系着农民的生活水平。因此，推动农业发展、实现乡村振兴是减贫的重要路径。2021年，浙江省通过深入实施新时代乡村集成改革行动，批复实施第一批2个市、16个县（市、区）新时代乡村集成改革省级试点。同年，浙江还制定了《浙江省深化"千万工程"建设新时代美丽乡村行动计划（2021—2025年）》，推动新时代浙江美丽乡村新格局的发展。[1]浙江可总结本省在减贫兴农方面的经验和村落

---

① 衍之. 浙江农业农村领域高质量发展绘新篇.（2022-01-24）[2022-12-21]. https://guoqi.zjol.com.cn/yw/2022 01/t20220124_23687005.shtml.

治理的理念，并结合北非农村和农业中存在的问题，以浙江农企和农业研究机构为载体，同北非国家分享治理经验，在减贫兴农方面共同开拓新的合作议题。

（二）创造合作条件

浙江宜为北非发展农业创造更多便利的条件，扩大浙江农业的海外传播力和影响力。《浙江省农业农村现代化"十四五"规划》明确指出，"主动对接'一带一路'。鼓励和支持有条件的农业龙头企业、粮商在全球布局，赴境外参加重点国际性农产品展、投资农业开发，引进先进技术、设施设备、优良品种。充分发挥宁波舟山港、舟山国家级远洋基地、青田侨乡农产品城等平台的作用，支持打造农产品销售海外基地、公共海外仓，扩大品质农产品出口"[①]。这表明，推动农业"走出去"参与全球粮食市场布局和积极发展农业外向型经济已成为浙江农业农村现代化发展的重要方向。面对北非市场，浙江可考虑借助中阿合作论坛和中非合作论坛为中国与阿拉伯国家和非洲国家创造合作机遇，推动浙江农业技术和农产品走向北非。

同时，浙江可积极推进在北非的小多边农业合作。一方面，可考虑建设"浙江+宁夏+北非国家"的农业合作模式。受益于中阿博览会的举办和中阿技术转移中心的建立，宁夏成为参与中阿农业合作较多的地区。浙江在积极融入"一带一路"倡议，通过"走出去"推进经济转型升级的过程中，与宁夏在各自优势产业等多方面务实合作，取得积极进展。[②]浙江可考虑在与宁夏既有合作的基础上，结合浙江优势和中国宁夏—北非阿拉伯国家农业合作现状，开拓新的农业合作领域和合作模式。另一方面，浙江属长三角地区，可推动构建长三角农业国际合作交流机制，与上海、江苏、安徽等地形成农业集群，借鉴各地海外农业合作经验并发挥各自农业优势，以期在北非开拓新的市场和新的领域。

（三）合作主体积极参与

浙江省农企和农业研究机构宜发挥农业合作的民间主体功能，积极开展和

---

① 浙江省农业农村厅. 浙江省农业农村现代化"十四五"规划.（2021-12-15）[2022-10-12]. http://nynct.zj.gov. cn/art/2021/ 12/15/art_1229142041_4843018.html.

② 浙江在线. 浙江成为中阿博览会首个主题省 "浙江制造"闪耀新丝路.（2015-09-11）[2022-10-10]. https:// zjnews. zjol.com.cn/system/2015/09/11/020827682.shtml.

探索与北非国家的农业交往。一方面，企业是项目的主要执行者，也是地方农业"走出去"的重要载体。地方农企在国际农业市场上的投资和业务拓展是地方经济利益的重要组成部分。此外，每一家在境外投资的中国企业实际上都是中国农业国际合作的使者，可以通过参与当地的经济发展与民生建设，增进当地政府和民众对中国的了解和信任。北非作为与中国共建"一带一路"的重要地区，是未来浙江农企"走出去"的主要方向。浙江农企，尤其是农业龙头企业，可在了解北非农业发展需求的基础上，结合自身的农业技术优势，推动与北非国家的农业合作，为当地保障粮食安全和农业现代化发展贡献浙江智慧和浙江方案，并以此为路径扩大浙江农业的海外影响力。另一方面，农业研究机构是农业技术交流与研发、农业人才培养的主要载体。科研交流有益于建立友好关系和长效交流机制，学者间的相互交流、经验分享和友好合作，有助于促进国家间农业技术的传播和农业发展理念的交流，也有利于"民心相通"。浙江省农业科学院、浙江农林大学以及浙江当地的农业研究机构是浙江粮农治理经验、农业发展知识和粮农治理理念"走出去"的主要行为体，可考虑组建域外考察团，到北非国家的农业相关机构进行访问和交流，建立农业人才互访和交流机制，并探索浙江和北非农业技术间的优势聚合点，以期通过技术借鉴实现农业可持续发展。

结 语

2021年9月，习近平主席在第七十六届联合国大会上提出全球发展倡议，将粮食安全列为八大重点合作领域之一。①这表明了中国对粮食安全的国际发展和全球合作的高度重视。粮食安全作为共建"一带一路"国家的核心关切，已成为高质量共建"一带一路"的重要领域。北非国家是中国对外农业合作的重要伙伴，中国—北非农业合作既服务于全球发展倡议在粮食安全领域的落实，也助推"一带一路"倡议在北非的稳步推进。浙江作为中国东部沿海的重要省份，也是长三角经济区的主要单元，宜借"一带一路"高质量建设和全球发展倡议实施之契机，充分发挥本省的农业资源优势，调动农企和农业研究机构海外合作的积极性，在北非市场开拓更多新的领域，以期打造多元化的海外粮食产业链，服务粮食"双循环"新发展格局的构建。

---

① 习近平出席第七十六届联合国大会一般性辩论并发表重要讲话.人民日报，2021-09-22（1）.

浙江省与北非国家数字经济合作的基础与未来

李津维　李嘉琪

摘要：北非国家处于数字经济快速发展期，各国政府高度重视数字经济合作和数字化转型，数字经济发展潜力巨大。浙江省是中国数字经济大省，同北非国家有多项数字经济合作案例，具有良好的合作基础。双方都有着成熟的数字发展战略和未来规划，并以国家层面达成的一系列合作协议为依托，建立了浙江省同北非的合作机制和框架。此外，浙江省数字经济体量大、技术成熟，且在数字技术与产业融合方面表现出色，而北非国家拥有人口年轻化、数字经济发展空间巨大等优势，双方优势互补，未来具有较大的合作潜力。但当前双方数字经济合作仍面临关键基础设施不完善、数字人才匮乏、网络和数据安全问题严重等挑战。未来，浙江省和北非国家可以通过共同开展数字基础设施建设、加强数字人才联合培养、推进网络数据安全合作等措施深化数字经济合作。同时也需要加强数字领域交流互鉴，为双方数字经济的合作发展提供切实保障。

关键词：浙江省；北非国家；数字经济

作者简介：李津维，国际关系学院国际政治专业硕士。

李嘉琪，上海社会科学院国际问题研究所研究生。

数字经济指"以数字化的知识和信息作为关键生产要素，以数字技术为核心驱动力量，以现代信息网络为重要载体，通过数字技术与实体经济深度融合，不断提高经济社会的数字化、网络化、智能化水平，加速重构经济发展与治理模式的新兴经济形态"[①]。数字经济正成为建设现代化产业体系的重要组成

[①] 中国信息通信研究院. 全球数字经济白皮书（2022年）.（2022-12-07）[2023-04-10]. http://www.caict.ac.cn/kxyj/qwfb/bps/202212/P020221207397428021671.pdf.

部分，是提升国际竞争力、促进经济增长、调整产业结构和重组要素资源的关键力量。北非各国抓住时代机遇，积极推进国家数字化转型进程，并积极与他国进行数字领域合作以谋求快速发展。中国是北非国家的重要合作伙伴，双方在数字经济领域的合作具有良好基础。与此同时，北非还是中国"数字丝绸之路"的关键地区和重要组成部分，其与作为中国数字经济先行省份和"数字丝绸之路"重要枢纽的浙江省在数字基础设施建设、数字人才培养、数字治理等领域存在巨大合作潜力。但中国与北非国家的数字经济合作也面临着诸多挑战与不确定性。为深化浙江省与北非国家的数字经济合作，本文将分析北非国家数字经济发展现状，了解北非国家数字经济发展潜力与困境，总结浙江省与北非国家数字经济合作的机遇与挑战，从而试图为浙江省与北非国家数字经济合作提供针对性建议。

一、北非国家数字经济发展现状

目前相关研究通常从多个领域考察一国的数字经济发展状况，但尚未确立较为统一的标准体系。本文参考阿拉伯数字经济联合会 2022 年 5 月发布的《2022 年阿拉伯数字经济指数》中的考察指标，结合北非国家数字经济发展现实情况，从北非国家的数字发展战略、数字基础设施、电子商务、数字支付和数字监管五个维度，概括北非国家数字经济发展现状。[①]

（一）北非国家数字发展战略日趋成熟

北非国家普遍将发展数字经济作为经济转型和独立自主发展的重要手段。近年来，北非各国相继出台了数字领域的发展战略或规划（见表 1）。这表明，北非国家的数字经济发展日益系统化和成熟化，且有明确的发展目标。目前，北非各国出台的数字战略均着重于数字基础设施建设和数字技术的普及与创新。其中，数字经济发展较为领先的国家把发展数字基础设施与促进数字技术革新视作其数字战略的重要内容。如埃及的《ICT 2030 战略》《数字埃及》中提出加强数字基础设施的发展。《突尼斯国家数字战略（2021—2025）》里明确提出数字经济发展的八大支柱，并将发展数字基础设施、数字文化和能力建设

---

① 阿拉伯数字经济联合会. 2022 年阿拉伯数字经济指数（阿拉伯文）. (2022-06-10) [2023-04-10]. https://arab-digital-economy.org/wp-content/uploads/2022/06/2022-مؤشر-الاقتصاد-الرقمي-العربي.pdf.

两项内容列入其中。而数字经济发展较落后的苏丹、利比亚，其数字经济战略发展所侧重的方面相对单一，但也将建设数字基础设施、普及电子服务和信息通信技术，以及推动数字创新明确纳入其中。

表 1　北非六国数字经济发展战略

国家	数字经济战略或规划	出台年份	主要目标	负责部门
阿尔及利亚	《数字转型倡议》	2020 年	提出建设数字服务平台、中央行政管理数字化等多项倡议，并将政府网络现代化作为发展目标	阿尔及利亚微型企业、初创企业和知识经济部
	《2020—2030 国家人工智能研究和创新战略》	2021 年	通过教育、培训和研究提高阿尔及利亚人的人工智能技能水平，更好地利用人工智能促进发展	阿尔及利亚高等教育和科学研究部
埃及	《ICT 2030 战略》	2016 年	发展 ICT 基础设施，促进数字包容性，向知识型经济过渡，并鼓励技术创新、打击腐败、维护埃及网络安全	埃及通信和信息技术部
	《数字埃及》	2016 年	以埃及数字基础设施和立法框架为基础，围绕数字化转型、数字技能和工作、数字创新三大领域，促进埃及数字领域发展	
	《国家网络安全战略》	2018 年	为国家网络提供安全可靠的环境，为各部门提供综合电子服务	
	《埃及国家人工智能战略》	2021 年	利用人工智能实现埃及的可持续发展目标，促进非洲和阿拉伯地区的区域合作	
利比亚	《通信和信息学部国家战略 2023—2027》	2023 年	促进数字技能普及，促进经济增长，将利比亚建设为知识型社会和国际转运中心	利比亚通信和信息部
摩洛哥	《摩洛哥 2025 数字经济发展说明》	2021 年	加强政府部门间数字化建设和联通，将摩洛哥建设为非洲大陆的数字和技术中心，缩小数字鸿沟并促进社会包容性	摩洛哥工业、贸易与绿色和数字经济部数字发展署
苏丹	《电子和智慧政府转型战略 2016—2020》	2016 年	实现数字化转型，普及电子服务和信息通信技术，创造新就业岗位	苏丹通信和数字化转型部

续表

国家	数字经济战略或规划	出台年份	主要目标	负责部门
突尼斯	《突尼斯国家数字战略（2021—2025）》	2021年	确定了可持续数字生态系统经济转型的目标，并确立了法律框架和现代治理、社会包容（数字和金融）、数字基础设施、公共部门数字化转型、网络安全、数据驱动型政府、数字文化和能力建设、数字领域企业发展八大支柱	突尼斯信息通信技术部

资料来源：整理自北非国家政府官方网站资料。阿尔及利亚：https://mdme.gov.dz/；https://www.mesrs.dz/；埃及：https://www.mcit.gov.eg/；利比亚：https://ihyalibya.com/en/about-us/transformation-journey/；摩洛哥：https://www.add.gov.ma/；苏丹：https://www.nic.gov.sd/；突尼斯：https://www.mtc.gov.tn/index.php?id=14&L=2.

北非中数字经济发展较好的国家更加重视培育数字人才、建设数字政府和发展人工智能等高技术数字领域的发展。阿尔及利亚、埃及都专门出台了国家人工智能发展战略。阿尔及利亚、摩洛哥、突尼斯则明确提出加快建设政府网络和数字化政务平台等要求。可见，北非各国数字经济发展符合数字经济发展的趋势，北非各国也因地制宜，结合自身数字经济发展水平，各自出台符合本国国情、各具特色的数字发展战略。

（二）数字基础设施建设蓬勃发展

北非各国的数字基础设施[①]建设已粗具规模。目前，六国以互联网和通信设备普及率为代表的基础网络能力有所提升。除此以外，部分具有先发优势的国家还开展了人工智能、数字产业化等领域的研究和建设，数字经济正在成为北非国家新的经济增长点。

北非六国基础网络能力发展均呈现蓬勃态势。埃及、突尼斯、摩洛哥和阿尔及利亚的4G人口覆盖率均超过85%（见表2）。[②]随着网络覆盖率提升，各国手机等通信设备占有率也呈增长趋势。根据"非洲晴雨表"2020年的数据统

[①] 根据数字基础设施是新型基础设施的核心内容，涵盖了以5G、物联网、大数据、人工智能、卫星互联网等为代表的新一代信息技术演化生成的信息基础设施，以及应用新一代信息技术对传统基础设施进行数字化、智能化改造形成的融合基础设施，将为经济社会数字化转型和供给侧结构性改革提供关键支撑和创新动能。

[②] World Bank. The Upside of Digital for the Middle East and North Africa.（2022-03-16）[2023-04-14]. https://openknowledge.worldbank.org/server/api/core/bitstreams/a0c31a05-b4cf-5d78-8308-c2e5aaa1444a/content.

计，摩洛哥和苏丹同时拥有智能手机和电脑的用户百分比均超过 30%，超过统计样本中非洲 34 个国家的平均值（20%）。① 同时，各国通信基础设施也在不断完善。埃及凭借其优势地理位置，现已接入并运营海底电缆 17 条，占全球总数的 17%，仅次于美国。② 摩洛哥也拥有 5 条国际海底电缆和 3 个卫星地面站。③ 此外，北非一些国家在应用基础设施方面也取得较大发展。在摩洛哥和突尼斯，已有 57% 的公司拥有网站，为客户服务和营销带来巨大便利。④ 数字基础设施的不断完善推动了当地资源的有效开发和利用。如摩洛哥作为世界第一大磷酸盐出口国和世界第三大磷酸盐生产国，较早利用起数字仪表盘、人工智能等数字化工具。⑤ 由此可见，北非国家的数字基础设施建设已形成一定规模，其发展并不仅局限于通信领域，而且紧随数字产业化发展进程。未来，数字经济也将会逐步融入北非各国的生活和生产的诸多环节之中。

虽然北非国家在数字基础设施领域建设上取得了一系列成就，但整体发展水平仍然处于初级阶段。如根据世界银行 2022 年的报告，北非国家电信基础设施指数除了突尼斯一国外（64 分），均低于中东地区的平均值（61 分），而海湾国家平均值高达 82 分（见表 2）。⑥ 这表明北非国家数字基础设施指数同世界其他发展较快的地区相比还有较大差距，而一些关键数字基础设施领域的发展不完善，对开展与海外国家的合作也会产生一定的影响。

---

① Matthias Krönke. Africa's Digital Divide and the Promise of E-learning.（2020-06）[2023-04-14]. https://www.afrobarometer.org/wp-content/uploads/2022/02/pp66-africas_digital_divide_and_the_promise_of_e-learning-afrobarometer_policy_paper-14june20.pdf.

② 商务部国际贸易经济合作研究院，中国驻埃及大使馆经济商务处，商务部对外投资和经济合作司. 对外投资合作国别（地区）指南：埃及（2022年版）. [2023-06-27]. http://www.mofcom.gov.cn/dl/gbdqzn/upload/aiji.pdf.

③ 商务部国际贸易经济合作研究院，中国驻摩洛哥大使馆经济商务处，商务部对外投资和经济合作司. 对外投资合作国别（地区）指南：摩洛哥（2021年版）. [2023-06-27]. http://www.mofcom.gov.cn/dl/gbdqzn/upload/moluoge.pdf.

④ African Union Commission and OECD. Africa's Development Dynamics 2021.（2021-01-19）[2023-04-14]. https://www.oecd-ilibrary.org/docserver/0a5c9314-en.pdf?expires=1706099240&id=id&accname=guest&checksum=A788A9B3B72E2952BDE2BCD882323B41.

⑤ Touhami Abdelkhalek, Aziz Ajbilou, Mohamed Benayad. How Can the Digital Economy Benefit Morocco and All Moroccans.（2021-11）[2023-04-14]. http://erf.org.eg/app/uploads/2021/11/1637566122_724_832622_1503.pdf.

⑥ World Bank. The Upside of Digital for the Middle East and North Africa.（2022-03-16）[2023-04-14]. https://openknowledge.worldbank.org/server/api/core/bitstreams/a0c31a05-b4cf-5d78-8308-c2e5aaa1444a/content.

表 2　北非国家信息和通信技术基础设施覆盖率

国家 / 地区	互联网人口覆盖率 /%	4G 人口覆盖率 /%	电信基础设施指数 / 分
阿尔及利亚	48	100	58
埃及	45	85	47
利比亚	22	84	35
摩洛哥	62	98	58
突尼斯	56	90	64
苏丹	27	——	18
海湾国家	93	98	82
全球	55	81	55

资料来源：World Bank. https://openknowledge.worldbank.org/server/api/core/bitstreams/a0c31a05-b4cf-5d78-8308-c2e5aaa1444a/content.

（三）电子商务市场快速增长

近年来，北非电商发展势头强劲，成为全球电商市场增长最快的地区之一。德国在线统计数据门户 Statista 预计，2024 年北非国家电子商务市场收入将达到 112.9 亿美元，增速将超过欧洲和中国（见表 3）。[①]北非电商市场的快速发展引起了其他国家的高度关注，海外电商企业和平台纷纷入驻北非，并在北非进行投资，助力本地电商初创企业成长。中东北非融资最多的前 10 名电子商务企业中就有 4 家位于埃及。[②]同时，北非国家还积极借助社交平台推广电商，诸如 Facebook（脸书）、WhatsApp、TikTok（抖音国际版）等在北非流行的社交平台已经与电商平台融合，预计社交商务模式将推动地区 15% 的电子商务销售增长。[③]作为一种新兴消费模式，电子商务对当今北非经济发展产生了不容忽视的作用。

不过，北非电商市场整体发展水平与世界较发达地区相比仍有较大差距。根据 Statista 对 2024—2028 年电子商务市场收入的预测，北非国家电子商务市场未来 5 年的年复合增长率虽将超过欧洲国家和中国，达到 10.76%，但

[①] Statista. Market Insights: eCommerce. [2024-01-24]. https://www.statista.com/outlook/emo/ecommerce/northern-africa.

[②] Nour EI Shaeri. The Middle East and North Africa's 10 Most Funded E-commerce Startups.（2021-08-21）[2023-04-16]. https://www.arabnews.com/node/2146816/business-economy.

[③] Jalaja Ramanunni. Our Report Examines: The Key Drivers of Growth of Ecommerce in MENA In 2023.（2023-01-02）[2023-04-16]. https://campaignme.com/medialinks-releases-report-on-future-of-e-commerce-in-mena/.

与后者总体体量仍然差距显著（见表3）。①另外，根据联合国贸易和发展会议（UNCTAD）2020年发布的《B2C电子商务世界指数》数据，2020年北非国家电子商务市场排名最靠前的突尼斯在全世界排名仅为第77名，而最靠后的苏丹位于第132名。海湾阿拉伯国家合作委员会国家排名则较为领先，均位于第37—66名。②这反映了北非国家电商市场发展水平不高，且各国间差距明显。同时，北非的电商发展仍存在仓储、物流等基础设施受限，货物交付困难等问题。

表3 电子商务市场预测

地区或国家	2024年电子商务市场收入 / 亿美元	2024—2028年复合增长率 /%
北非	112.9	10.76
欧洲	6046	7.62
中国	14630	9.97

资料来源：整理自Statista官网资料，网址：https://www.statista.com/outlook/emo/ecommerce/northern-africa.

（四）数字支付服务逐步普及

目前，北非国家的支付方式依旧以现金支付为主，但随着数字基础设施日渐完善，电商交易快速增长，北非有望成为全球重要的数字支付③区域之一。

近年来，北非国家互联网支付方式和相关服务迅速普及，交易额和比例也稳步增长。根据货币经济利益集团"GIE Monétique"的最新报告，2021年阿尔及利亚互联网支付交易额为111.7亿第纳尔，而2022年交易额达181.5亿第纳尔，同比增长62.4%。④2020年疫情暴发客观加速了北非国家数字支付系统的发展。埃及银行研究所的一项调查结果显示，疫情防控期间，埃及现金交易数额减少了85%，而数字支付和货到付款数额跃升了690%。⑤随着北非国家数字经济发展，数字支付将成为各国重要的支付方式之一。⑥Statista预计2024年

---

① Statista. Market Insights: eCommerce. [2024-01-24]. https://www.statista.com/outlook/dmo/ecommerce/china.

② United Nations Conference on Trade and Development. The UNCTAD B2C E-Commerce Index 2020.（2021-02-17）[2023-04-16]. https://unctad.org/system/files/official-document/tn_unctad_ict4d17_en.pdf.

③ 数字支付主要指利用计算机、智能设备等硬件设施和通信技术、人工智能等数字科技手段实现的数字化支付方式。

④ GIE Monétique. Paiement par internet: hausse de 62% des transactions en 2022.（2023-01-02）[2023-04-16]. https://elwatan-dz.com/paiement-par-internet-hausse-de-62-des-transactions-en-2022.

⑤ Ahmed Abdel-Hafez. E-payments in Egypt: Smart all the Way.（2021-08-26）[2023-04-16]. https://english.ahram.org.eg/NewsContent/50/1202/419734/AlAhram-Weekly/Economy/epayments-in-Egypt-Smart-all-the-way.aspx.

⑥ 黄培昭，刘慧，毕梦瀛.多国加快推广数字支付.人民日报，2022-04-12（17）.

埃及数字支付领域的总交易额将达到 206.5 亿美元，未来 5 年将保持 10.6% 的复合年增长率；阿尔及利亚、摩洛哥 2024 年数字支付交易额预计将分别达到 84.5 亿美元和 65.3 亿美元，增速达到 9.6% 和 6.7%；突尼斯和苏丹预计将分别达到 51.5 亿美元和 30.3 亿美元。虽然突尼斯和苏丹的数字支付体量在北非国家内排名靠后，但增速分别达到了 12.2% 和 14.0%，呈现快速发展态势。[1]

数字支付在北非国家有着较为广阔的发展前景，但现金支付仍旧是北非地区的主要支付方式。网络安全问题突出、数据安全面临隐患和在线欺诈事件频发等问题加深了民众对数字支付的不信任。[2] 这会限制北非国家进一步普及数字支付，从而制约其数字经济的发展。因此，消除数字安全隐患是解决数字支付问题的重要前提。

（五）数字监管持续发力

北非国家近年来较为重视数字监管，先后颁布了相关法律，试图营造良好的数字监管环境。其中，突尼斯和摩洛哥是北非数据安全领域发展起步较早的国家，相继于 2004 年和 2009 年颁布国内第一部《数据保护法》。2018 年，阿尔及利亚出台了国内第一部《数据保护法》。同年，埃及政府也出台了《网络安全和信息犯罪法》，并于 2020 年颁布了国内第一部《数据保护法》。[3] 苏丹于 2018 年制定了《打击网络犯罪法》，并在 2020 年进行了修订。[4] 截至目前，北非六国中只有利比亚并未出台数字监管领域的相关法律法规。

尽管北非国家目前以法律形式初步确立了数字监管体系，但总体而言，北非国家数字监管水平较为落后，且发展极不均衡，各国间也尚未建立统一的数字监管框架和标准。水平落后不仅体现在相关立法不足，还体现在缺乏打击数字领域犯罪的相关制度。根据网络安全公司 PandaLabs 2017 年的一份报告，全

---

① Statista. Digital Payments: Northern Africa. [2024-01-24]. https://www.statista.com/outlook/dmo/fintech/digital-payments/northern-africa.

② Mordor Intelligence. Middle East & North Africa Card Payments Market Size & Share Analysis: Growth Trends & Forecasts (2024—2029). (2023-2028) [2023-07-01]. https://www.mordorintelligence.com/industry-reports/middle-east-and-north-africa-digital-payments-market.

③ Patricia Boshe, and Moritz Henneman. Data Protection Laws in Northern Africa. （2022-09）[2023-04-18]. https://www.kas.de/documents/265308/22468903/230406_DataProtectionLawsNorthernAfrica_KAS_Web.pdf/ac468c6d-3b82-44d8-bd7e-00ace3906a5b?version=1.0&t=1682042412738.

④ Sudan: Cybercrime Law Can Restrict Vital Information During Pandemic. （2021-11-10）[2023-04-18]. https://www.article19.org/resources/sudan-cybercrime-law-can-restrict-vital-information-during-pandemic/.

球最容易受到计算机攻击的 25 个国家中有 4 个位于北非。[①]落后的数字监管容易引发网络攻击、数据泄露、隐私侵犯等问题，进而制约北非地区国家的数字经济合作与发展。

总体而言，北非国家数字经济发展势头旺盛。长远的战略规划、现有的数字基础设施和电子支付为北非数字经济发展奠定了良好基础。但与发达国家相比，北非的数字经济总体仍处于初级阶段，在数字支付、数字监管领域仍有较大发展空间。另外，北非各国在基础设施的建设与资金筹措、数字人才的储备和培养，以及网络空间安全治理方面也存在明显赤字。未来与域外国家展开务实合作以落实数字发展战略，将成为该地区国家重要的发展选择。

二、浙江省与北非国家数字经济合作的基础与机遇

浙江省是中国数字经济的先行省，拥有充足的数字发展动能和相对成熟的发展经验，可成为北非国家数字经济发展中的重要合作伙伴。不仅如此，浙江省与北非国家还拥有良好的数字经济合作基础，双方的数字经济战略布局较为契合，合作机制整体较为健全，且在数字经济领域各具优势。可以说，在多重有利因素的推动下，未来浙江省与北非国家的数字经济合作具有重大机遇。

（一）开展数字经济合作的基础良好，友好合作态势未变

首先，中国与北非国家友好合作关系持续稳固发展，为浙江省与北非国家开展数字经济合作提供有利条件。2014 年，中国先后与阿尔及利亚和埃及建立全面战略伙伴关系，随后与苏丹（2015 年）和摩洛哥（2016 年）建立起战略伙伴关系。2022 年，中国还与摩洛哥签署《中华人民共和国政府与摩洛哥王国政府关于共同推进"一带一路"建设的合作规划》，摩洛哥成为北非地区首个与中国签署共建"一带一路"合作规划的北非国家。[②]中国与北非六国的传统友好关系是浙江省与北非国家在数字经济领域开展友好合作的历史基础，更是浙江省与非洲国家共同发展数字经济的不竭动力。

其次，浙江省与北非国家在数字领域有多个合作案例，已有的合作经验为

① Rim Dhaouadi. Cybercrime/North Africa Should Fight Online Crime the Right Way.（2019-04-24）[2023-04-16]. https://enactafrica.org/enact-observer/north-africa-should-fight-online-crime-the-right-way.

② 中国一带一路网. 中国与摩洛哥政府签署共建"一带一路"合作规划.（2022-01-05）[2023-06-30]. https://www.yidaiyilu.gov.cn/xwzx/bwdt/212457.htm.

未来双方开展数字经济合作打下了基础。如 2020 年，摩洛哥非洲银行同浙江中国小商品城集团（CCC 集团）签署谅解备忘录，双方将在摩洛哥建立贸易和物流园区。①未来，随着园区的建立，摩洛哥民众使用跨境电商平台的频率将大大提升，小商品贸易将更加便捷。2023 年新年伊始，中国能建国际集团和中国能建浙江火电组成的联营体与埃及国防部签署国家数据中心项目 EPC 合同，该项目成为埃及首个国家级人工智能数据中心项目，也是北非区域首个由中资企业实施的大型国家级云数据中心项目。②未来北非国家通过与浙江省合作，可为本国数字经济发展增速，助力实现国家数字发展战略目标。

此外，浙江省还通过举办数字劳动力训练营、建设数字技能培训基地等方式，与北非国家进行数字人才培训交流。比如在 2019 年，金华职业技术学院的金义网络经济学院联合金智丝路创业指导服务（金华）有限公司举办了"一带一路"国际青年跨境电商训练营。培训为期 7 天，将帮助摩洛哥等共建"一带一路"国家的留学生学习包括创业基础知识、跨境电商平台运营、网络消费者心理学以及网络营销主要方法等电子商务知识和技能。③同年，温州市亚龙智能装备集团股份有限公司携手教育部中外人文交流中心合作实施"智能制造领域中外人文交流人才培养基地"项目，并联合天津院校到埃及等国家建设"鲁班工坊"。④可见，浙江省与北非国家的数字经济合作具有连贯性和延续性的特点，并且合作领域趋向多样化。

简言之，浙江省与北非国家的数字经济合作有诸多成功经验，有利于双方建立互信关系，为未来合作提供机遇。不过，浙江省与北非国家在数字经济领域的项目合作及人才培养的顶层设计上仍有所缺乏。进一步深化与北非国家的相关合作离不开积极有效的统筹规划，这也将是浙江省同北非国家数字经济合作日益紧密的又一良好机遇。

---

① Morocco World News. Bank of Africa, China's CCC Group Aim to Build Trading Park in Morocco.（2020-11-09）[2023-07-15]. https://www.moroccoworldnews.com/2020/11/325298/bank-of-africa-chinas-ccc-group-aim-to-build-trading-park-in-morocco.
② 中国对外承包工程商会. 开门红！埃及国家数据中心项目签约.（2023-01-03）[2023-07-15]. https://www.chinca.org/CICA/info/23010309354511.
③ 金华市人民政府. "一带一路"国际青年跨境电商训练营在金职院开班.（2019-01-21）[2023-07-15]. http://swb.jinhua.gov.cn/art/2019/1/21/art_1229168151_58839432.html.
④ 周大正. 温州：融入全球创新网络步伐越走越快.（2020-10-12）[2023-07-15]. https://www.wenzhou.gov.cn/art/2020/10/12/art_1217828_59019160.html.

（二）数字发展战略相互契合，合作机制健全

中国与北非国家签署了一系列与数字经济相关的合作协议，或建立了合作机制，从政策层面支撑浙江省与北非的数字经济合作。北非六国拥有阿拉伯国家与非洲国家的"双重身份"，能享受到中非、中阿合作机制所带来的双重合作便利。如 2018 年在中非合作论坛框架机制下达成的《中非合作论坛——北京行动计划（2019—2021 年）》表示要"分享信息通信发展经验，共同把握数字经济发展机遇，鼓励企业在信息通信基础设施、互联网、数字经济等领域开展合作"[①]。2021 年，中非合作论坛第八届部长级会议开幕式上提出中非共同实施的"九项工程"中的第五项为数字创新工程，中国将为非洲援助实施 10 个数字经济项目，同非洲国家携手拓展"丝路电商"合作。[②]同样，在中阿合作论坛框架下，习近平主席于 2022 年 12 月在首届中国—阿拉伯国家峰会上提出中阿务实合作的"八大共同行动"，强调共同落实《中阿数据安全合作倡议》，建立中阿网信交流机制，加强数据治理、网络安全等领域交流对话。[③]可以说，中阿、中非已有的合作机制与规划为浙江省与北非国家的数字经济合作提供了能够有效对接各自需求的平台，未来双方深化数字经济合作可以现有合作机制为基础，不断完善和创新方式，促进双方在数字经济合作方面蓬勃发展。

不仅如此，浙江省已有的数字发展战略与规划也为进一步深化与北非国家的数字经济合作提供了有力的支持。数字经济是浙江省的经济建设重点，也是其开展对外合作的重要方向和优势。2017 年，浙江省便将数字经济作为"一号工程"重点发展，并于 2023 年提出数字经济创新提质"一号发展工程"。浙江省为外向型经济大省，融合数字经济与对外合作，推动数字经济"走出去"也是浙江省对外合作的重要内容。2021 年 6 月，浙江省出台《浙江省新型贸易发展"十四五"规划》，明确将"以数字驱动内外联动，加快打造内外贸有效贯通的市场枢纽"作为浙江省贸易发展的基本原则。[④]2022 年 12 月，杭州市举办以"数智创新，促进中非合作"为主题的论坛，签订了"一带一路"中非合

---

① 马欣然，张宇琪，白舸.非洲国家共享"一带一路"数字经济红利.（2022-03-31）[2023-04-22]. https://www.yidaiyilu.gov.cn/xwzx/hwxw/231627.htm.

② 习近平出席中非合作论坛第八届部长级会议开幕式并发表主旨演讲.人民日报，2021-11-30（1）.

③ 习近平在首届中国—阿拉伯国家峰会上提出中阿务实合作"八大共同行动".人民日报，2022-12-10（1）.

④ 浙江省发展改革委，省商务厅.省发展改革委、省商务厅关于印发《浙江省新型贸易发展"十四五"规划》的通知.（2021-09-03）[2023-07-15]. http://zcom.zj.gov.cn/art/2021/9/3/art_1229267969_4723400.html.

作产业园、数字非洲文化经贸项目、中非跨境贸易数字结算平台等多个项目。①另外，中国国际贸易促进委员会金华市委员会还搭建了"数字中非"合作平台。该平台会介绍中国及浙江省开展的对非数字经济合作的论坛与活动，并定期公示双方数字经济项目的合作，在一定程度上提升了中非数字经济合作的透明度，有效地将数字经济合作的新闻及成果公布出来。虽然目前由政府引领的数字经济合作主要体现在举办论坛和开展交流上，但随着合作机制的日益完善，将为浙江省与北非国家数字经济合作发挥支撑和兜底作用。

（三）数字经济发展各具优势，互助相得益彰

如今，浙江省已在数字技术与产业融合发展上有一定优势，而北非国家正在享受人口年轻化的红利。浙江省与北非国家各具比较优势，有利于形成互利互惠的数字经济合作格局。

浙江省多年来深耕数字经济，已经做到了技术和产业深度融合。截至2021年，浙江省已在15个重点行业成立5G应用项目超800个，成立"5G+工业互联网"项目275项，推荐5G示范标杆应用76项；在20个重点工业制造业领域参与建成"未来工厂"32家、"培育工厂"64家，全力支撑数字化改革127项改革项目已经承接落地。②在数字政府建设方面，"浙里办""浙政钉""一网通办"等多个政务平台的应用，使浙江省数字政府建设实现了升级迭代，政务"跨省通办"服务则正在计划和探索中。在数字法治建设方面，浙江省积极打造智慧型法治省份形象，全省应用"全域数字法治监督""浙警智治""全域数字法院"等数字化程序，一体化办案案件达35万余件，99%以上的刑事案件实现全数字化线上移送。③将数字技术应用于传统行业以促进产业升级是北非各国数字经济发展的重要目标之一，在这一方面，浙江省可以与北非国家分享宝贵经验，并提供资金、人才和技术帮助。

人口红利是北非国家数字经济发展的比较优势。截至2023年，北非国家

---

① 中华人民共和国外交部. 非洲司司长吴鹏出席"数智中非"创新创业青年领袖钱塘论坛. (2022-12-15) [2023-06-30]. https://www.mfa.gov.cn/web/wjb_673085/zzjg_673183/fzs_673445/xwlb_673447/202212/t20221215_10990778.shtml.

② 浙江省人民政府.《浙江省互联网发展报告2021》新闻发布会. (2022-05-30) [2023-07-15]. https://www.zj.gov.cn/art/2022/5/30/art_1229630150_3983.html.

③ 浙江省人民政府.《浙江省互联网发展报告2021》新闻发布会. (2022-05-30) [2023-07-15]. https://www.zj.gov.cn/art/2022/5/30/art_1229630150_3983.html.

人口的平均年龄为 24.8 岁，低于全球的平均水平（30.5 岁）。①联合国《世界人口展望（2022 年修订本）》预测，2022—2050 年，在全球学龄人口总体呈现下降趋势的背景下，西亚北非地区 6—17 岁的人口将逆势增长。②北非地区庞大的年轻消费群体对网络社交、电商购物、在线教育、远程医疗等新业态的需求很大，数字经济的发展也将吸引更多青年投身于数字领域。而浙江省在数字经济发展领域经验丰富，其省内、国内市场趋于饱和。这使得浙江省可充分利用北非市场释放自身的发展动能，双方在数字领域合作的优势互补可有效化为双方未来展开合作的机遇。

总体而言，浙江省与北非的数字经济合作基础良好且扎实、发展潜力巨大。双方数字发展战略与目标契合，目前形成较为完善的数字合作机制，加上双方各自具有发展数字经济的比较优势，未来双方深化数字合作的前景广阔。

三、浙江省与北非国家数字经济合作的挑战

浙江省与北非国家的数字经济合作有着较为良好的机遇，但未来在深化数字经济合作上，仍面临基础设施供给赤字、数字人才匮乏、网络安全问题严重等困境。

（一）部分基础设施的供给无法满足北非国家自身数字经济发展需求

当前，北非国家在电力供应、道路交通基础设施等关键领域的发展水平还无法满足其与日俱增的数字经济发展需求。持续稳定的电力供应和四通八达的道路是数字经济发展的基石，前者保障计算机、服务器和数据中心等数字技术的运行，而后者可保障电商订单货物的配送，并会间接影响数字支付的发展。据"非洲晴雨表"调查机构调查，2022 年，苏丹仅有 22% 的城市居民能够得到电力连接，乡村更是仅有 15% 的居民得到电力连接，远低于调查中非洲 34 个

---

① Database Earth. Median Age of Northern Africa. [2024-01-25]. https://database.earth/population/northern-africa/median-age.

② United Nations Department of Economic and Social Affairs. World Population Prospects 2022. [2024-01-25]. https://www.un.org/development/desa/pd/sites/www.un.org.development.desa.pd/files/wpp2022_summary_of_results.pdf.

国家的平均值（城市平均值为 65%，乡村平均值为 24%）。[①]而阿尔及利亚、利比亚则存在电力输送线路老化导致的电力严重浪费的问题。除此之外，目前北非国家利用可再生能源发电的百分比较低，俄乌冲突后能源价格飞涨，也在一定程度上使摩洛哥等北非非产油国的发电成本增长。

在交通基础设施方面，北非国家的互联互通仍不完善。这会对未来北非国家发展物流和建设现代城市交通的立体化网络等产生不良影响。如在埃及，公路交通承担着埃及人民的出行功能和 95% 的货物运输功能，然而随着经济的发展和人口的增长，其首都开罗经常面临严重的交通拥堵。除此以外，埃及既有的铁路系统中有 85% 尚未实现铁路信号系统自动化，且基础设施陈旧，铁路货运能力不断下滑。[②]同样，在苏丹，目前其国内的公路铺设仍以沥青路和土石路为主，铁路被战争破坏和洪水冲刷，损毁严重，已无法连成网络。[③]道路、铁路互联互通的缺乏会影响电商订单的物流配送，使得消费者对电商的使用体验较差，再次回归传统销售模式，还会影响到数字支付系统的开发，造成不利于数字经济发展的连锁反应。

由于近年来经济持续低迷，北非各国还面临发展成本上升、资金筹措困难的局面。2022 年，埃及、摩洛哥和突尼斯等石油进口国受到食品和石油价格上涨的严重冲击，通货膨胀严重。各国虽出台了抑制通货膨胀的政策，但这种干预措施不仅会直接增加政府支出，还会造成市场效率低下和自我调节失衡，最终拖累生产率。[④]根据国际货币基金组织 2023 年 4 月的预测，在大宗商品价格下跌的背景下，2023 年基线情景（即无其他因素产生干扰的条件下）的全球总体通胀率仍将在 7.0% 左右，潜在（核心）通胀率的下降速度可能更慢。在大

---

① Hee Eun lee, et al. Still Lacking Reliable Electricity from the Grid, Many Africans Turn to Other Sources.（2022-04-08）[2023-05-01]. https://www.afrobarometer.org/wp-content/uploads/2022/04/AD514-PAP10-Still-lacking-reliable-electricity-from-the-grid-Many-Africans-turn-to-alternative-sources-Afrobarometer-11april22.pdf.

② 商务部国际贸易经济合作研究院，中国驻埃及大使馆经济商务处，商务部对外投资和经济合作司. 对外投资合作国别（地区）指南：埃及（2022 年版）. [2023-07-01]. http://www.mofcom.gov.cn/dl/gbdqzn/upload/aiji.pdf.

③ 商务部国际贸易经济合作研究院，中国驻苏丹大使馆经济商务处，商务部对外投资和经济合作司. 对外投资合作国别（地区）指南：苏丹（2021 年版）. [2023-07-01]. http://www.mofcom.gov.cn/dl/gbdqzn/upload/sudan.pdf.

④ Roberta Gatti, et al. Altered Destinies the Long-Term Effects of Rising Prices and Food Insecurity in the Middle East and North Africa.（2023-04）[2023-07-01]. https://openknowledge.worldbank.org/server/api/core/bitstreams/8e31828f-f062-4a40-a929-fabe7d1b17cd/content.

多数情况下，通胀不太可能在 2025 年之前恢复至目标水平。[①] 在通货膨胀压力得不到缓解之际，北非国家资金缺口只会不断加大。

虽然北非国家数字经济发展战略规划清晰，并已初具规模，但不可忽视的是，浙江省与北非国家的数字经济合作还必须以北非国家坚实的数字基础设施建设为保障，部分关键基础设施缺失和融资赤字等现实困境会制约双方合作的开展，增加双方的合作成本。

（二）数字人才短缺

北非国家数字人才短缺的现象普遍存在。国际电信联盟发布的《2021 年阿拉伯国家地区数字化趋势》报告对海湾阿拉伯国家合作委员会国家（以下简称"海合会"国家）和除利比亚外的北非五国的信息通信技术（information and communications technology，ICT）技能水平评估的数据显示，北非国家 ICT 技能水平普及率普遍较低，远落后于阿拉伯世界中数字水平较为领先的海合会国家。在 ICT 基本技能上，海合会国家平均普及率为 61.3%，而北非国家中最高的埃及为 57.5%，北非其余国家与埃及差距明显，与海湾国家差距更甚；ICT 标准技能也是如此，北非国家水平均低于海合会国家的平均值（43.8%）；而在 ICT 高级技能方面，只有突尼斯一国的水平（16.1%）超过了海合会国家平均水平（12.7%），是 ICT 基本技能、ICT 标准技能和 ICT 高级技能普及率中唯一一个超过海合会国家平均值的数据（见表 4）。[②] 由此可见，北非国家都在某种程度上缺乏不同水平的数字人才，并且各国之间的数字技能普及率差异较大。数字人才的缺乏和发展不均衡不仅会影响北非国家数字化转型进程，也会在一定程度上影响未来与浙江进行数字经济合作的深度。

表 4　北非国家（除利比亚）ICT 技能普及率　　　　单位：%

国家	ICT 基本技能	ICT 标准技能	ICT 高级技能
阿尔及利亚	17.0	12.1	6.9
埃及	57.5	36.2	7.9
摩洛哥	36.6	27.8	9.3

---

① International Monetary Fund. 坎坷的复苏.（2023-04）[2023-04-22]. https://www.imf.org/zh/Publications/WEO/Issues/2023/04/11/world-economic-outlook-april-2023.

② ITUPublications. Digital Trends in the Arab States Region 2021: Information and Communication Technology Trends and Developments in the Arab States Region, 2017—2020. [2023-04-24]. https://www.itu.int/dms_pub/itu-d/opb/ind/D-IND-DIG_TRENDS_ARS.01-2021-PDF-E.pdf.

续表

国家	ICT 基本技能	ICT 标准技能	ICT 高级技能
苏丹	3.0	2.2	1.6
突尼斯	20.0	17.1	16.1
海合会国家（平均值）	61.3	43.8	12.7

数据来源：ITUPublications. Digital Trends in the Arab States Region 2021: Information and Communication Technology Trends and Developments in the Arab States Region, 2017—2020. [2023-04-24]. https://www.itu.int/dms_pub/itu-d/opb/ind/D-IND-DIG_TRENDS_ARS.01-2021-PDF-E.pdf.

（三）网络数据安全问题突出

北非国家网络安全问题的频发和复杂状况也是阻碍数字经济增长的重要因素之一。国际电信联盟（ITU）发布的《2020 年全球网络安全指数》报告显示，在全球网络安全指数排名中，埃及、突尼斯和摩洛哥较靠前，分别为第 23、45 和 50 名，苏丹、阿尔及利亚和利比亚则较靠后，分列第 102、104 和 113 名。[1] 网络拓宽了主权的边界，因此需要各国通力合作解决网络安全引发的一系列非传统安全问题。但是，北非国家间网络安全水平的明显差距会导致各国对数据保护的界定标准不一，并且北非各国在网络安全、数据安全领域缺少与区域、国际组织和机构的合作，很难形成有效的合作以解决网络、数据攻击和泄露带来的安全隐患问题。2014 年，非洲联盟通过了《网络安全和个人数据保护公约》（又称《马拉博公约》），公约涵盖了电子事务处理、隐私以及网络安全等多项内容，旨在为非洲大陆建立一个像欧盟《通用数据保护条例》（GDPR）那样统一的法律，为非洲各国的网络和数据安全提供保障。然而，截至 2023 年 2 月，非洲 54 个国家中仅有 16 个国家签署了该公约，其中北非国家均未签署该公约。

除此以外，北非国家的网络和数据保护理念还较为落后。该地区国家认为只要拥有先进技术就可以使网络和数据免受入侵和泄露，却忽略向用户、企业和政府普及网络安全理念。康拉德·阿登纳基金会（Konrad Adenauer Stiftung）的一份报告表示，包括北非国家在内的阿拉伯地区的公司在网络安全技术投资

---

[1] ITUPublications. Global Cybersecurity Index 2020. [2023-04-24]. https://www.itu.int/dms_pub/itu-d/opb/str/D-STR-GCI.01-2021-PDF-E.pdf.

方面位居全球前十，但在网络安全教育和培训方面却都位于倒数 50 名。①这显然不利于北非各国提升民众的网络安全认知和网络威胁防范意识。

可以说，网络安全问题不仅会影响用户和消费者使用体验，泄露个人隐私，对政府和当地企业造成负面影响，还会动摇或削弱包括外国投资者对北非市场的信心。如果不能拥有安全可靠的数字营商环境，将增大浙江数字企业进入北非地区市场的风险，阻碍双方的数字经济合作。

（四）发达国家的数字先发优势制约浙江省与北非国家合作

数字技术强势经济体对弱势国家在技术与贸易规则的压制也会限制浙江省与北非国家的数字经济合作。美国等西方国家在数字经济领域布局较早，因而属于数字技术强势经济体。一方面，它们占据技术上的绝对优势，并逐步形成了自己的产业供应链。以贯穿于数字经济各环节中的核心零部件——芯片为例，芯片研发、芯片电子设计自动化（EDA）与核心知识产权等核心环节主要为西方国家所主导。美欧在EDA和核心知识产权方面的市场份额分别达到72%和20%，其他所有地区的总份额仅为9%，在芯片设计环节更是占据了超过全球一半的市场份额（美国占46%，欧洲占9%）。另一方面，西方国家长期在数字领域的制度建设和规则制定上拥有主导权，以求抢占数字贸易的时代机遇。然而，对于非洲这些在数字经济中处于弱势的国家而言，数字经济作为其国内的幼稚产业本应受到充分的保护。而西方国家倾向于制定高度开放、市场主导的数字经济制度与规则，反对中国等发展中国家对数字领域的约束性规则，在某种程度上忽视了非洲等发展中国家对数字安全的态度立场和对相关规则变革的合理诉求。

总而言之，北非国家面临基础设施赤字、数字人才短缺、网络安全危机等发展"痛点"，这成为浙江省与北非国家开展数字经济合作的障碍。不仅如此，域外大国的干预也为浙江省与北非国家的合作增加了更多的不确定性。为进一步深化相关的数字经济合作，还需要发现合作中的漏洞与不足，制定切实可行的应对策略。

① Valentina von Finckenstein. Cybersecurity in the Middle East and North Africa. [2023-05-06]. https://www.kas.de/documents/284382/284431/Policy+Paper+on+Cybersecurity+in+the+Middle+East+and+North+Africa.pdf/50199440-b10e-3dea-52ca-c0e3714ebc75?version=1.0&t=1564581818218.

四、浙江省与北非国家深化数字经济合作的建议

浙江省与北非国家的数字经济合作虽有良好基础和机遇，但双方数字经济合作的问题与挑战并存。因此，浙江省必须在双方合作的薄弱环节发力，不断完善北非国家的数字基础设施，加快对数字人才的培养，并助力非洲网络安全观念的形成与机制的建设。同时，双方在未来的合作中应兼顾"硬投资"与"软建设"，充分发挥多方力量，实现浙江省与北非国家数字经济合作共赢。

（一）持续推进基础设施建设

在可预见的未来，基础设施赤字仍是阻碍北非国家数字经济发展和深化浙江省与北非国家间数字经济合作的现实困境。未来，浙江省与北非国家的合作既要完善关键领域的基础设施，又要加强在数字基础设施建设方面的相关合作。首先，未来浙江可根据北非的国别区域特点深化合作。如在电力基础设施领域，浙江省既可参与苏丹等较为落后国家的电力基础设施建设，又可参与北非地区老化电缆线网的改造工程，以提升电力输送效率。在道路联通领域，浙江省可助力埃及、苏丹等国的道路和铁路建设。一方面加快改造现有道路与铁路，提升运力，满足未来跨境电商对物流的需求，另一方面则可参与新道路与铁路建设，为未来人工智能汽车、自动驾驶列车本土化测试提供平台。

其次，在数字基建合作方面，浙江省与北非国家在继续搭建经验交流平台的同时，可以双方在数字经济、数字政府、数字社会方面的发展需求为导向，将信息网络、数字平台、数据融通、智能应用、轻量服务作为合作的新增长点。如重点推动农业数字化、远程医疗、在线教育等民生基础设施领域的合作；积极参与北非国家的市政、交通、物流、能源等基础设施的智慧化升级和改造；逐步融入北非国家的 5G 基站、人工智能、互联网等数字领域的建设网络与规划中；在建设"未来工厂"和"培育工厂"等方面开展合作交流。

最后，浙江省还可与北非国家建立固定的沟通和交流机制，以更好地了解对方在数字基础设施建设方面的现状、挑战和需求。如浙江省可以邀请相关领域的专家前往北非各国实地考察，并结合浙江省的成功经验，因地制宜协助搭建北非各国的数字应用平台。

（二）加强数字人才联合培养

数字经济是技术驱动型经济，培养数字化人才是数字经济发展的重要基础和推动力，未来浙江省与北非国家可将数字人才联合培养作为双方数字经济合作的关键议题。具体可从以下路径推进。

第一，应当充分发挥政府牵头作用，建设数字人才培养机制。浙江省可以通过出台海外数字人才培养激励计划，激发本土企业与北非国家开展数字人才合作项目的积极性，打造多层次、多类型的数字人才队伍，以完备的基础设施和人才为保障，深化双方数字经济领域合作。

第二，发挥数字教育资源的比较优势。浙江省可以延续以往开展人才交流的方式，搭建更加多样化的合作平台，推动浙江省内高校与北非国家高校建立长期稳定的合作机制，通过互派教师、开设合作办学的数字经济相关学科专业课程、举办数字能力研讨会等途径，助力北非国家数字人才培养。

第三，充分调动省内数字出海企业的热情和积极性。在浙江省涌现的大批跨境电商企业中，不乏阿里巴巴等电商头部企业。浙江省本土数字企业可充分释放自身发展动能，与北非国家开展人才培养合作项目，加快形成共建"一带一路"国家的数字人才培养布局。

（三）推进网络数据安全合作

网络安全关乎国家安全和国家发展，关乎广大人民群众的切实利益，而数据是新的生产要素，是基础性资源和战略性资源。北非国家网络和数字领域快速发展的同时，给国家治理带来了一系列风险和挑战。浙江省可以根据自身在网络数据安全政策和规则制定上的经验，与北非国家就制定适合当地数字经济发展的法律框架和政策进行交流。由于历史和地理位置等原因，北非与欧盟的数字经济合作较为密切，北非各国数据保护政策和法律与欧盟的较为相似。未来浙江省与北非的网络安全合作中，完善数字交易、流通和监管机制，兼顾数据跨境流动与个人隐私保护、企业商业数据保护和国家数字网络安全应当是双方开展、推进网络安全合作的重要议题。此外，浙江省可在《中阿数据安全合作倡议》"数字丝绸之路"等已有的合作机制基础上，充分考虑北非国家数字主权和安全发展利益，在合作中逐步建立有理论、有共识、有案例、有项目的完整体系，以探索出一套符合彼此利益和发展特点的合作模式。

浙江省与北非国家还可在网络数据保护方面加强经验交流。中国是全球互联网用户最多的国家，数据体量也位居世界前列。而浙江省则是中国数字经济示范省份，不仅拥有丰富的应对网络攻击和数据泄露的措施，而且在普及网络防范和数据保护知识方面积累了一定的经验，相关法规体系也较为成熟。双方可以通过举办研讨会、交流项目、专家出访等形式交流宝贵经验，加快北非国家网络和数据生态体系建设。

（四）深化数字经济合作的交流沟通

浙江省与北非的合作既要涵盖"硬联通"，也要进行"软建设"，具体可从以下路径推进。

首先，浙江省与北非国家需要加强人文交流和文化互鉴。第一，要讲好中国故事，增进相互了解。如将体现中国传统文化、民族精神或是介绍中国数字经济的优秀影视作品向北非国家输出，也可牵头举办彰显中华民族精神的优秀摄影作品与画作展览，以更为生动的方式将中国故事呈现给北非人民，增进当地对浙江省以及中国的了解。第二，积极开展对话。双方可定期开展学术研讨，从而更好地了解双方数字经济合作的困境与需求。第三，通过交流逐步明确数字经济合作项目的标准，并加强数字经济合作的透明度，定期公开项目进展，有力回击域外国家的冲击与挑战。

其次，浙江省可在交流互鉴中凝聚双方的利益共识。浙江省一方面可结合北非等非洲国家的需求与其开展合作，积极支持中国在WTO等全球经贸机制中推动现有的数字经济制度朝着有利于彼此的方向改革，并可基于自身数字经济发展的成功经验，成为中国推动数字经济制度改革的先行示范区。另一方面可利用好"一带一路"、中非合作论坛、中阿合作论坛等合作机制与平台，不断加强与北非国家的数字经济合作，并在合作中进一步明确双方的合作标准，逐步形成契合双方的合作模式。

最后，浙江省与北非的数字经济合作可灵活发挥政、企、研的协同力量。第一，充分发挥智库的作用。智库是人文交流与文明互鉴的有益途径，也是中非双方的交流平台、研究基地、人才高地和传播信息的重要窗口，未来浙江省与北非国家在数字经济方面的合作需要加强智库的力量，以加强双方互助合作。第二，浙江省可搭建政府—企业—智库多方联动平台，定期公布北非国家的市场环境监测报告，为项目合作提供多方支持。

结　语

数字经济是发展中国家追赶发达国家的"经济快车道",更是摆脱经济依赖、实现独立自主的捷径。北非国家也已意识到数字经济发展的重要性,并积极推动国内数字化转型,目前已经在多个领域取得不错的成绩,但整体仍有巨大发展空间。作为中国数字经济领军省份,浙江在数字经济各领域的发展较为成熟,且浙江省与北非国家的数字经济发展目标不谋而合。北非拥有人口年轻化的优势,数字经济发展前景广阔;浙江则有着相对成熟的数字经济发展经验和较为突出的数字技术、人才、投资优势,双方具有巨大合作空间。同时,双方合作还要面对北非国家部分基础设施建设水平低下,数字人才缺乏,网络、数据安全挑战等问题。因此,浙江省与北非国家在数字经济合作中应利用各自优势,浙江省应帮助北非国家加快弥合数字基础设施赤字、加强数字人才培养、改善数字治理环境,同时,双方积极进行人文交流与文明互鉴,积极构建浙江省与北非国家友好密切的数字经济合作伙伴关系。

(感谢国际关系学院国际政治系讲师陈瑾博士和浙江师范大学非洲研究院助理研究员卢秋怡博士对本文写作给予的指导和帮助。)

浙江省与北非国家共建
"一带一路"的挑战和对策

陈　瑾　姚宗远

摘要：自2013年以来，北非在"一带一路"倡议中的地位不断提升，成为推进"一带一路"高质量建设的重要地区。中非合作论坛和中阿合作论坛为中国与北非国家共建"一带一路"提供了机制保障。作为参与"一带一路"建设的排头兵，浙江省与北非各国共建"一带一路"取得了丰硕的成果，但同时也面临多方面的挑战。因此，浙江省与北非国家高质量共建"一带一路"应进一步厘清双方现实需要，改善合作模式；实现政界、学界和企业界的通力合作，形成互动机制，建立健全投资环境评估和综合服务体系；寻求第三方国际合作化解竞争风险；重视人文交流，促进民心相通，为增进浙江省与北非国家经贸往来和"一带一路"建设提供精神滋养。

关键词：浙江；北非；"一带一路"；挑战；对策

作者简介：陈瑾，博士，国际关系学院国际政治系讲师、国际关系学院"一带一路"安全研究中心副研究员。

姚宗远，中国人民大学国际关系学院外交学专业硕士研究生。

北非面积占非洲大陆总面积的27%，总人口占到非洲大陆总人口的18%，经济总量却占到非洲大陆经济总量的三分之一，非洲大陆超过半数的油气资源也都汇集于此，北非也是落实中非经济合作、共建中非命运共同体不可忽略的重要伙伴。2013年至今，随着非洲在"一带一路"倡议中的定位不断变化，"一带一路"逐渐成为中非合作的重要平台和抓手，北非国家也越来越成为"一带一路"建设顺利推进的关键。然而，当今世界，大国竞争日益激烈，地区环境剧烈变化，北非国家社会治理困难重重，中国与北非共建"一带一路"面临复杂挑战。浙江在新发展格局中具有战略链接作用,在"一带一路"高质量发展中发挥着重要的先行先试作用。浙江既要充分认识到其与北非国家存在拓展合作的潜力,也应警惕双方合作面临的各种困难和挑战。因此,在新形势下研判新挑战、探索新的应对之策,是推动浙江省与北非共建"一带一路"高质量发展的必要之举。

一、浙江省与北非国家共建"一带一路"取得的已有成就

浙江省与北非国家共建"一带一路"经历了较长一段时间的探索与磨合,如今迎来了高速、高质量发展期。

(一)经济为基,贸易合作韧性十足

随着"一带一路"倡议的推进以及中非"十大合作计划""八大行动""九项工程"的相继提出,浙江以相关文件精神为指引,积极推动自身与北非间的经贸合作水平提质升级。据海关统计,2013年至2021年,中国与北非六国货物进出口总额占中国与非洲货物进出口总额的比例大致稳定在15%—18%。2020—2022年,在新冠疫情期间和地缘冲突加剧的背景下,浙江省与北非国家进出口总额仍基本做到了连年上升。[①]浙江省与北非经贸合作之所以能如此亮眼,其原因如下。

首先,贸易结构的互补性是浙江省与北非经贸合作持续不断的内生性动力。北非石油、天然气等资源丰富,而国家工业基础相对薄弱;浙江省在能源产品上存在较大缺口,而在日用品、纺织品、小五金生产等领域有着较强的"富余产能"。当前,浙江对北非出口以机电产品和劳动密集型产品为主,进口则以北非国家盛产的矿物燃料、矿物油及其产品、油脂产品等资源类产品为主。[②]而随着中国与北非国家经贸合作不断深入,浙江省与北非贸易互补趋势

---

① 中国海关总署. 2022年12月进出口商品主要国别(地区)总值表(美元值). (2013-01-13)[2022-1-27]. http://www.customs.gov.cn/customs/302249/zfxxgk/2799825/302274/302275/4794352/index.html

② 根据北非六国对外投资合作国别(地区)指南整理得出。具体数据可参见:对外投资合作国别(地区)指南:摩洛哥2021. http://www.mofcom.gov.cn/dl/gbdqzn/upload/moluoge.pdf;对外投资合作国别(地区)指南:埃及2021. http://ydyl.jiangsu.gov.cn/art/2022/3/25/art_76297_10388905.html;对外投资合作国别(地区)指南:阿尔及利亚2021. http://www.mofcom.gov.cn/dl/gbdqzn/upload/aerjiliya.pdf;对外投资合作国别(地区)指南:突尼斯2020. http://www.mofcom.gov.cn/dl/gbdqzn/upload/tunisi.pdf;对外投资合作国别(地区)指南:利比亚2018. http://www.mofcom.gov.cn/dl/gbdqzn/upload/libiya.pdf;对外投资合作国别(地区)指南:苏丹2021. http://www.mofcom.gov.cn/dl/gbdqzn/upload/sudan.pdf

更愈发明显。其次，互联互通的持续深化逐步架起了浙江省与北非经贸合作的桥梁。凭借独特的区位优势，浙江省内多个港口力争将自身打造为国家贸易枢纽，同共建"一带一路"国家共绘"港容天下、港通天下"的美好蓝图。以宁波舟山港为例，截至目前，该港已与埃及塞得港等共建"一带一路"国家的 13 个港口建立了友好港、姊妹港关系。① 与此同时，2019 年 11 月，杭州至埃及开罗的定期直达客运航线正式开通。该航线是华东地区首条直飞北非的航线，填补了浙江省至非洲航线的空白，进一步增强了浙江省向非洲市场的辐射力。② 最后，数字领域的合作正在成为当前浙江省与北非经贸合作中的一道亮丽风景线。2022 年 11 月，中非跨境人民币结算中心（浙江）揭牌成立，为中非建立良好的合作提供更加便捷的结算渠道。③2022 年 1 月至 10 月，该中心累计服务涉非企业 329 户，涉及摩洛哥、埃及、阿尔及利亚等 45 个非洲国家，累计办理对非跨境人民币业务 15.86 亿元，同比增长 414%。④ 丝路电商合作是浙江省与北非经贸合作新的增长点，越来越多的北非商品进入中国市场，在电商平台销售。在此背景下，跨境电子支付也进一步助力浙江对非经贸往来。2022 年 12 月，浙江商城集团旗下的第三方支付公司推出的首单人民币跨境业务成功落地。⑤ 可以预见的是，在相关平台的帮助下，浙江省与北非国家间数字贸易的规模和质量将更上一层楼。

（二）民生为本，浙企"出海"惠及百姓

北非紧邻欧洲，且部分国家与欧盟、美国之间签署了免税协议，国际物流成本相对较低，因而吸引了大批中国企业到此发展相对高端的制造业，并出口至欧美国家。对此，浙江企业积极落地北非，在打造自身"金字招牌"的同时，也增进了所在地的民生福祉，提升了当地民众的"获得感"。

---

① 参考消息. 揭宁波舟山港逆势上扬秘籍 站位"一带一路"风口寻机遇. (2017-05-12)[2022-11-28].https://www.cankaoxiaoxi.com/finance/20170512/1988286.shtml

② 中国新闻网. 杭州直飞埃及开罗航线正式开通. (2019-11-29)[2022-11-28]. https://www.chinanews.com/cj/2019/11-29/9021066.shtml

③ 金华市人民政府. 深化中非经贸合作 金义片区20个对非项目集中签约. (2022-11-25)[2022-11-29]. http://swj.jinhua.gov.cn/art/2022/11/25/art_1229713490_58922592.html

④ 金华市人民政府. 中非跨境人民币结算中心（浙江）在金揭牌. (2022-11-22)[2022-12-02]. http://www.jinhua.gov.cn/art/2022/11/22/art_1229159979_60245837.html

⑤ 义乌政府门户网站. 我市搭建中阿贸易跨境人民币支付"黄金通道". (2022-12-03)[2022-12-09]. http://www.yw.gov.cn/art/2022/12/8/art_1229187636_59405395.html

当前,包括阿里巴巴、建投、巨石、华立在内的一批浙江企业通过投产生产基地、承建住房、打造工业园区、开设海外仓项目等方式,有效推动了双方在投资、贸易和工程承包等领域合作规模的不断扩大,助力解决当地就业、用电、用水和住房问题。其中,巨石集团在埃及投产的玻璃纤维生产基地是中国玻纤产业第一条成套向外输出的生产线,填补了整个中东、北非地区玻璃纤维制造业的空白。①2022 中国(浙江)中非经贸论坛期间,脉链集团子公司浙江格致商贸有限公司与浙江盈帆贸易有限公司签下了 10 亿元的脉链阿尔及利亚海外仓项目,占地面积约为 2 万平方米,投入使用后预计能服务整个中东和北非、中南非地区的国家。②可以说,浙商秉承着"利他即利己"的理念和初心,正在形成一个各方受益、良性互动的经济微生态圈,目标是在助力中国企业海外发展的同时,也带动当地的经济发展。

(三)交流为重,民心相通日益巩固

国之交在于民相亲,民相亲在于心相通。增进民心相通是"一带一路"建设行稳致远的内在要求。针对北非人口结构年轻化的情况,2013 年以来,浙江省将高等教育交流与合作作为实现与北非国家人文交往的重要窗口。近年来,浙江大学、浙江师范大学、浙江工商大学、浙江财经大学等省内高校陆续赴北非洽谈合作事宜。③以浙江师范大学和浙江工商大学为例,作为"浙江省国际化特色高校"首批建设单位,两校先后创立非洲研究院、北非研究中心、"一带一路"研究中心、中阿研究中心等研究机构,通过主办学术研讨会、推动学者互访、发布专题研究报告等方式,全力支持对北非国家的相关研究,服务浙-北非人文合作。职业教育的开展也是浙江省与北非人文交往的亮点领域。2022 年 5 月,中非职业教育联合会(CATCC)成立,中方全部 21 家发起单位中,有 5 家来自浙江,充分展现了浙江省与北非在职业教育合作中的强劲潜力。同年 12 月,浙江中医药大学宣布与突尼斯中央大学共建浙江中医药大学突尼斯

① 浙江省发展和改革委员会. 浙江刮起非洲风. (2022-12-09)[2022-12-03]. http://zjydyl.zj.gov.cn/art/2019/4/12/art_1229691721_32187.html

② 金华市投资促进中心. 我市 26 个对非项目集中签约 签约金额 579.78 亿元. (2022-11-25)[2022-12-03]. http://tzcjzx.jinhua.gov.cn/art/2022/11/25/art_1229166260_58814344.html

③ 浙江财经大学国际学院. 我院教师赴摩洛哥、突尼斯开展国际教育交流活动. (2019-11-25)[2022-12-09]. https://sie.zufe.edu.cn/info/1016/2050.htm

分校①，推进"技能+"培训，普及中医特色课程、推广浙江教育标准，为中非命运共同体建构贡献更多专业化力量。

文娱活动和影视作品为浙江和北非民众了解彼此提供了更为直观的渠道。其中，浙江省同埃及有关部门策划了"浙江青瓷巡礼"展览②、中阿双语民歌对唱③等精品活动，得到了两地民众的广泛关注。2022年11月，浙江华策影视股份有限公司联手多方共同出品电视剧《我们这十年》，其中"沙漠之光"篇章聚焦新时代"一带一路"建设，讲述浙江人才远赴埃及，同埃方人民携手共建绿色清洁能源基地，同心共创美好生活的故事。目前，该剧已经在Youtube等平台播出④，促使包括北非在内的世界各国民众进一步认识中国、了解浙江省与北非合作。

（四）生态为继，绿色合作方兴未艾

绿色是高质量共建"一带一路"的鲜明底色。近年来，中国积极提出"一带一路"绿色发展伙伴关系倡议、"一带一路"应对气候变化南南合作计划等，推进中非"绿色伙伴关系"构建。同时，中国和北非国家都处于绿色发展转型的关键阶段，对可持续发展愿景的共同追求推动双方朝着更加清洁、绿色、低碳的方向携手前行。基于此，浙江省积极贯彻相关指示要求，正在努力成为与北非国家共同构筑"绿色丝绸之路"的"领头羊"。

在生态环境保护方面，浙江企业建言献策，为北非国家提供先进治理经验。2022年11月，在埃及沙姆沙伊赫举行的《联合国气候变化框架公约》第二十七次缔约方大会现场，杭州钢铁集团在"减污降碳协同增效：实现环境、气候、经济效益多赢"主题会上同与会各国代表分享城市钢厂减污降碳的经验。⑤

在资源开发利用方面，浙江企业授人以渔，助力北非企业早日实现可持续

---

① 浙江中医药大学招生办. 学校与突尼斯中央大学签署合作协议共建浙江中医药大学突尼斯分校.(2022-12-06) [2023-03-13]. https://zsb.zcmu.edu.cn/xwzx.htm

② 文化和旅游部海外文化设施建设管理中心."浙江青瓷巡礼"展览在埃及成功举办.(2022-11-23)[2022-12-08]. https://www.cice.org.cn/pubinfo/2022/11/23/500005004002001002/496e1e820f1d447aa804a44934425496.html

③ 中华人民共和国文化和旅游部."乐绘江南里——中国浙江民歌海外云展"亮相埃及.(2022-12-05)[2022-12-08]. https://www.mct.gov.cn/whzx/bnsj/dwwhllj/202212/t20221205_937914.html

④ 浙江卫视. 浙产力作《我们这十年》浙江卫视今晚开播，聚焦十年辉煌成就讲述"我们"的故事.(2022-10-10)[2022-12-09]. http://m.zjstv.com/10077144.html

⑤ 杭州政协新闻网. 以技术创新推进节能降碳 杭钢"降碳故事"讲到联合国气候大会.(2022-11-08)[2022-12-09]. https://www.hzzx.gov.cn/cshz/content/2022-11/08/content_8394340.htm

性发展。在阿尔及利亚，中国中化旗下杭州水处理技术研究开发中心有限公司签约当地能源集团日产 30 万吨海水淡化项目，将中国海水淡化技术推向了北非市场。预计，该项目将为当地民众提供稳定的淡水供应，受益人口将达 200 万以上，从而极大改善当地市政、生活用水情况。[1] 在埃及，浙江正泰投资承包的本班（Benban）光伏项目，为当地带去了中国高端光伏产品和先进经验，并促进低碳减排，可实现 25 年电力零排放。[2]

当前，"一带一路"倡议与北非各国发展战略具有高度一致性，因此在当地接受度较高。近年来，北非国家积极响应中国"一带一路"倡议，在共建"一带一路"框架下加快推进全方位合作，实现发展战略对接。浙江企业"走出去"，充分开拓海外市场的同时也深刻改善了北非经济社会发展条件，给双方人民带来了实实在在的好处。

二、浙江省与北非共建"一带一路"的挑战

在中非合作论坛、中阿合作论坛和"一带一路"国际合作高峰论坛等多边合作框架下，浙江政企牵头的项目和工程在北非持续落地，技术培训和文化交流次第展开，为北非国家经济增长和社会发展增添了新的亮点和能量。但与此同时，浙江省与北非国家的合作还存在很多问题。

北非国家经济结构单一，对外依存度较高，经济发展普遍严重依赖油气产业。当油气资源枯竭或国际油价长期处于较低位时，"石油诅咒"的影响便开始显现。2020 年上半年，在新冠疫情的影响下，全球能源需求锐减，"欧佩克＋"机制调控失效，国际能源市场持续动荡，西亚非洲产油国的财政收入和经济发展都受到很大影响。

以阿尔及利亚为例，作为经济支柱的石油收入的下降直接导致经济增长势头乏力。2020 年，受新冠疫情和全球石油价格下跌影响，阿尔及利亚经济出现负增长，实际 GDP 增长为 -5.1%[3]，矿产、化工等支柱产业遭到重创，根据阿尔

① 杭州政协新闻网. 杭州水处理签约阿尔及利亚海水淡化项目 推动中国海淡技术走向北非市场. (2023-02-06)[2023-02-10]. https://www.hzzx.gov.cn/cshz/content/2023/02/06/content_8463949.htm
② 浙江一带一路网. 正泰集团参与的"一带一路"项目 为何被印在埃及钱币上. (2021-11-23)[2022-12-09]. http://zjydyl.zj.gov.cn/art/2021/11/23/art_1229692192_28108.html
③ World Bank. GDP 增长率（年百分比）-Algeria. [2022-12-09]. https://data.worldbank.org.cn/indicator/NY.GDP.MKTP.KD.ZG?locations=DZ.

及利亚统计总局的数据，2020 年阿尔及利亚石油收入为 220 亿美元，与 2019 年相比减少了 30%。① 由于外汇储备的 96% 来自石油和天然气收入，阿尔及利亚外汇储备在疫情初期快速下降，从 2019 年的 726 亿美元下降到 2021 年 3 月的 420 亿美元—430 亿美元。② 储备额的持续走低严重影响了本国货币的稳定性，阿尔及利亚第纳尔持续贬值。各类经济指数的恶化使国际社会频繁出现阿尔及利亚经济可能处于动荡边缘的论调。2022 年以来，阿尔及利亚经济出现复苏趋势，主要归因于全球油气价格的上涨。从以上数据可以看出，北非国家经济对外依赖度还很高，发展缺乏内在动力，易受外部经济的冲击。

非洲国家既有的设施不能满足经济发展需要。非洲地域辽阔，青年人口比重大，发展潜力足。但能源（特别是电力能源）、运输、公共事业、社会生活等领域基础设施落后，成为非洲经济持续增长、人民生活水平提高的严重阻碍。交通方面，北非国家公路、铁路系统陈旧落后、货运能力不足，急需升级改造。电力方面，即使在发电能力居于非洲及中东地区首位的埃及，由于电价倒挂现象严重，天然气补贴高，加上油气产量不足，电厂发电出力不高，无法满足需要，经常出现断电现象。

三、浙江省与北非共建 "一带一路" 的政策建议

"一带一路" 倡议提出以来，中国与北非国家共建 "一带一路" 收获丰硕成果，但也面临严峻挑战。浙江省在与北非国家共建 "一带一路" 的过程中，应当持续关注和研判北非国家局势走向；继续倡导和深化国际合作；着力推进基础设施互联互通和民生产业合作，探索适合双方的合作模式；建立浙江省与北非合作的协作平台，打造政府、企业和研究三方立体机制；对浙江走进北非的企业和人员进行帮扶和培训，尊重当地风俗习惯和相关政策，辨明经济和社会文化风险，理性投资。

（一）明确浙江省与北非国家投资合作的重点领域

从浙江的现实发展需求和北非各国的现实情况来看，目前双方在资源导向

---

① 中华人民共和国商务部. 阿尔及利亚：2020 年石油收入 220 亿美元.（2021-01-26）[2023-02-24]. http://www.mofcom.gov.cn/article/i/jyjl/k/202101/20210103034096.shtml.

② 中华人民共和国商务部. 特本：外汇储备在 420—430 亿美元之间波动.（2021-03-02）[2023-02-24]. http://www.mofcom.gov.cn/article/i/jyjl/k/202103/20210303042046.shtml.

型、市场导向型和产业结构导向型方面的投资合作大有可为，原因主要有几个方面。第一，北非各国丰富的能源储量能够满足浙江对于能源的需求，以此带动北非能源出口国相关产业的发展。第二，北非各国正在完善的贸易保护政策事实上对浙江商品的出口形成了一定限制，在这种情况下，如果能够实现直接投资和产能向北非转移，完成相关产业本地化，则可减少各类关税和非关税壁垒，降低劳动力成本，从而大大规避风险。第三，产业结构导向型投资既有利于浙江成熟产业开拓新的市场空间，降低生产成本，减少产能过剩，也有利于承接浙江产业转移的北非国家学习中国较为先进的生产技术和管理经验，加快相关产业的发展速度，带动当地就业并提高民众收入和生活水平。第四，保持定力，突出优势。除了传统的贸易方面，投资、工程承包、技术研发、服务业正在成为浙江省与北非共建"一带一路"的新领域。浙江电子商务领域具有明显优势，2021年跨境电商进出口规模约占全国的六分之一[①]，并逐渐形成了海外品牌效应。北非作为数字经济的蓝海展现出强大发展韧性和巨大吸引力。北非各国希望通过数字经济发挥后发优势，实现跨越式发展。此外，电子商务也能够弥补中国与北非之间距离较远的贸易劣势。浙江省应把握优势，主动参与电子商务领域国际规则的制定，进一步将电子商务作为浙江省与北非合作的亮点工程。

（二）打造政府、企业和研究三方立体结构，建立健全投资环境评估和综合服务体系

浙江省需要形成政府牵头、企业主导、研究机构辅助的政企研三方立体结构。研究咨询应贯穿项目筹备—运行—验收—后续保障等整个过程，确保企业和工程所到之处都有提前深入的研究作为基础，尽量规避盲目投资。建立健全北非投资营商环境评估和综合服务体系，鼓励涉外金融、保险机构加大对其投资保险业务力度，同时注重商业信用和汇率风险。政府引领、统筹规划浙江省与北非的合作，整体布局，形成对企业的帮扶和支持。在充分发挥企业主动性的同时，避免追求眼前利益，各自为营，形成扎堆和恶性竞争等现象。政府要通过建立高效沟通渠道，加强对北非的社会文化的深入调查与研究，培养一批

---

① 翁杰，等. 浙江省实现跨境电商综试区省域全覆盖.（2022-02-12）[2023-03-09]. http://www.gov.cn/xinwen/2022-02/12/content_5673219.htm.

了解当地国情并精通对象国语言文化的高层次人才，提出加强人文交流和信息沟通的具体方案，以促进投资合作项目的顺利进行。此外，还可通过举办"行前短期班"的形式，对前往北非市场的企业相关人员进行必要的关于当地政策、法律法规、对外交往礼仪、语言文化等方面的培训，引导浙江企业遵守当地法律法规、尊重当地宗教文化习俗。项目实施过程中，要格外注意劳工政策和环境、避免造成负面舆论，从而影响国家形象和国家利益；应树立社会责任意识和正确的利益观，促进双边合作可持续发展。

（三）国际合作化解竞争风险，人文交流抵消负面舆论

第三方市场合作是以"共商共建共享"为原则的"一带一路"倡议的题中之义。在第三方市场合作中，合作主体企业在保持自身竞争优势的同时，如能有效利用合作伙伴的市场资源，不仅可以弥补竞争劣势，而且能有效规避制度和市场缺陷，在一定程度上规避国际化经营风险和不确定性。[1] 尽管大国在北非竞争日趋激烈，但中国与西方国家在对北非经贸方面各有优势，仍存在广阔的合作空间。当前政府层面的政策沟通较为频繁，但民间合作还远远不足。浙江在推进与北非共建"一带一路"过程中应加大对人文交流的投入；邀请更多北非人士到中国、到浙江、到义乌小商品城看一看，了解浙江商品供应源头和中国风土人情；加大留学生交流的力度，邀请北非学生到浙江高校进行学术访问，促进双方沟通交流。此外，还应继续搭建"健康丝绸之路"，浙江可以利用作为全国医药行业大省的优势，为北非国家提供医疗支持。"健康丝绸之路"可以满足北非国家卫生和健康领域的长期需求，为"一带一路"建设创造前提和保障。因此，可以说，在北非地区打造"健康丝绸之路"是"一带一路"贸易和基础设施倡议的延伸。此外，在气候变化、数字经济、教育、文化旅游、商务等各方面，浙江省作为"先行者"都应保持与北非国家的充分接触，从各个层面讲好中国故事。

结 论

2013 年，国家主席习近平提出建设"新丝绸之路经济带"和"21 世纪海

---

[1] 熊李力."一带一路"倡议下的第三方市场合作：现实与前瞻.（2022-12-08）[2023-03-09]. http://www.rmlt.com.cn/2022/1208/661991.shtml.

上丝绸之路"合作倡议。近年来,中国与北非"一带一路"合作已经从边缘走向中心。北非资源丰富,人口结构年轻化,处在工业化和城市化发展的重要机遇期,对经济多元化和产业结构优化有强烈需求,各国发展规划与中国"一带一路"倡议形成高度契合。浙江作为"一带一路"的排头兵,一直深度参与共建"一带一路",与北非国家在各领域展开合作,为构建"中非命运共同体""中阿命运共同体"奠定了坚实基础,浙江省与北非国家的合作也已走向高质量发展阶段。但与此同时,浙江省与北非国家的合作还存在很多问题,面临严峻挑战。浙江在与北非国家共建"一带一路"的过程中,应从以下几个方面着手进行应对。首先,在对北非国家的交往和合作当中,继续强调经济发展;其次,从浙江的现实发展需求和北非各国的现实情况出发,加大双方在资源导向型、市场导向型和产业结构导向型产业方面的合作力度,拓展在投资、工程承包、技术研发、服务等产业的合作渠道,利用浙江省电子商务领域的既有优势,打造浙江省与北非合作的亮点工程;最后,形成政府牵头、企业主导、研究机构辅助的政企研三方立体结构,建立健全北非投资营商环境评估和综合服务体系。

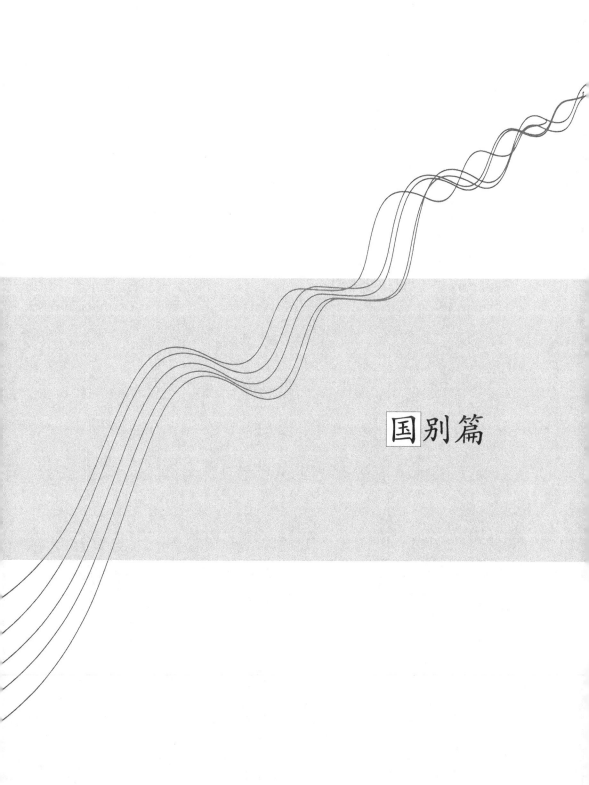

国别篇

浙江省与阿尔及利亚合作的现状、挑战与前景

宛　程　马金龙

摘要： 在中非多元交流合作框架下，浙江省不断深化对非交流与合作。阿尔及利亚凭借其在非洲独特的地缘地位和相较邻国而言稍稳定的政治局势，成为浙企出海北非的锚点。2013—2023年，浙江省与阿尔及利亚在深化经贸合作和人文交流合作方面取得重要成果。但是，浙江省与阿尔及利亚合作仍面临阿方经济发展制约因素长期存在、浙企运营成本上行、国际竞争压力趋于激烈，以及双方在工程技术标准和运营模式上存在差异等难题。尽管如此，浙江省与阿尔及利亚合作存在可突破的机遇窗口，这源于浙江省与阿尔及利亚具有强烈的合作意愿，并且在最初被阿方实施投资限制政策的部分传统领域，以及在阿方正在推动发展的可再生能源和数字经济等新领域，浙江尚未充分发挥产业技术优势，双方具有较大合作空间和潜力。浙江省与阿尔及利亚合作要通过激发政府、高校和其他机构等主体的积极性以提升合作活力。在可预见的未来，浙江省与阿尔及利亚将延续和衷共济、真诚合作和互利共赢的良好局面，实现浙江省与阿尔及利亚共同、持续与和谐发展。

关键词： 浙江省与非洲合作；浙江省与阿尔及利亚合作；挑战；前景
作者简介： 宛程，博士，浙江师范大学非洲研究院副研究员。
马金龙，浙江师范大学非洲研究院2022级国际政治专业硕士研究生。

浙江是中非合作的高地[①]，一直以来重视并不断加强对非经贸与交流合作。阿尔及利亚因其在非洲独特的地缘地位，以及相较邻国而言稍稳定的政治局势

[①] 浙江省人民政府. 2023中国（浙江）中非经贸论坛暨中非文化合作交流月启幕.（2023-11-09）[2025-02-17]. https://www.zj.gov.cn/art/2023/11/9/art_1554467_60181028.html.

等，成为浙企出海北非的锚点。浙江省与阿尔及利亚经贸合作重点主要在基础设施建设、贸易投资和物流领域。浙江通过工程承包、贸易投资、技术援助等方式，推动阿尔及利亚住房、高速公路、物流仓及其配套终端等基础设施建设发展，并拓展新领域的合作。浙江省与阿尔及利亚的合作在取得巨大成果的同时，仍面临诸多问题和挑战，需要双方政府、企业、学者等主体关注和解决。

一、浙江省与阿尔及利亚合作的缘起和发展

浙江省与阿尔及利亚的经贸合作始于 21 世纪初，并逐步深化。2013 年，中国超过法国，成为阿尔及利亚的第一大贸易伙伴。在阿尔及利亚拥有丰富的油气储量和中国推动能源战略多元化的背景下，中阿石油合作带动了双边经贸领域的拓展，也推动了浙江省与阿尔及利亚进出口贸易总额的稳步增长。

2013 年至 2023 年，浙江省与阿尔及利亚的经贸合作稳健发展，合作领域从传统的基建、贸易投资和物流向新能源等新兴产业扩展。双方积极推动传统贸易模式转型，发展数字经济，促进贸易投资自由化、便利化和数字化。同时，浙江省与阿尔及利亚的商业交流框架、论坛与机制也呈现多元化发展趋势，为两地企业合作提供了更多平台和机遇。

在经贸合作方面，浙江省与阿尔及利亚之间为非竞争性关系，合作领域逐步拓展。首先，浙江省与阿尔及利亚具有极强的产业和贸易互补性。浙江省主要进口能源产品和农产品，阿尔及利亚则主要寻求基础设施承包商及日常生活消费品的合作伙伴。根据中国全球投资追踪（China Global Investment Tracker, CGIT）的数据，2005—2023 年，中国在阿尔及利亚记录在案的综合建设和投资活动主要集中在交通、房地产和能源领域，总额为 284.2 亿美元。[①]其次，能源转型催生新发展热点。随着"双碳"目标的提出和能源结构调整优化，风电、光伏等清洁能源项目迎来前所未有的发展，中国的装备、技术进入世界各地。浙江省与阿尔及利亚合作从传统能源、基础设施建设、贸易投资等重点领域，向核能、太阳能等新能源，财政金融和信息技术，航天航空等新兴领域发展。此外，面对阿尔及利亚强劲的汽车进口需求，2009 年以来，浙江省推动汽车出口发展模式革新，推动从单纯的产品出口向带动技术、服务、销售等整个

---

① China Global Investment Tracker. Chinese Investments & Contracts in Algeria (2005—2023). (2024-01-01) [2024-01-29]. https://www.aei.org/china-global-investment-tracker/.

产业链"走出去"发展。[①]汽车公司从单纯将阿尔及利亚视为出口目的地,转向在阿建立生产基地,并将其作为打入非洲和欧洲市场的平台。[②]

同时,浙江省高度重视国家对非合作的战略部署,并以多元合作机制拓展浙江省与阿尔及利亚合作领域。2019 年 3 月,浙江省商务厅在浙江对非经贸合作交流会上发布了《浙江省加快推进对非经贸合作行动计划(2019—2022年)》,推出首个地方省级政府对非经贸合作计划。[③]浙江省与非洲国家在保持高层交流互动、加强对外投资合作、深化文化交流活动等方面开展了务实合作,尤其是经贸合作较为广泛,涵盖了纺织服装、电子产品、食品、服务贸易、机械制造、能源矿产等领域。浙企对非投资领域实现了从纺织、批发等传统领域向医药、安防、电商、文化等新领域拓展。[④]2021 年,浙江省商务厅承办浙江省与非洲共建"一带一路"经贸合作对接会,提出浙江省与非洲合作六大工作重点,即做好统筹谋划、推进设施联通、加强产业对接、促进贸易畅通、加强数字合作、深化文明互鉴。[⑤]阿尔及利亚作为中国传统友好国家,在中非合作中占有特殊地位,浙江省与阿尔及利亚互动密切,积极搭建合作平台,拓展合作领域。

二、浙江省与阿尔及利亚合作发展现状及其特点

依托中非合作论坛和中国—阿拉伯国家合作论坛等多边合作机制以及"一带一路"倡议等合作框架,2013—2023 年,浙江省与阿尔及利亚间合作交流呈现出经贸合作持续深化、规模不断扩大、方式创新升级,以及人文交流合作不断深化等特点。

① 浙江省人民政府. 汽车行业今年浙江省汽车出口大幅下滑. (2009-10-28)[2022-12-11]. http://zcom.zj.gov.cn/art/2009/10/28/art_1389594_13885048.html.

② John Calabrese. Sino-Algerian Relations: On a Path to Realizing Their Full Potential. (2017-10-31)[2022-12-12]. https://www.mei.edu/publications/sino-algerian-relations-path-realizing-their-full-potential.

③ 王航飞. 浙江首推对非经贸合作行动计划. (2019-03-05)[2022-12-10]. http://kjb.zjol.com.cn/html/2019/03/05/content_2657751.htm.

④ 王迎. 中国(浙江)—非洲投资贸易对接会搭企业洽谈桥梁. (2019-07-05)[2022-12-21]. http://zjydyl.zj.gov.cn/art/2019/7/5/art_1229691738_24326.html.

⑤ 王亮. 浙江—非洲共建"一带一路"经贸合作对接会在长沙举办. (2021-09-29)[2022-12-12]. http://jjcsj.chinareports.org.cn/xwkb/2021/0928/11858.html.

（一）交流合作持续深化

浙江省与阿尔及利亚从现实需求出发，积极开展务实合作。2013—2023 年，双方积极开展经贸合作，不断深化商品信息交流和多元化贸易方式，加强农业农村交流和广播电视交流，同时在食品、农产品、基础设施建设和金融交流等领域开展了富有成效的合作。

开展政府间互动与经贸交流合作，积极推动贸易合作方式多元化。2013—2023 年，浙江省政府努力促进与阿尔及利亚贸易方式多元化，并取得显著成效。①这一成效从浙企在阿尔及尔国际博览会（简称"阿国际博览会"）上的多元展示中可见一斑。阿国际博览会作为阿尔及利亚的"广交会"，在北非乃至非洲地位尤为重要，浙江企业一直是阿国际博览会的参展商。不仅如此，浙江省商务厅也一直鼓励浙江企业参展，并将阿国际博览会列为重点支持类境外展，对摊位费等费用给予重点资助，积极督促全省对外贸易经济合作局（以下简称"外经贸局"）积极组织企业参展。②如浙江省商务厅组织参加了2018年中国机械电子（阿尔及利亚）品牌展，深入实施"品质浙货，行销天下"工程。③2018 年，浙江省住房和城乡建设厅团队赴阿尔及利亚，对浙江省建筑业"走出去"发展进行考察调研，并与阿尔及利亚住房部办公厅主任、住房总司司长、公共设施局局长及住房改善与发展司总经理等官员进行了交流会谈。

深化广播电视交流合作，开展农业农村议题交流。在深化浙江省与阿尔及利亚广电交流合作方面，2015 年，阿尔及利亚东方电视台记者组在国家广电总局工作人员陪同下来浙江义乌采访，就国际商贸城运营模式、未来发展规划及对外贸易情况等，对商城集团市场部负责人进行了专访交流④；2019 年，第四届中阿广播电视合作论坛在浙江举行，省政府传达了将以《中阿广播电视合作论坛杭州宣言》和《亚洲影视交流合作计划》为载体，持续深化浙江省与阿尔及利亚在广播电视内容创作与能力建设、媒体融合发展、智能化和网络视听传播

---

① 拜喆喆，等. 制造加速奔向非洲 前7月浙江对非贸易规模全国居首.（2023-08-23）[2024-01-29]. http://www.zj.xinhuanet.com/20230823/9ccbbb2e26e94bef9df12dfdd3fecef1/c.html.

② 金华市商务局. 第44届阿尔及利亚国际博览会.（2010-12-27）[2022-12-23]. http://swj.jinhua.gov.cn/art/2010/12/27/art_1229155877_53091329.html.

③ 浙江省商务厅. 关于组织参加2018年中国机械电子（阿尔及利亚）品牌展的通知.（2018-03-22）[2022-12-23]. http://zcom.zj.gov.cn/art/2018/3/22/art_1469790_16686553.html.

④ 金华市人民政府. 阿尔及利亚东方电视台记者组来义采访.（2015-04-09）[2022-12-23]. http://swb.jinhua.gov.cn/art/2015/4/9/art_1229168150_58840311.html.

等领域务实合作的意愿。[①]在农业农村交流方面，2022 年，阿尔及利亚驻华大使拉贝希出席由中国农业农村部和浙江省政府共同主办的全球重要农业文化遗产大会，并探讨了全球重要农业文化遗产与粮食系统韧性、乡村可持续发展、农民生计改善等重大议题。[②]多层次、多领域和多形式的沟通交流对于促进双方需求的相互了解与务实合作起到了积极推动作用。

（二）经贸合作规模不断扩大

2013—2023 年，浙江省与非洲包括与阿尔及利亚贸易合作不断扩大。近年来，浙江省已成为中国各省市与阿尔及利亚进出口贸易中排名前列的省份。首先，浙江省同非洲国家货物进出口贸易总额稳步增长，进口增幅较大。中国海关统计数据显示，2013 年浙江省同非洲国家海关货物进出口总额为 224.35 亿美元，出口额 200.61 亿美元，进口额 23.74 亿美元；而到 2023 年，进出口总额为 539.11 亿美元，出口额 440.91 亿美元，进口额 98.20 亿美元。2023 年相较 2013 年，浙江对非洲进出口增长约 240%，进口额约翻 4.1 倍，进口额在进出口总额中的比重翻一番，进口额增幅变化较大。其次，2017—2023 年，浙江省同阿尔及利亚进出口贸易总额整体上呈现先升后降、趋于平缓的发展趋势（见表 1）。第一，浙江省同阿尔及利亚货物进出口贸易总额呈现先升后降趋势。据中国海关数据，2017 年浙江省同阿尔及利亚进出口总额为 18.18 亿美元，其中出口额 17.94 亿美元，进口额 0.24 亿美元。2019 年浙江省同阿尔及利亚进出口总额达到近五年来的最高值，进出口总额为 23.94 亿美元，其中出口额 22.67 亿美元，进口额 1.27 亿美元。2022 年，浙江省与阿尔及利亚进出口总额为 20.27 亿美元，出口额 19.58 亿美元，进口额 0.69 亿美元。第二，浙江省与阿尔及利亚进出口贸易在浙江省与非洲进出口贸易中比重下降。2019 年，浙江省与阿尔及利亚进出口总额占浙江省与非洲进出口总额的 7.21%，而在 2022 年，浙江省与阿尔及利亚进出口总额占浙江省与非洲进出口总额的 4.03%。第三，浙江省从阿尔及利亚进口额在浙江省与阿尔及利亚进出口贸易总额中的占比整体上呈现小幅上升态势：2017 年为 1.32%；2019 年为 5.30%；2022 年为 3.40%。最后，值得注

① 浙江在线 . 第四届中阿广播电视合作论坛在杭州举行 . （2019-10-17）[2024-01-19]. https://zjnews.zjol.com.cn/gaoceng_developments/201910/t20191017_11206274.shtml.

② 浙江省文化广电和旅游厅 . 全球重要农业文化遗产大会在浙江召开 . （2018-07-19）[2022-12-23]. http://ct.zj.gov.cn/art/2022/7/19/art_1652990_59011112.html.

意的是，2023 年，浙江省与非洲进出口总额为 539.11 亿美元，其中，出口额为 440.91 亿美元，进口额为 98.20 亿美元。而同年浙江省与阿尔及利亚进出口额为 31.99 亿美元，出口额为 30.84 亿美元，进口额为 1.15 亿美元，浙江省与阿尔及利亚进出口总额占浙江省与非洲进出口总额的 5.94%，三项数据均已超过 2022 年。浙江省与阿尔及利亚进出口总额及其在浙江省与非洲进出口总额中占比呈现回升态势表明，浙江省与阿尔及利亚的经贸交流与合作呈现显著的复苏迹象。[①]

表1　2017—2023 年浙江省与非洲国家（地区）、阿尔及利亚进出口统计

浙江省与非洲国家（地区）进出口额 / 亿美元			浙江省与阿尔及利亚进出口额 / 亿美元			浙江省与阿尔及利亚进出口额占浙江省与非洲进出口额的比重 /%
年份	进出口额	出口额	进口额	进出口额	出口额	进口额	
2017	257.39	217.47	39.92	18.18	17.94	0.24	7.06
2018	301.26	251.80	49.46	20.81	20.79	0.02	6.91
2019	332.11	283.92	48.19	23.94	22.67	1.27	7.21
2020	340.70	289.94	50.76	21.86	20.95	0.91	6.42
2021	428.01	348.77	79.24	21.50	20.86	0.64	5.02
2022	502.85	396.16	106.69	20.27	19.58	0.69	4.03
2023	538.80	440.90	97.90	31.99	30.84	1.15	5.94

资料来源：作者根据海关数据整理，网址：http://stats.customs.gov.cn/。

　　浙江省与阿尔及利亚取得亮眼的贸易合作成绩，得益于浙江省于 20 世纪末至 21 世纪初便开始开拓阿尔及利亚市场，以及浙企不断创新"出海"战略和方式。首先，20 世纪末至 21 世纪初，浙江省涌现"征战"海外的"排头兵"，主要是部分工业设备制造生产线和基建企业进军阿尔及利亚市场。其次，21 世纪以来，浙江基建公司积极拓展海外市场，尤其是拓展阿尔及利亚市场，承接了阿尔及利亚基础设施、水电项目、采矿以及住房部住房发展改善局住宅工程等项目。早期开拓阿尔及利亚市场的浙江企业主要包括浙江省东阳第三建筑工程有限公司，以及浙江中天建设集团等。最后，浙企不断创新"出海"战略，从"借船出海""独立承包"，再到政府议标，减少制度约束。在此方面，浙江省建设投资集团较具有代表性，其主要通过"分包合作、借船出海""独立投标、自主经营""政府议标、赢得市场"三步走战略，不断开拓阿尔及利亚市场。

---

① 浙江与非洲国家（地区）进出口数据请参见：http://stats.customs.gov.cn/。

浙企在阿投资领域逐渐多元化。首先，浙江省与阿尔及利亚的经贸合作领域主要为基建、贸易投资和物流领域。浙江企业与阿尔及利亚通过工程承包、劳务合作、大宗商品进出口贸易、劳务培训等方式展开合作。目前在阿尔及利亚市场的浙江企业有浙江中天建设集团、浙江省建设投资集团、浙江省东阳第三建筑工程有限公司、浙江广厦建设集团等。其中，承接工程业务的浙江建筑企业主要有浙江省建设投资集团、浙江广厦建设集团、浙江城建建设集团有限公司等，尤其是浙江省建设投资集团开拓了首个百亿海外市场，在阿业务居浙江省首位，足迹遍布阿尔及利亚中部、西部、东部各大城市和地区。① 浙江省对外承包工程完成营业额也从 2012 年的 37.1 亿美元增长到 2021 年的 79.3 亿美元，规模实现翻倍。② 其次，在浙江省与阿尔及利亚经贸合作方面，双方合作从基础设施建设如农业、水利建设及旅馆饭店承建，转向住房、高速公路、医院建设等领域，而油气、电信行业的浙资机构数量有限。同时，双方鼓励在旅游、健康和医药产品等领域的合作。值得注意的是，近年来，合资企业投资发展迅速，投资活动日益多样化，涉及采矿业、水泥生产、铁路和石油工业设备制造等。此外，浙企推动在阿尔及利亚的海外物流仓建设③，项目投入使用后服务可以辐射整个中东和北非、中南非地区的国家，推动投资贸易便利化。

（三）经贸合作方式创新升级

浙江省与阿尔及利亚双边传统贸易模式不断转型，在数字经济与货币结算方面取得重要进展。在中国与北非合作中，数字经济是近来的热门领域。通过"数字丝绸之路"，中国科技公司正成为北非经济中越来越重要的参与者。北非各国政府将"数字丝绸之路"视为重要发展机遇，通过加强本国数字经济建设，弥合数字鸿沟，创造就业机会。近年来，北非地区已成为智慧城市、卫星导航中心、数据中心和网络基础设施等"数字丝绸之路"重要项目的基地。④

---

① 浙江在线. 筚路蓝缕一路前行.（2012-04-01）[2022-12-10]. https://zjnews.zjol.com.cn/05zjnews/system/2012/04/01/018381703.shtml.

② 浙江省商务厅. 浙江对外承包工程行业再创辉煌 2022年度ENR全球承包商250强榜单又添浙企.（2022-09-02）[2022-12-10]. http://zcom.zj.gov.cn/art/2022/9/2/art_1384591_58936819.html.

③ 金华市人民政府. 深化中非经贸合作 金义片区20个对非项目集中签约.（2022-11-25）[2024-01-29]. http://swj.jinhua.gov.cn/art/2022/11/25/art_1229713490_58922592.html.

④ Tin Hinane EI Kadi. How Huawei's Localization in North Africa Delivered Mixed Returns.（2022-04-14）[2022-12-12]. https://carnegieendowment.org/2022/04/14/how-huawei-s-localization-in-north-africa-delivered-mixed-returns-pub-86889.

依托移动互联网、物联网技术和"数字丝绸之路"平台，浙江省推动数字技术和产业走向"一带一路"①，阿尔及利亚也大力推动数字平台建设②，浙江省与阿尔及利亚双边经贸合作数字化水平显著提高。例如，中国脉链集团融入阿里集团，为云服务、电商流量、物流等全方位助力。阿尔及利亚商人可将当地贸易需求录入脉链云商平台，形成采购订单，脉链未来工厂平台则可将相关订单信息精确发送到对应厂家进行生产，并且按照出口国认证标准实施品控。中国生产的五金产品则通过脉链云商的线下履约服务渠道，出口到阿尔及利亚本地仓。数字化贸易的发展也使海外仓需求量大增。如 2022 年，脉链集团子公司浙江格致商贸有限公司与浙江盈帆贸易有限公司签下了 10 亿元的脉链阿尔及利亚海外仓项目。③

此外，浙江省与阿尔及利亚双边贸易还积极推动以人民币结算的交易方式。阿尔及利亚中央银行自 2015 年 10 月开始推动使用人民币进行中阿双边贸易结算，但由于第纳尔贬值、地方政府执行力度不够等，此前未进入具体实践。2018 年，中铁建工集团阿尔及利亚分公司与法国兴业银行以人民币结算的方式完成吉吉尔榨油厂项目的首批验工结算款外汇部分结算，实现阿尔及利亚第一笔实际意义上的人民币结算。这是中资浙江企业规避汇率风险、减少汇兑损失的现实需求，也是双边加强贸易合作、服务实体经济的主动选择。④

阿尔及利亚严格的投资审查与推动构建浙江省与阿尔及利亚政商友好关系并存。一方面，阿尔及利亚一直以来实行当地控股，浙企投资也因此受到阿尔及利亚严格审查。为防范外国公司的投机行为，阿尔及利亚政府于 2009 年出台新规，推行"51/49%"规则，规定所有外国投资或合资项目中，阿尔及利亚须至少占股 51%⑤，该限制投资的规则直到 2020 年才确认废除⑥，以推动投资贸

---

① 浙江省第十五次党代会报告（全文）.（2022-06-27）[2024-01-29]. https://sxbm.sx.gov.cn/art/2022/6/27/art_1479240_58869578.html.

② 中华人民共和国商务部. 阿尔及利亚开始在线接受汽车特许经销和生产申请.（2022-12-01）[2022-12-12]. http://dz.mofcom.gov.cn/article/jmxw/202212/20221203371276.shtml.

③ 王政. 我国数字产业集群加速成长.（2022-11-30）[2022-12-10]. https://www.zjwx.gov.cn/art/2022/11/30/art_1673581_58872499.html.

④ 姜兰芳, 等. 中铁建工完成海外首笔人民币结算.（2018-08-28）[2022-12-10]. http://energy.people.com.cn/n1/2018/0828/c71661-30255086.html.

⑤ 对外投资合作国别（地区）指南：阿尔及利亚 2021. http://www.mofcom.gov.cn/dl/gbdqzn/upload/aerjiliya.pdf.

⑥ Aurélie M'Bida. Algeria to End 51/49 Rule: Doors Open to Foreign Investment.（2020-06-03）[2022-12-10]. https://www.theafricareport.com/29214/algeria-to-end-51-49-rule-doors-open-to-foreign-investment/.

易便利化，促进经济发展活力增长。但由于新规新行且阿尔及利亚政府机制上的实施障碍，其实际的有利影响具有一定的滞后性，对于外商投资的有利影响暂不能立显。另一方面，在阿浙企与阿尔及利亚政府互动频繁，对推动构建亲密政商关系有积极作用。如 2017 年，阿尔及利亚总统布特弗利卡在总理塞拉勒和住房部部长特布的陪同下出席了浙企中天集团在阿尔及利亚的西迪·阿布德拉赫新城项目的首批交房仪式，并高度赞扬该集团推动了阿尔及利亚现代化城市建设和社会发展。①在阿浙企也注重公司的品牌建设。浙企通常使用中国成熟劳务工人，同时重视培养当地工人，与当地员工构建伙伴关系，推进技术培训、属地化，并培养当地自有工种。此外，浙江省政府还致力于推动与在浙江省的阿尔及利亚商人的互动交流。如浙江义乌市政府办公室、外经贸局、外侨办人员走访慰问了三家在义乌设立较早、业务较稳定、有一定社会影响力的外企代表处的阿尔及利亚代表。这种现象表明，在阿尔及利亚对外商开展普遍性的投资审查的背景下，浙江省与阿尔及利亚积极通过互动交流来维持和推动健康稳定的经贸关系。

浙江省与阿尔及利亚经济和商业交流框架、论坛与机制逐步多元化。浙江省与阿尔及利亚通过中非合作论坛、中非经贸博览会以及阿尔及尔国际博览会等多边合作平台开展合作。如在 2022 中国（浙江）中非经贸论坛暨中非文化合作交流周开幕式上，浙江省签约多项与阿尔及利亚相关的项目，如脉链阿尔及利亚海外仓项目等。②此外，在第二届中非经贸博览会中浙江担任博览会主题省，阿尔及利亚为主宾国，双方围绕食品农产品合作、医药健康发展、基础设施合作、金融合作等中非经贸合作的重点领域和新兴领域，举办多场论坛、研讨和经贸洽谈活动。而在线下展览方面，开设阿尔及利亚主宾国展区和浙江省地方展区，推动浙江省与阿尔及利亚商品信息交换、商贸品牌交流，深化经贸合作。浙江企业也一直参加阿尔及利亚国际博览会，积极督促全省外经贸局积极组织企业参展。③浙江省与阿尔及利亚多元的经贸合作平台在推动双方合作机制化、合作领域多元化方面发挥了重要引领作用。

---

① 浙江在线. 阿尔及利亚总统出席交房仪式　中天海外项目受赞. (2017-01-23)[2022-12-11]. https://zj.zjol.com. cn/news.html?id=540852.

② Jinhua Enterprises to Invest \$8.1b in Africa: Zhejiang Algeria on the New Silk Roads. (2022-11-25) [2022-12-12]. http://www.ezhejiang.gov.cn/jinhua/2022-11/25/c_834345.htm.

③ 金华市商务局. 第44届阿尔及利亚国际博览会. (2010-12-27) [2022-12-23]. http://swj.jinhua.gov.cn/art/2010/12/27/art_1229155877_53091329.html.

（四）人文交流合作不断深化

浙江省与阿尔及利亚人文交流合作不断深化，且合作方式多元化。浙江省与阿尔及利亚通过文化旅游、教育、外贸投资合作等方式发展人文交流合作，不仅助力浙江省国际人文交流高地的建设，也促进了浙江省与阿尔及利亚文明的交流互鉴。

浙江省与阿尔及利亚深化教育合作与学术交流。2013—2023 年，阿尔及利亚访浙研修班、留学生交流[①] 等成为浙江省与阿尔及利亚展开教育与学术合作交流的重要方式之一。2015 年，由商务部主办，义乌市场发展研究中心和浙江师范大学承办"非洲法语国家小商品市场建设研修班"，成员分别来自阿尔及利亚、马达加斯加等 10 个非洲法语国家，大部分成员之前在来源国商务部门工作。研修班成员先后参观、走访义乌国际商贸城非洲产品展销中心、义乌城市规划馆、中国小商品城发展历史陈列馆及巨龙、华鸿等企业，并通过听讲座的方式，了解义乌市场发展史。[②]2019 年，浙江师范大学承办的"阿尔及利亚公共服务教育战略海外研修班"走访、调研浙江师范大学附属泗门实验中学。2022 年，浙江师范大学阿尔及利亚籍留学生受邀参加联合国人权理事会第 51 届会议云上边会并发言，向世界人民讲述中国的"好故事"。来浙江省的阿尔及利亚籍留学生不仅增强了浙江省与阿尔及利亚人文交流与教育合作，还以留学生身份向国际讲好中国故事，拓展创新了传播中国声音的路径。

浙江省与阿尔及利亚外贸投资合作促进人文交流。浙江省与阿尔及利亚劳务合作中的人员往来也成为推动浙江省与阿尔及利亚人文交流合作的动力。阿尔及利亚拥有的华人社区为北非乃至非洲大陆最大的华人社区之一。据美国约翰霍普金斯大学高级国际问题研究院统计，2009 年，在阿中国劳动者 50622 人，2016 年，在阿中国劳动者 91596 人。2020 年，受新冠疫情影响，在阿中国劳动者人数大幅度降至 18078 人，但是在非洲国家（地区）中，阿尔及利亚仍然是中国劳动者最多的国家。[③]这些在阿中国劳动者在一定程度上扩大了中国在北非尤其在阿尔

① 程松泉，谭婧霞. 浙师大师生受邀参加联合国人权理事会第51届会议云上边会.（2022-09-28）[2022-12-23]. http://news.zjnu.edu.cn/_t430/2022/0928/c8450a403611/page.psp.

② 钱关键. 浙师大非洲法语国家小商品市场建设研修班昨来义乌调研.（2015-09-16）[2022-12-23]. https://news.zgywy.cn/system/2015/09/16/010020456.shtml.

③ China Africa Research Initiative. Data: Chinese Workers in Africa.（2022-12-01）[2023-02-09]. http://www.sais-cari.org/data-chinese-workers-in-africa.

及利亚的影响力。此外，浙江良好的外商贸易投资环境也吸引了阿尔及利亚外商来此直接投资和贸易。统计数据显示，仅义乌每年就有 55 万人次境外客商入境，其中常住义乌的境外客商达 1.5 万人。① 而在义乌的外商中，阿尔及利亚是主要来源国之一。义乌也较为重视推动"境外人员融入社区"工作，增强境外人员的"国民意识"和治安防范意识②，并大力开展"手拉手中外家庭结对"活动③，加深中外人民的感情，促进中外文化交流。

浙江省与阿尔及利亚推动文化交流合作。2013—2023 年，浙江省与阿尔及利亚双方之间日益活跃的文化交流与合作，为增进双方关系发挥了独特作用。如 2013 年，应阿尔及利亚文化部邀请，浙江交响乐团一行 34 人在团长陈西泠带领下，于 9 月访问阿尔及尔，参加第五届阿尔及尔国际交响乐音乐节。阿尔及利亚文化部代表布拉希米和中国驻阿大使刘玉和在演出结束后亲切接见了演员，祝贺演出成功。此次是自 2012 年以来，中国第二次派团参加阿尔及尔国际交响乐音乐节，浙江交响乐团的三场演出受到当地观众和媒体的一致好评。④

三、当前浙江省与阿尔及利亚合作面临的主要挑战

浙江省与阿尔及利亚合作取得重大成就，同时也面临着挑战，既面临长久挑战又面临近期风险上升挑战，既有外部挑战，也有内部挑战，主要有以下方面。

（一）阿方经济发展制约因素长期存在

长期以来，阿尔及利亚面临着一系列棘手的社会经济问题，对浙江省与阿尔及利亚合作的营商环境产生不利影响。阿尔及利亚经济发展困境主要表现在几个方面。第一，阿尔及利亚能源资源储备丰富，其发展严重依赖能源产业，经济结构单一，对原材料产品的出口和技术含量高的产品进口依赖性强，因而

---

① 金华市人民政府. 义乌签发首批五年有效期在义外国人居留许可证件.（2019-08-29）[2022-12-23]. http://szb. ywcity.cn/html/2019-08/29/content_1_5.htm.

② 义乌市人民政府. 义乌，一座小城为何吸引20万外商.（2008-01-11）[2024-01-29]. http://www.yw.gov. cn/art/2008/3/20/art_1229129707_54412438.html.

③ 金华市人民政府. 欢乐结对共植美好 义乌中外家庭举行特色植树节活动.（2022-03-14）[2024-01-29]. http://swb.jinhua.gov.cn/art/2022/3/14/art_1229168150_58853221.html.

④ 中华人民共和国国务院新闻办公室. 浙江交响乐团精彩演出震撼阿尔及利亚.（2013-09-27）[2024-01-29]. http://www.scio.gov.cn/dfwx/gsdt/zj/202207/t20220721_251302_m.html.

其对外贸易结构严重失衡。第二，个体经济发展仍较落后，难以带动经济增长。第三，不够完善的现代性法律体系与传统部落酋长制度并存，阻碍外国投资和注册便利化。第四，贸易壁垒形式多样。根据世界银行对 51 个国家通关时间的调查和排名，阿尔及利亚海关的平均通关时间长达 23 天，排名第一位。通关环节壁垒主要包括不合理的滞港货物退运和转运规定、不合理的税费①，以及要求提供原产国权威机构盖章的"自由市场证书"②等规定。第五，高素质劳动力匮乏。造成阿尔及利亚人才匮乏的主要原因，是大量人才流失到欧洲和北美。③第六，油气收入的下降，使阿尔及利亚政府在推动就业和改善公共服务方面面临挑战，导致当地青年群体的失业率居高不下。④上述经济困境不仅影响了阿尔及利亚的经济发展，也可能间接制约浙江省与阿尔及利亚在经贸领域的合作潜力。此外，根据 2022 年国际货币基金组织发布的《世界经济展望》报告，全球经济活动普遍放缓，且比预期更为严重，通胀处于几十年来的最高水平。⑤各国面临着生活成本上升的压力，多数地区的金融环境不断收紧，加之全球经济复苏的不确定性，都可能对浙江省与阿尔及利亚的经贸合作前景带来挑战。

（二）浙企面临运营成本上行风险

除了阿尔及利亚面临的不同挑战掣肘浙江省与阿尔及利亚合作，浙江省自身面临的多重挑战也影响双方深化合作的前景。浙企面临脱碳转型、原材料及劳动力成本不断上升、市场物价持续攀升和加快发展后劲不足等压力和挑战。此外，阿尔及利亚强调"经济民族主义"和"金融主权"，并从 2005 年开始禁止从外国借款，并延续至今⑥；同时对在阿外企的融资有着严格规定，阻碍了在

---

① 中华人民共和国商务部. 我企业对非"走出去"面临的困难、机遇和下一步工作建议.（2008-04-01）[2022-12-11]. http://nigeria.mofcom.gov.cn/article/ztdy/200804/20080405457062.shtml.

② 金华市人民政府. 我市出口企业需关注阿尔及利亚贸易新规.（2018-04-16）[2024-01-29]. http://swb.jinhua.gov.cn/art/2018/4/16/art_1229168181_52107929.html.

③ 崔向升. 阿尔及利亚青年：要自由，要变革.（2013-03-06）[2023-02-05]. http://qnck.cyol.com/html/2013-03/06/nw.D110000qnck_20130306_1-10.htm.

④ John Calabrese. "The New Algeria" and China.（2021-01-26）[2022-12-11]. https://www.mei.edu/publications/new-algeria-and-china.

⑤ 国际货币基金组织. 2022 年世界经济展望：应对生活成本危机.（2022-10-11）[2022-12-24]. https://www.imf.org/zh/Publications/WEO/Issues/2022/10/11/world-economic-outlook-october-2022.

⑥ 中华人民共和国商务部. 阿尔及利亚维持不借外债的政策.（2023-10-18）[2024-01-31]. http://dz.mofcom.gov.cn/article/jmxw/202310/20231003446626.shtml.

阿外企的融资工作，这导致不少在阿市场经营的外国集团忧心忡忡。如在 2010 年，阿尔及利亚决定禁止在阿注册的外国公司汇出由其母公司向其前期垫付的资金。此举意味着在阿外国公司将不可能再向其母公司申请资金资助，而将不得不在阿尔及利亚当地银行融资，但实际上融资市场是被遵守政治法令的阿尔及利亚国有企业控制的。[①] 不仅如此，此前新冠疫情严重威胁到了员工的生命安全和海外项目的正常生产经营，现浙企在阿投资的能力和信心仍未完全恢复。浙企面临的供应链不稳定和在阿尔及利亚融资困难等风险既加大了企业的运营成本压力，也打击了浙企出海阿尔及利亚的能力和信心，这对深化浙江省与阿尔及利亚合作形成挑战。

（三）浙江省与阿尔及利亚合作面临工程技术标准和运营模式差异问题

浙江省与阿尔及利亚合作面临工程建设技术标准和运营模式等方面存在差异的问题，这对深化合作形成挑战。第一，中国与阿尔及利亚采用的技术标准不同，施工存在不同工艺标准造成的局限性，由此造成项目工期延长的情况时有发生。第二，中国企业对阿大型投资尚不成熟，经验不足，尤其对外方运营、操作模式不适应，属地化经营模式有待发展。第三，在阿尔及利亚的浙企的风险评估能力不足，包括对政治风险、安全风险、资金风险以及对于合作单位的资信能力都缺乏精准的调查和评估能力。第四，浙企也在声誉管理方面存在不足，如中国企业高层涉腐影响中企声誉的现象时有发生。第五，浙江省与阿尔及利亚语言、文化差异问题突出，如在阿尔及利亚的企业工作人员面临着诸如语言沟通障碍、饮食习惯不同等问题。

总而言之，全球经济活动普遍放缓、国际经贸环境复杂多变，以及阿尔及利亚经济结构的脆弱性等因素都是浙江省与阿尔及利亚合作的挑战。浙江省与阿尔及利亚合作的未来发展，很大程度上取决于阿方经济政策的调整与优化。目前，阿尔及利亚的经济结构较为单一，过度依赖资源型产业，尤其是采矿业，这在一定程度上限制了其经济的多元化和可持续发展。阿方在经济决策中更倾向于关注短期收益，而对长期投资和结构性改革的关注相对不足。这种经济模式可能会影响双方合作的深度和广度。若阿尔及利亚经济结构未能实现有

---

① 中华人民共和国商务部. 阿尔及利亚银行加强外债减控政策. (2010-12-29) [2023-02-09]. http://dz.mofcom. gov.cn/aarticle/jmxw/201012/20101207339692.html.

效转型，浙江省与阿尔及利亚的合作框架和机制可能难以充分发挥潜力，双方的合作范围和规模也可能面临一定的局限性。

四、浙江省与阿尔及利亚深化合作的前景

未来，浙江省与阿尔及利亚合作虽然存在结构性的制约因素，但也存在可突破的机遇窗口。浙江省与阿尔及利亚具有强烈的合作意愿，并且在被阿尔及利亚限制投资的部分传统领域，以及在阿尔及利亚正在推动发展的可再生能源和数字经济等新领域，浙企尚未充分发挥产业技术优势，双方具有较大合作空间和潜力。浙江省与阿尔及利亚要通过激发政府、高校和其他机构等主体的积极性来提升双方合作活力，继续开创和衷共济、真诚合作和互利共赢的良好局面。

（一）浙江省与阿尔及利亚多领域改革为合作营造有利环境和条件

在阿尔及利亚持续改善外资投资环境，以及浙江发挥技术、区位和战略优势推动创新驱动发展模式的背景下，浙江省与阿尔及利亚可共同培育经贸合作新增长点，推动浙江省与阿尔及利亚投资贸易高质量发展。

从阿尔及利亚方面来看，该国继续积极稳步推进结构调整，逐步改善工业产业结构，不断优化对外贸易结构，积极改善投资环境，有利于深化与浙江省的各领域务实合作，实现互利共赢。第一，阿尔及利亚稳步推进能源结构调整和工业发展，催生与浙江省合作新契机。在能源结构调整和推动可持续发展方面，阿尔及利亚推动巴黎勘探页岩气项目①和可再生能源投资新法，这将有助于阿尔及利亚向低碳经济过渡。近年来，阿尔及利亚调整经济模式，大力扶持制造业，阿尔及利亚工业品生产和出口取得逐步发展，建立了机械、钢铁、电力、建材工业区，并培育了一批专业集团企业。②但其工业基础薄弱，距离大力发展高端制造业尚有较大差距。未来浙企应把握利好机遇，发挥产业技术优势，适时拓展上述领域合作。第二，阿尔及利亚改革为浙企创造有利投资环

① Amel Boubekeur. Demonstration Effects: How the Hirak Protest Movement Is Reshaping Algerian Politics.（2020-02-27）[2022-12-11]. https://ecfr.eu/publication/demonstration_effects_how_hirak_movement_is_reshaping_algerian_politics/.
② "走出去"导航网. 预计2022年阿尔及利亚铁和钢出口15亿美元.（2022-12-12）[2022-12-23]. https://zhejiang.investgo.cn/search/428851.

境。阿尔及利亚取消了外资"51/49%"股比限制，即除商品买卖活动或国有矿产开采、制药工业等具有战略性质的活动外，所有从事生产和服务的活动均向外国投资者放开。①同时，阿尔及利亚还致力于不断推动产业数字化发展，降低外商投资成本，打造产业集聚效应，优化外商投资环境。这些改革为浙企在阿尔及利亚投资提供了更多的便利，助力浙江省与阿尔及利亚合作领域向外拓展。第三，国际组织助力阿尔及利亚多领域改革，努力改善阿尔及利亚经济前景，为浙企提供稳定的经济运行环境。目前，世界银行正在向阿尔及利亚提供技术援助和分析服务，主要集中在公共财政改革、经济多样化和增加非碳氢化合物出口、向更清洁的能源组合和提高能源效率的能源过渡、灾害风险管理四个领域。2022年，国际货币基金组织认为，因石油天然气价格上涨和阿尔及利亚政府经济多元化改革的努力，尤其是税收和国家财政管理取得的进步，阿尔及利亚短期经济前景会得到显著改善。②上述表现无疑会为阿尔及利亚创造更优良的营商环境，为深化浙江省与阿尔及利亚合作创造良好的合作机遇。

从浙江方面来看，未来浙江可充分发挥浙江独具的共建"一带一路"、长江经济带发展、长三角一体化发展等叠加优势，着力打造新时代对非合作浙江模式，推进浙江省与阿尔及利亚经贸、人文等合作创新升级。第一，浙江推动共建"一带一路"实现高质量发展，2021年，"一带一路"国际航线突破100条，共建"一带一路"国家跨境人民币结算1809.5亿元，增长69.1%③；义甬舟开放大通道启动"百项千亿"工程④。第二，浙江省推动长江经济带发展成效显著，在生态文明改革试点层面，丽水市深入推进全国首个生态产品价值实现机制改革国家试点，嘉兴市积极开展全国水生态修复试点，宁波市北仑区、温州市文成县开创"绿水青山就是金山银山"实践创新基地⑤。在贸易层面，2022年，浙江自贸试验区服务国家战略能力显著增强，建设了浙江数据国际交易平台、

① 中华人民共和国商务部. 阿尔及利亚取消外资"51/49%"股比限制.（2020-06-10）[2022-12-11]. http://cacs. mofcom.gov.cn/article/gnwjmdt/gw/gwqt/202006/164562.html.

② 中华人民共和国商务部. 国际货币基金组织认为阿尔及利亚短期经济前景将显著改善.（2022-11-25）[2022-12-24]. http://dz.mofcom.gov.cn/article/jmxw/202211/20221103370038.shtml.

③ 浙江省人民政府. 兰建平：讲好共建"一带一路"的浙江故事.（2022-11-25）[2023-02-28]. http://zjydyl. zj.gov.cn/art/2022/11/25/art_1229691766_30211.html.

④ 浙江省人民政府. 浙江加码义甬舟开放大通道高质量发展 让"金色通道"成色更足.（2021-11-24）[2024-01-29]. https://zjydyl.zj.gov.cn/art/2021/11/24/art_1229691749_22099.html.

⑤ 浙江省人民政府. 2021年浙江推动长江经济带发展成效显著.（2022-03-25）[2023-02-28]. https://www.zj. gov.cn/art/2022/3/25/art_1554467_59685995.html.

杭州国际数字交易平台、数据安全实验室、数据知识产权公共存证平台等，集聚了一批网络安全、数据供给、数字需求领域的龙头企业。宁波、舟山连续两年位居国际航运中心十强，宁波舟山港首次成为全国油气吞吐量第一大港，跻身全球第五大加油港。① 此外，《长三角数字经济发展报告（2021）》显示，浙江在数字化治理、数字产业化、产业数字化领域优势突出，其中，消费互联网和工业互联网领域产业竞争力位居国内第一梯队。② 上述成果表明，浙江省可在与阿尔及利亚合作中发挥重要的产业技术优势和叠加优势，打造新时代对阿合作的新模式。

除了可以在上述领域以叠加优势共谋发展，浙江省积极推动的创新驱动发展战略和规划也将引领浙江省与阿尔及利亚合作创新升级。根据浙江省第十五次党代会报告，未来几年浙江将着力推动全面转入创新驱动发展模式，推进数字化改革引领系统性变革，服务和融入新发展格局，塑造引领未来的新增长极：在贸易层面，将大力培育服务贸易、市场采购等外贸新增长点，深化内外贸一体化和国际贸易综合改革；投资方面，将致力于打造高质量外资集聚地，稳步扩大对外投资，加强浙企、华人海外风险防控；③ 在金融服务方面，2022年浙江省搭建和启用的中非跨境人民币结算中心④和中阿贸易跨境人民币支付业务⑤，可帮助涉阿浙企降低汇兑成本及汇率风险，便利企业跨境收付，也为浙江省与阿尔及利亚经贸合作带来新的市场机遇。此外，浙江也努力致力于推动大宗商品特色自由贸易港建设，探索建立以投资贸易自由化、便利化为核心的制度体系。⑥ 上述改革为培育浙江省与阿尔及利亚经贸合作新增长点、推动浙江省与阿尔及利亚投资贸易高质量发展指明了方向。

---

① 陈雷. 全年进出口总额9669.6亿元　2022年浙江自贸试验区建设成果发布.（2023-02-23）[2024-01-29]. https://zjnews.zjol.com.cn/yc/qmt/202302/t20230223_25456457.shtml.

② 黄平. 浙江构筑长三角一体化发展新优势.（2023-02-27）[2023-02-28]. https://www.zjol.com.cn/rexun/202302/t20230227_25468725.shtml.

③ 袁家军. 浙江省第十五次党代会报告（全文）.（2022-06-27）[2024-01-29]. https://sxbm.sx.gov.cn/art/2022/6/27/art_1479240_58869578.html.

④ 金华市人民政府. 中非跨境人民币结算中心（浙江）在金揭牌.（2022-11-22）[2023-02-19]. http://www.jinhua.gov.cn/art/2022/11/22/art_1229159979_60245837.html.

⑤ 龚书弘，等. 首单落地！义乌开启中阿贸易跨境人民币支付"黄金通道".（2022-12-07）[2024-01-29]. https://news.zgyww.cn/system/2022/12/07/010241263.shtml.

⑥ 袁家军. 浙江省第十五次党代会报告（全文）.（2022-06-27）[2024-01-29]. https://sxbm.sx.gov.cn/art/2022/6/27/art_1479240_58869578.html.

（二）浙江省与阿尔及利亚可深化传统领域合作

浙江省与阿尔及利亚可深化传统领域合作，并发挥政府、高校和其他机构的主体积极性，实现浙江省与阿尔及利亚深化合作发展研究、深化人文交流合作并举。

浙江省与阿尔及利亚可深化传统领域经贸合作。近年来，阿尔及利亚从经济重建战略向经济多元化发展战略转移，为经济复苏提供新动能。在经贸领域，阿尔及利亚寻求强化国内基础设施发展和工程建设方面的支持，深化在农业、渔业、工业、旅游和通信以及互联互通领域的合作。[①] 未来，浙江省与阿尔及利亚可深化相关产业的互补合作。此外，浙企应乘阿尔及利亚取消外资投资限制的有利之势，率先推进与阿尔及利亚在除战略性活动以外的高附加值工业生产和服务领域合作，如在阿尔及利亚发展滞后的产业和最初被实施投资限制政策的医药、安防和文化等领域积极开展合作。

深化传统领域经贸合作乃至拓展新合作领域的重要举措之一，就是要激发政府、高校和其他机构的主体积极性，提升浙江省与阿尔及利亚合作的活力。浙江省与阿尔及利亚合作的高质量发展离不开政府、高校和智库等主体的巨大贡献，这些主体在探索如何提高浙江省与阿尔及利亚合作水平、拓展合作路径、丰富合作平台、完善合作机制等方面发挥着重要作用。首先，浙江省与阿尔及利亚政府应充分利用中国—阿尔及利亚经济论坛、浙江阿尔及利亚国际经贸合作推介会、中国浙江国际投资合作阿尔及利亚联络站等新平台，推动落实共建"一带一路"合作规划、第二个"五年计划"等成果，明确双边合作的重点领域和目标，为双边合作提供更加清晰的方向和框架，进一步深化双边经贸合作。此外，浙江省政府应持续推动浙江省与阿尔及利亚青年交流项目等，提升浙江省与阿尔及利亚人文交流合作。其次，浙江省与阿尔及利亚可深化教育合作与交流、职业技术人才培养合作，深化校际合作，开展对阿人才培养，用好浙江留学生校友资源，打造浙江省与阿尔及利亚人才基地。最后，推进对阿尔及利亚的国别研究。具体而言，浙江省与阿尔及利亚研究机构可围绕技术培训、建筑和住房、卫生、水资源利用、文化、信息科技等研究领域开展研究合作，并通过激发政府、高校和其他研究机构的主体积极性，提升浙江省与阿尔

---

① 拉贝希.阿尔及利亚："一带一路"开拓阿中合作新未来.中国投资，2016（1）：73.

及利亚合作的活力。

（三）浙江省与阿尔及利亚在可再生能源和数字经济领域合作潜能巨大

阿尔及利亚正积极推动可再生能源产业和各领域的数字化发展，而浙江拥有可再生能源产业和数字经济产业技术优势和管理经验，双方的合作将在此领域迎来新机遇。

阿尔及利亚拥有丰富的太阳能、风能、水电、地热能和生物质能，可再生能源市场广阔、发展潜力巨大。[1]阿尔及利亚也出台了新的可再生能源投资法，激励和推动可再生能源产业发展的规划。[2]但是，阿尔及利亚在可再生能源的开发、管理以及产业发展模式等方面能力不足。浙江作为国家首个清洁能源示范省，光伏发电装机规模连续多年位居全国第一，抽水蓄能电站总装机规模领跑全国，海上风电进入规模化发展阶段，潮流能装备研发处于国际先进水平。[3]这份成绩表明浙江在可再生能源发展方面具有丰富的经验，可弥补阿尔及利亚可再生能源开发和管理能力的不足。未来随着阿尔及利亚加快能源转型步伐，浙江省与阿尔及利亚在可再生能源领域的合作将越来越紧密，也将迎来新机遇。

另外，浙江省与阿尔及利亚数字领域的合作前景也十分广阔。近年来，阿尔及利亚正努力推动各领域实现数字化，积极推动数字贸易平台建设、投资流程数字化、智慧城市和产业数字化发展。而2017年以来，浙江深入贯彻"数字浙江"战略部署，启动实施数字经济"一号工程"，数字科创能力、数字产业、产业数字化水平以及数字经济制度法规建设水平均居全国前列。浙江打造了以"产业大脑+未来工厂"为核心的数字经济系统，在数字安防、云计算、大数据等方面已经具备全球影响力。同时，浙江还积极打造全球数字贸易中心，持续推动数字技术和产业走向"一带一路"。因而，浙江先进的数字智能技术可以弥补阿尔及利亚工业发展水平程度较低的短板，双方数字经济领域合作的前景广阔。在此背景下，浙企云计算数据中心可为阿尔及利亚的电商、金

---

① 赵畅. 阿尔及利亚可再生能源发展潜力分析. 中国投资，2021（ZA）：78.

② 王传宝. 阿尔及利亚促进经济多元化发展.（2023-02-09）[2023-02-11]. https://m.gmw.cn/baijia/2023-02/09/1303277414.html.

③ 浙江省能源局. 浙江省可再生能源发展"十四五"规划（征求意见稿）.（2021-03）[2023-02-11]. https://zjjcmspublic.oss-cn-hangzhou-zwynet-d01-a.internet.cloud.zj.gov.cn/jcms_files/jcms1/web3185/site/attach/0/5e739fe4b79c40d88e866f23017de11b.pdf

融、物流、云计算和大数据及各类互联网增值服务提供基础设施平台，为阿尔及利亚工业互联网、智能制造、智慧城市、智能港口、智能环保等项目提供基础算力保证。不仅如此，浙企提供的云计算技术和产业数字化解决方案也可迎合阿尔及利亚相关行业的数字化转型需求。未来，浙江省与阿尔及利亚间可通过推进数字产业化、产业数字化，引导双方数字经济和实体经济深度融合。

浙江省与突尼斯合作的现状、特点与机遇

赵　倩

摘要："一带一路"倡议提出以来，浙江省与突尼斯的合作基于国家战略，以中非合作、中阿合作为主要架构，在政策框架下积极寻求机遇。双方的合作立足于制造业、种植业等传统领域，也在积极延拓通信、医疗等特色合作领域，同时还在努力开发诸如绿色能源、数字科技等新型合作领域。在合作过程中，浙江省与突尼斯的合作表现出自身特点，也展现出一些合作机遇与合作风险。首先，浙江省与突尼斯在区位、资源等方面具有很大相似性与共通性，又在市场等方面具有一定的互补性，有利于合作项目的对接与平稳发展。双方应巧用各自优势，为共赢创造更多生长点，但同时也应注意规避相应风险与隐患。其次，双方虽有一定的合作基础，但合作框架有待完善，需要建立起一套有层次、有体系的合作框架，从整体上推动合作进程。最后，双方目前的合作模式仍较为单一，应结合时代特征与双方发展需求，不断为其注入新的元素，开启更多合作窗口。

关键词：浙江省；突尼斯；合作；"一带一路"

作者简介：赵倩，博士，甘肃政法大学涉外法治学院讲师。

近年来，随着中方"一带一路"倡议的提出与新型国际关系的发展，中非关系与中阿关系日趋深化。突尼斯兼具非洲国家、阿拉伯国家和地中海国家三重属性，地缘位置独特，在中非关系与中阿关系中都扮演着不可或缺的角色。在共建"一带一路"的背景下，依托中非合作论坛、中阿合作论坛等主要平台，中国与突尼斯展开了富有成效的合作。

浙江省积极响应国家政策，努力推动中非合作、中阿合作，与突尼斯建立起良好的合作关系，双方在经贸、能源、文化、科技等领域的相互合作与交流都已取得一定成果。与此同时，双方仍有很大的合作潜能，也面临着一些风险

与隐患。因此，如何最大限度地挖掘合作潜能并规避合作风险应是浙江省与突尼斯合作中的核心议题。

一、浙江省与突尼斯的合作现状

依托良好的政治环境，浙江省与突尼斯始终保持着友好往来，经贸合作平稳发展，产业协作顺利推进，人文交流日益频繁。除了传统领域的合作，浙江省与突尼斯还在不断开发、探索与挖掘新兴领域的合作机遇。

（一）经贸合作平稳发展

2018年7月，中突两国签署共建"一带一路"谅解备忘录。此后，双方在共建"一带一路"框架下展开了积极合作。目前，中国有近30家企业在突尼斯开展贸易、援助、工程承包与投资合作业务，还有一些企业负责具体跟进、追踪、洽谈中突在铁路、公路、桥梁、工业园区、可再生能源等方面的建设项目。其中，浙江省也有越来越多的企业积极"走出去"，在境外开展直接投资、并购、创建"园中园"、设立研发中心、构建全球商业网络，取得了不错的成效。[①]

就宏观贸易环境而言，中突双边贸易额自20世纪以来基本保持增长态势，每年增长幅度均达两位数，这意味着突尼斯把中国视为重要的贸易伙伴国。浙江省作为中国的经济大省，与突尼斯的贸易往来也未曾中断。2018年，浙江省与突尼斯双边贸易总额约3.69亿美元，其中中方出口额为3.62亿美元，从突尼斯进口额为0.07亿美元；2019年，浙江省与突尼斯双边贸易总额约3.80亿美元，其中中方出口额为3.66亿美元，从突尼斯进口额为0.14亿美元；2020年，浙江省与突尼斯双边贸易总额约3.89亿美元，同比增长2.4%，其中中方出口额为3.69亿美元，进口额为0.20亿美元；2021年，浙江省与突尼斯双边贸易总额约4.42亿美元，同比增长12.1%，其中中方出口额为4.12亿美元，进口额为0.30亿美元，同比增长27%；2022年，浙江省与突尼斯双边贸易总额约4.36亿美元，同比下降0.9%，其中中方出口额为4.15亿美元，进口额为0.21亿美元；2023年，浙江省与突尼斯双边贸易总额约5.32亿美元，同比增长28%，其中中方出口额为5.05亿美元，进口额为0.27亿美元。从图1所列

① 方霞.禾企投资非洲升温　突尼斯加贝斯来禾寻商机.（2014-06-19）[2022-11-28].http://cs.zjol.com.cn/system/2014/06/19/020092034.shtml.

2018—2023 年的数据来看，浙江省与突尼斯的贸易总额自 2018 年至 2021 年持续上升，2022 年因疫情略有下降，2023 年又恢复至上升态势；其中，中方对突进口额除 2022 年外呈上升态势，出口额从 2018 年至 2023 年逐年上升。另外，从数据中不难看出，双方的进出口差额较大，中方贸易顺差明显。

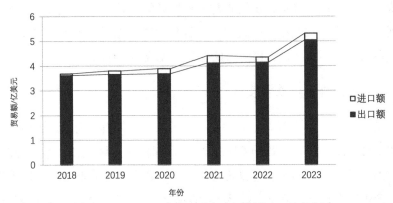

图 1　2018—2023 年浙江省与突尼斯进出口贸易额

数据来源：整理自中国海关总署数据查询平台中浙江省与突尼斯贸易数据。网址：http://www.customs.gov.cn/eportal/ui?msgDataId=78ec17e885704f22b552e7cfe4e4002bl.

投资方面，浙江省对突尼斯的投资离不开国家政策与国家项目的支持。截至 2021 年年底，中方企业对突直接投资存量 3347 万美元。[①]当前，中国有包括中兴、华为、水电建设集团、中国水利电力等在内的多家企业在突尼斯开展合作业务，这些企业主要在该国承包通信、石油、水利水电领域的工程项目。在产业方面，浙江省制造业与种植业较为发达，主要向突尼斯出口纺织品、茶叶、机电设备、轻工业产品等。突尼斯主要有磷酸盐、石油、天然气等矿产资源，同时盛产橄榄油，并将其作为主要出口创汇农产品，因此其向中方主要出口磷肥、橄榄油等矿产资源与农产品。

总体而言，浙江省与突尼斯的经贸合作依托中突良好的经贸合作背景，以中突经贸政策为引领，积极展开经贸领域的各项合作。双方合作以种植业、制造业、矿产资源等传统领域的合作为主，也在积极发展新兴领域的合作。双方经贸合作领域不断拓宽的同时，合作也在不断向纵深发展。

---

① 中华人民共和国商务部，国家统计局，国家外汇管理局. 2021 年度中国对外直接投资统计公报. 北京：中国商务出版社，2022：56.

（二）人文交往路径日益多元

近年来，中突人文合作取得长足的发展，为浙江省与突尼斯的人文交流打下了扎实的根基。

中突的人文合作主要集中于文体、教育、医疗等领域。文体方面，继芒扎青体中心这一合作项目后，中方援突的本·阿鲁斯青体中心项目系 2018 年中非合作论坛北京峰会"八大行动"项下重点项目，是中突高质量共建"一带一路"旗舰工程①；教育方面，突尼斯是所有阿拉伯国家中首个把中文教学引入高校的国家，孔子学院的创办为突尼斯人学习汉语并了解中国文化提供了有利条件；医疗方面，双方不仅在需要援助时相互支持，而且在医疗技术方面交流频繁，中国的中医治疗在突尼斯很受欢迎；旅游方面，中国早在 2003 年就已批准突尼斯为中国公民出国旅游目的地国，两国在旅游服务业方面的合作也在不断走深。

基于中突间不断加深的人文合作，浙江省与突尼斯的人文交往也日益密切。相关数据显示，2019 年浙江共招收非洲留学生 13150 人，来自非洲 47 个国家，其中就有突尼斯的留学生。②浙江省与突尼斯高校之间更是不乏往来，且交流深入，为双方人文交往的开展与深化起到促进作用。2019 年，浙江财经大学国际学院派代表赴突尼斯开展国际教育交流活动并参加中国高校国际教育展，到访突尼斯莫纳斯提尔大学等高校并详细介绍了浙江省的国际合作项目及国际化办学成果，充分表达了浙江省院校在交换学生、合作办学、教师互访等方面与突尼斯开展全方位合作的愿望。③同时，在"一带一路"的推进过程中，突尼斯对汉语人才的渴求较为紧迫，该国设立汉语课堂的高校共计 5 所，其中包括布尔吉巴语言学院、突尼斯高等语言学院等。截至 2022 年 5 月，浙江师范大学、浙江工业大学、宁波职业技术学院、杭州职业技术学院、金华职业技术学院等 20 余所浙江院校结合自身的办学特色与非洲高校建立了合作关系，其中 6 所高校在非建立共 8 所孔子学院。④

① 中国日报. 文化交流为突尼斯和中国搭建了一座桥梁. （2019-09-27）[2022-12-06]. http://cn.chinadaily.com.cn/a/201909/27/WS5d8dae90a31099ab995e2c9d.html.

② 数据整理自浙江省教育厅网站: http://jyt.zj.gov.cn/.

③ 浙江财经大学. 我院教师赴摩洛哥、突尼斯开展国际教育交流活动. （2019-11-25）[2022-12-06]. https://sie.zufe.edu.cn/info/1016/2050.htm.

④ 张婧姝，赵丹宁."一带一路"背景下中突人文交流发展研究. 阿拉伯研究论丛，2021（2）: 33.

中医交流是中突人文交流中的一大特色，浙江省以高校合作为窗口，积极推动双方的医疗合作。浙江中医药大学与突尼斯中央大学在中医教学方面联系密切，交流频繁。2022 年，双方召开浙江中医药大学—突尼斯学院（中突中医丝路学院）合作项目视频对接会议，实现了两校签署合作协议后项目培养单位的第一次深度对接，迈出了双方合作实质性的一步。[①]浙江省与突尼斯这种基于人才培养的医学交往方式拓宽了双方合作的领域，同时，这种"高等教学＋"的方式也丰富了浙江省与突尼斯的人文合作模式，使得人文合作路径日益多元化。另外，疫情暴发以来，有来自浙江工商大学等高校的多位在浙留学生积极加入志愿者行列，在从事社区防疫工作的同时，积极帮助在浙外籍人士，把浙江省视为自己的"第二家乡"，成为促进浙江省与突尼斯友好交往的人文使者。

二、浙江省与突尼斯合作的特点与机遇

浙江省与突尼斯的合作依托中突合作的大背景，在服务国家与地方方针政策的同时也享受着政策的扶持。双方合作以传统产业合作为主，近年来也在不断开发新的合作领域，使合作趋于多元化。浙江省与突尼斯在区位、资源等方面具有很强的相似性与共通性，又在市场方面具有一定的互补性，十分有利于合作项目的对接与发展。同时，透过浙江省与突尼斯的合作特点，也可见其中巨大的合作潜能与诸多合作机遇，双方应审时度势，挖掘潜能，把握机遇。

（一）基于条件优势，积极寻求合作机遇

浙江省是中国对非合作的重要省份，其在实践中也高度重视国家对非战略，并积极落实对非政策。自国家提出深入推进中非共建"一带一路"合作、落实全球发展的倡议以来，浙江省也在不断提升自身开放水平，并积极寻求对非合作机遇。浙江省第十五次代表大会明确要求充分发挥浙江独具的共建"一带一路"、长江经济带发展、长三角一体化发展等叠加优势，发挥好自由贸易试验区的作用，以更大力度推进全方位高水平开放。自由贸易试验区建成后，浙江企业可通过突尼斯进入欧洲市场，这有利于深入贯彻"一带一路"倡议，也有利于推动培育创新型企业的发展。

---

① 张赛君. 学校与突尼斯中央大学签署海外分校合作协议，开启境外办学新篇章. (2022-12-02) [2024-1-14]. https://wsc.zcmu.edu.cn/info/1200/4314.htm.

另外，在农业、制造业、种植业、建筑业等领域，中方向突方积极提供援助，这种合作方式也取得了一定的成效。此援助分为两种。第一种为资金援助。中方企业积极进入突尼斯承接项目，政府则以较低利息向突方提供贷款，同时也制定了一系列出口优惠政策，通过资金上的减免与优惠对突方进行援助。第二种为技术援助，中方向突方免费提供技术层面的支持与指导，这种援助可见于传统产业与新型产业的各个方面。在此援助政策的框架下，兼具经济优势与技术优势的浙江省能够充分发挥优势，吸引突商投资，增加突方的合作意愿，极大地推动浙江省与突尼斯双方在大型项目上的合作。

可见，国家的政策方针与浙江的相关举措为浙江省与非洲合作保驾护航。非洲是浙江外贸进出口与浙江企业"走出去"的重要地区，突尼斯又是非洲国家中的重要一员，浙江省与突尼斯合作也符合国家发展的需求。在国家政策框架的保护与引导下，浙江省与突尼斯合作的根基更为坚实，合作更趋稳定、安全、可持续，为合作潜能的积累提供了良好的土壤。

（二）以传统产业合作为基本盘，不断开发新领域合作

浙江省与突尼斯的合作领域近年来有不断拓宽的趋势，但仍然以种植业、建筑业、纺织业、制造业等传统领域为主。在浙江省对突尼斯出口的主要产品中，排名前列的包括染色布、化纤制针织织物、印花布、单相交流电动机、家用器具等纺织品及工业制成品。

在加工业方面，浙江省为具备条件的企业"走出去"提供支持，突尼斯政府也在积极吸引中国投资商，搭建便捷化的投资平台，提供优惠条件，为浙江省进入欧洲市场提供有利条件。突尼斯拥有发达的皮革加工产业，浙江省也有此类产业基础，突方曾将大量原料与半成品出口中国，并在中国设厂加工销售，产品一度畅销海内外。在种植业方面，突尼斯的椰枣、橄榄油等畅销全球市场，成为国际特色产品及突方主要创汇产品之一，也是中突产业合作的主要特色经济作物，在义乌等地已有不错的销量。茶叶是浙江省传统的富民产业，浙江的茶叶出口在全国茶叶出口中占有相当大的比重，出口市场以亚非两大洲为主，非洲出口占70%左右。[1]突尼斯作为传统的阿拉伯国家，其国民惯于饮

---

① 中华人民共和国商务部. 农业贸易百问——浙江茶叶缘何飘香世界？（2020-08-18）[2022-12-29]. http://cacs. mofcom.gov.cn/article/fifwpt/jyjdy/cgal/202008/165747.html.

茶，而浙江省茶叶的出口能够很好地满足突方人民的饮茶需求。另外，浙江省于 2014 年开始引进突尼斯软籽石榴品种及栽培技术，种植园大多建立在宁波市北仑区。除此之外，浙江省与突尼斯在种植业领域还有巨大的合作潜能，种植作物品种有待挖掘，销售市场有望进一步开拓。

依托传统领域的合作，随着合作理念与合作方式的不断深化，浙江省与突尼斯近年来不断拓宽合作领域，尤其在绿色能源、数字技术等领域，仍有巨大的合作潜能有待开发。浙江省与突尼斯高度重视双方合作潜能，努力推动务实合作。2022 年 4 月 22 日，中突共同主办中国—突尼斯绿色发展论坛，制定了具体目标和计划，为双方绿色能源方面的合作提供大力支持。2021 年 11 月 16 日，浙江省政府印发了《关于加快建立健全绿色低碳循环发展经济体系的实施意见》，推动贸易绿色转型。①突方也制定了可再生能源发展计划，并利用其良好的自然资源发展风能、太阳能，进一步推动能源合作。目前，中突双方已经协同搭建了多边合作平台，以此为路径开创互惠互利的良好格局，产生了优势互补的效果。另外，双方也在积极探索项目对接方式与人员交流路径。2016 年，中方组织了一次新能源开发与利用、光伏电站建设规划主题的特殊培训，参训学员均来自突尼斯，学员在培训过程中参观中国多个大型太阳能与风能开发项目，为突尼斯大量引进中国先进的能源开发技术做好准备，为两国在能源领域的务实合作铺垫道路。②在国家政策的支持下，浙江省本着立足省内、放眼境外的原则，努力探寻合作机遇。

数字技术正引领着新一轮的科技革命、产业变革和动能转换，数字领域的合作已然成为双方务实合作的新领域、新方向。突尼斯是北非数字创新高地，双方将加强合作，为突数字化转型增添中国动力。2022 年，浙江省政府印发《关于高质量发展建设全球先进制造业基地的指导意见》（下文简称《意见》），为浙江制造业发展奠定基调。《意见》提出，到 2035 年，浙江省力争成为全球数字变革创新地、全球智能制造领跑者、全国绿色制造先行区，基本建成全球先进制造业基地。③由此可见，浙江省与突尼斯双方在数字领域仍有巨大的合

① 浙江省人民政府办公厅. 浙江省人民政府关于加快建立健全绿色低碳循环发展经济体系的实施意见. (2021-12-07) [2024-1-14]. https://www.zj.gov.cn/art/2021/12/7/art_1229019364_2378478.html.

② 马伟. 中国—突尼斯产能合作研究. 阿拉伯研究论丛, 2018（2）: 47.

③ 浙江省人民政府. 浙江省人民政府关于高质量发展建设全球先进制造业基地的指导意见. (2022-12-19) [2024-1-14]. https://sjt.zj.gov.cn/art/2022/12/19/art_1229563385_2451888.html.

作潜能有待开发。

（三）双方条件兼具相似性与互补性，为合作共赢创造更多生长点

从合作条件来看，浙江省与突尼斯的合作具有诸多优势。一方面，浙江省与突尼斯在诸如区位特点、产业发展等方面有极大的相似性与共性，便于经验交流，合作基础坚实；另一方面，双方在技术与资源、市场供给与需求等方面又有很大的互补性，易于达成双赢。共通性中有共识，互补性中有互利，合作空间与潜能巨大，更易于实现共赢。

1.相似性。在浙江省与突尼斯的合作中，双方的相似条件是推动合作共识的一大正向影响因素。从地缘特征而言，双方具有很大的区位共性，区位优势均较为显著。突尼斯地处整个非洲大陆最北端，北部和东部面临地中海，隔突尼斯海峡与意大利的西西里岛相望，扼地中海东西航运的要冲，拥有独特的地缘优势和枢纽地位，区位优势明显。浙江省位于亚洲东部，太平洋西岸，地理位置优越，海运发达，交通便利，有利于原材料和产品的进出口。浙江省内有许多河流，水量丰富，水流平稳，可以发展河运和河海联运，便于引进外资。双方在地缘上相似的优势为其贸易运输、信息互通、经济交往等提供了便利的条件。

在产业结构方面，浙江省与突尼斯尤其在制造业、旅游业和海洋产业等方面具有一定的共性。目前，浙江省与突尼斯已在制造业方面有一定的合作基础与经验，主要贸易产品集中于服装、机械、器具等类别。旅游业方面，浙江省与突尼斯都有着丰富的旅游资源。在突尼斯，旅游业在国民经济中占有重要地位，是突尼斯最大的外汇来源。浙江省具有丰富的旅游资源，截至2023年，有国家5A级风景名胜区20处，国家级自然保护区10余处。在政府的支持下，旅游业近年来迅速发展，已成为最具活力的产业之一。因旅游业优势显著，双方也具有丰富的旅游管理经验与产业创新意识，合作潜能巨大。同时，浙江作为中国的海洋产业大省之一，在海洋经济、海洋港口、海洋船业、海洋生态文明等领域建设成效显著；突尼斯为地中海沿岸国家，大小港口也相对较多。双方在海洋资源管理与港口建设方面具有相似的发展条件与发展需求，因此可通过设立专题研讨会、外派专家、建立培训基地等方式共同培养专业管理人才，共建大型产业海港项目。

2.互补性。互补条件是推动浙江省与突尼斯双方合作的又一大积极因素，

极大地增强了双方的合作意愿，也便于项目对接。浙江省与突尼斯合作的互补性集中体现在两方面：技术与资源的互补性；市场供给与需求的互补性。

在技术与资源方面，浙江省矿产资源相对匮乏但需求巨大，且具有技术优势；突尼斯矿产资源较为丰沛但技术短缺，双方互补性强。突尼斯盛产磷酸盐，磷肥是突尼斯的重要出口产品，也是多年来中国从突尼斯进口的最大宗商品。然而，突尼斯在磷矿制造、化妆品、葡萄酒、石油等产业发展过程中都面临技术、设备、资金不足的问题。因此，突方若要实现产量增长，则急需投资者予以相关支持。浙江省工业、种植业、制造业等产业的发展已经有悠久历史、丰富经验，在技术与设备等方面均占据优势。

目前，突尼斯政府对中国企业敞开大门，希望能实现双方协同发展，浙江省也支持本地企业到突尼斯进行投资并实现发展。从当前情况看，双方合作仍有较大的潜能与机遇。在农业上，突尼斯虽是农业大国，在经济增收的过程中也存在农业种植结构不合理等问题，需要进行技术创新，也要持续优化品种，还要适时引进先进设备设施。浙江省是中国农、林、牧、渔全面发展的综合性农区，农业产业化程度高、经营机制灵活。中方对突尼斯的支援不只局限于基础设施建设方面，还体现在为其提供大量高端设备和中小型农机设备，以运用于农田种植、粮食加工、交通运输、农业灌溉等方面；浙江省在种植业和水产技术方面的优势尤为突出，可为突方带去水产养殖等技术。可见，双方在粮食品种改良、种类丰富、种植技术升级等方面存在很大的合作空间。

另外，近年来有一批浙江科技企业向非洲国家积极提供信息通信技术支持，促进数字基础设施的改善和发展，如浙江华友、浙江大华、巨石、正泰、浙江建投、阿里巴巴、中地海外、宁波中策等，切实地推动了浙江省与非洲间的经贸互利合作。以浙江大华为例，其以技术创新为基础，专注于为城市、企业、家庭数字化转型提供一站式智慧物联服务与解决方案，目前已为突尼斯企业提供了大量技术支持。值得一提的是，在合作过程中，包括浙江企业在内的中方企业始终遵守突方的法律法规与数据主权，以此为前提提供安全可靠的技术和服务。

在市场供给与需求方面，浙江省能够为突尼斯的产品出口提供市场，也能为其创造更多的就业岗位。浙江省在突尼斯投资发展实体经济，能为当地居民提供就业机会，对其产业发展起到促进作用，能让突尼斯贸易逆差问题得到一定的缓解，从而起到协调双边经贸合作关系的作用。在市场方面，突尼斯的风能、太阳能、石油三大资源极其丰富，而浙江省对液化天然气与石油的需求量日益增加，进口量持续提升。若突尼斯与浙江省开展能源合作，在市场份额方面有保证，有利于增进双方能源进口与出口稳定性。另外，突尼斯的橄榄油产量巨大但缺乏市场，而中国市场总体而言对橄榄油需求量比较大。2017 年，中国从突进口 4.3 万吨橄榄油，占该国同类产品出口量的 20%，进口金额也同比增长了 9.1%。[①]浙江省目前正在对橄榄油市场进行摸索，义乌市的橄榄油销量也呈不断上升的趋势。双方可在橄榄油研发与生产中不断合作，努力实现互惠互利。

三、浙江省与突尼斯合作的建议

目前，浙江省与突尼斯的合作收效良好，且仍有巨大的合作潜能，但面临一定合作风险。从合作的内容而言，双方应不断完善合作框架；就合作条件而言，双方的区位优势显著，但同时也存在安全隐患，应一手抓优势一手避隐患；就合作模式而言，双方合作模式较为单一，应结合时代需求，探索更多新型合作路径。

（一）宏观把握合作框架，推动合作整体发展

从浙江省与突尼斯的合作基础与合作特点来看，双方的合作仍以一些传统项目为主，但同时不断有新的合作增长点出现。因此，就合作内容而言，浙江省与突尼斯应当基于合作领域与项目的规模、量级、性质、特点等方面，建立起一套整体性的合作框架，一方面便于对不同类的合作项目进行分层次清晰定位，另一方面有利于全面把握合作的整体趋势与发展进程。

具体而言，由于浙江省与突尼斯双方在传统领域的合作已经具备深厚基础，而且在实践中形成了较为完善的合作模式与相对细致的合作规则，因此，双方的合作框架应当继续以传统领域的合作为核心，不断推动传统项目合作的创新与升级。例如，双方在合作中需要不断完善多边农业合作机制，创办产业园区，及时更新农业技术，不断增加粮食产量，在农业方面深入合作。在种植业中，浙江省应继续发展其种植优势，聚焦于茶叶种植，同时根据客观条件从突尼斯引进软籽石榴等适宜种植的经济作物，并根据双方市场供求对种植情况

---

① 刘锴. 突尼斯有机橄榄油瞄准中国市场.（2013-07-14）[2022-11-26]. http://www.grainnews.com.cn/content.aspx?id=4&type=10&articleGuid=6182faf0-ed14-481f-b0f6-457f116c3135.

进行不断调整；在制造业中，浙江省与突尼斯双方还有待进一步挖掘合作潜能。浙江被称为"制造大省"，不仅以丝绸、瓷器等特色产品闻名海内外，其在制造业中的其他业绩也举世瞩目，仅义乌市的商品就远销海外，在国际市场广受认可。突尼斯在加工制造业方面虽有悠久的历史，但发展速度较慢，还有许多资源得不到及时开发与高效利用，未能创造更高的效益。在铁路、港口等基础建设方面，浙江省与突尼斯合作应不断跟进国家及地方政策。突尼斯政府在对华项目规划时，可考虑把港口、铁路、信息通信等领域设定为重点领域，为浙江企业在突尼斯投资及与当地企业合作提供更高的平台。

在此基础上，浙江省与突尼斯的合作应兼顾诸如绿色能源、数字教育、航天技术等新兴领域的合作，以带动浙江省与突尼斯合作向更高层次迈进，为合作注入更多的活力与动力。能源合作方面，在"地中海太阳能计划"之中，突尼斯属重点实施国家，在可再生能源开发方面有明显优势。突尼斯政府提出了可再生能源发电领域的项目规划与发展框架，其可再生能源需求量还将持续提升，在能源需求总量中的占比将从 6% 提升为 30%。[①]可以预见的是，突尼斯的能源产业发展拥有光明的未来，浙江省与突尼斯的能源合作有无限潜能。航天方面，第二届中阿北斗合作论坛于 2019 年 4 月在突尼斯成功举办。北斗系统在非洲与阿拉伯国家联盟中虽具有很好的声誉与口碑，但非洲发展北斗系统在技术基础、人才、资金等方面都有一定短板，而中方始终坚持"互利互助，推动合作""扶上马帮一程"的原则，因此，航天领域也是浙江省与突尼斯双方日后有待挖掘的合作领域。在数字领域，以华为为代表的中方企业高度重视非洲数字人才培养和就业。华为公司于 2000 年正式在突尼斯进行项目投资，历经二十余载的发展，已经成为突尼斯的主要电信、程序、通信业务提供者。华为从经济与科技两方面为突尼斯提供支持，成为该国的关键投资方。浙江华为作为华为聚焦 ICT 行业人才培养的子公司，拥有华为在国内最大的培训中心、华为全系列设备、雄厚的技术实力和专业的培训体系，具有十分显著的技术与平台优势，未来有望与突方进行深度合作。

突尼斯与浙江省也十分重视在新领域的合作，双方在"一带一路"背景下有望进行深度合作，例如，在能源与能源管理、技术升级等方面协同发展，突

---

① 中华人民共和国商务部. 突尼斯能源、矿产与可再生能源部近期批准 10 个太阳能电站项目.（2018-05-20）[2022-12-06]. http://www.mofcom.gov.cn/article/i/jyjl/k/201805/20180502739533.shtml.

方可利用浙江省的技术、资金、管理经验弥补本国硬件方面的不足，浙江省则可利用突尼斯较为丰富的能源突破本省能源短缺的瓶颈。作为经济科技强省的浙江省，既是能源消费大省，也是能源资源小省，主要能源资源供应严重依赖外部调入，能源短缺是长期制约浙江经济社会发展的重要因素。在当前发展形势下，双方依托"一带一路"倡议在能源领域深入合作，促进绿色经济的发展，为信息科技、新能源等领域的紧密合作奠定基础，有利于双方合作架构的进一步完善。

（二）一手"抓"优势，一手"控"风险

浙江省与突尼斯都具有很大的区位优势。突尼斯的地缘特点决定了其在国际贸易中占据着重要的战略位置，而且其交通网络体系相对完善，航空与陆路交通发展迅速。突尼斯在与欧盟共同创建自贸区方面开了先河。在所有地中海国家中，突尼斯率先与欧盟订立《联合协议》，突欧之间的贸易自由化、零关税于 2008 年就已正式实施。[①] 如此一来，突欧之间工业产品零关税成为现实，在贸易自由化发展方面前进了一大步，真正做到无配额限制，农、渔、服务等领域的贸易开放程度不断提升，为产业发展注入强大的内在动力，增强了其区域投资吸引力。

基于突尼斯与欧洲市场的这种特殊关系，可将该国当成重要的技术孵化场域。浙江产品进入欧盟过程中，曾遭遇严格制约，准入度也很高，面临很大困境。但欧盟是突尼斯最主要的贸易伙伴，双方自签署自贸区协定以来，突尼斯产品出口欧盟享有零关税、无配额等优惠。此外，突尼斯制造业产品、农产品和手工业产品享有美国、加拿大、澳大利亚等国的税费减免优惠，同时突尼斯还与几内亚、塞内加尔等非洲国家签有市场准入优惠协议。因此，突尼斯突出的区位优势可以助力双方开拓合作共赢的新路径。比如，浙企可以先在突尼斯创办工厂，为突尼斯当地带来经济和社会效益；之后再将产品投放到欧盟、美洲等其他国家及区域的市场，为中方节省贸易成本的同时也可破除贸易往来限制。同时，为了避开欧美国家在贸易与技术两方面设置的壁垒，浙江省将生产转移到其他国家可降低成本，对于那些受欧美限制的产品，可将生产转移到设

---

① 中华人民共和国商务部. 突尼斯率先与欧盟订立《联合协议》，突欧之间的贸易自由化、零关税于2008年就已正式实施. [2024-01-24]. http://tn.mofcom.gov.cn/aarticle/ztdy/200605/20060502188911.html.

立欧美自贸区的国家，而突尼斯可作为首选。因此，在浙江省与突尼斯的合作中，浙江企业应及时对直接出口的策略进行调整，把突尼斯当成重要中转国，在商品附加值不足的情况下，可以借助突尼斯中转国的身份把商品投入欧洲市场。浙江企业也可积极与欧洲进口商结成合作关系，在突尼斯选择高质量的合作伙伴，在合资或合作时采取恰当方式，既能为产品拓宽销路，也能在当地高效办理注册经营等手续。

另外，浙江省与突尼斯应重视港口新兴产业的合作。浙江省地处中国东南沿海地区，交通便利，资源丰富，产业多元，也具有很大的区位优势。浙江省得天独厚的先天条件为其海外贸易提供了极大的便利，同时其繁荣的经济、巨大的市场潜力与迅速腾飞的技术也成为吸引外资的重要因素。转口贸易的发展也给两国之间的产能合作带来突破点。突尼斯与欧洲国家邻近，并与欧盟国家保持友好贸易往来，而浙江商品多数出口欧盟，突尼斯便是连接浙江省与欧盟市场的纽带。

在发挥各自优势深化合作的同时，浙江省与突尼斯双方也应对影响合作的不确定因素进行考量，要真正做到优势与风险"两手抓"。只有对风险与隐患进行预估与预防，双方优势才能得到最大限度的保障。

除了以上两点较为显著的投资隐患外，浙江省也应充分意识到，突尼斯人力成本与其他北非国家相比明显偏高，而且政府制定了严格的用工限制，不建议发展劳动密集型产业。同时，该国水资源严重不足，不能保证供水稳定，因此对用水量较大的产业，应提醒其制定合理的管理策略。除此之外，从浙江省与突尼斯的经贸数据来看，双方的贸易额及投资额虽稳步上升，但进出口贸易差额较大，浙方对突出口额远大于进口额。为了维持双方贸易的平衡、协调发展，双方或须考虑贸易顺差或逆差过大带来的可能隐患。

由此可见，浙江省与突尼斯的合作既须发挥双方的区位优势，也不应忽视合作过程中易于出现的风险。在综合考虑的情况下，浙江省与突尼斯合作应统筹各方因素，一边挖掘潜能，一边规避风险，以使合作更加平稳长久。

（三）不断开辟合作窗口，优化合作模式

浙江省与突尼斯的合作基于对外贸易、对外投资、对外承包工程等传统模式，另有对外援助作为主要辅助。在援助方面，突尼斯对技术援助有较大需求。究其根源，突尼斯政府近年来更加重视工业、农业协调发展，加快实施的私有化和结构性改革成效显著，需要在工业领域发展新技术、新工艺以吸引域外企业来突投资。

要想实现长期稳定的合作，浙江省与突尼斯双方应开辟新的合作模式，探索新的合作路径，寻找新的合作窗口。近年来，中非合作方式出现了一种新的合作趋势，即以教育合作为突破口，以人才培养为契机，搭建新的合作桥梁。中非双方日益注重青年之间的交往与交流。目前，中方与非洲高校已有一些相关合作协议。2010年，为促进中非高校合作，中方针对推出"20+20"计划。[①]同时，中方也有多所高校与突尼斯达成合作协议，共同致力于人才培养，携手协同研究的同时也积极服务于各个领域发展建设，为不同领域输送所需的人才及精英。事实上，培养人才、留住人才是系统工程，需要政府、企业、高校（科研机构）等各方共同努力。

中突应高度重视高教合作，双方应努力发挥自身优势，在政府与企业的支持下协同深化中突创新人才联合培养模式。中方部分高校及研究中心表示，愿通过"一带一路"智库合作联盟平台加强同突智库及机构交流合作，携手助力中突合作稳步前进，为落实全球发展倡议和全球安全倡议贡献智慧。目前，浙江省已有浙江中医药大学与突尼斯建立起人才培养的合作关系，为浙江省与突尼斯在特色领域的合作做出极佳示范，推动双方不断开拓新型合作模式。这种模式不仅能够输送人才，也能够带动相关领域的学科研究，逐步建立起教学—科研—企业的培养网络。这一网络的建立将极大地提升双方合作质量，同时能够为医疗等方面的合作奠定更坚实的基础。

除了聚焦教育、科研与人才合作以外，浙江省与突尼斯的合作还应逐步摆脱"授人以鱼"的传统观念，逐渐向"授人以渔"的路径转变。具体而言，浙方对突方的援助不应再局限于资金、技术、设备等方面的援助，而应积极推动专业人员及技术专家等群体的定期交流。中南建筑设计院曾组织过一次对突培训，与突方培训人员围绕新能源开发与利用、光伏电站建设规划等内容进行学习交流，收效相当显著。当然，专业群体间的交流还可以以座谈会、论坛、分享会等各种方式举行，关键在于形成规模与氛围，走出一条新的路径。以此为基点，在规模、体量足够大的情况下，甚至有望出现一些民间的协会组织或职业团体，这将为双方的合作提供更多的可能性与更大的潜力。

---

① 李赫男，罗林.搭建中阿文化交流新平台的探索.中国穆斯林，2019（3）：55.

在数字化、技术化、全球化的今天，合作模式的开拓也更为容易。在此背景下，浙江省与突尼斯一方面可以积极寻找共享平台，另一方面可以协同打造更多的数字化平台，以便为合作提供更为长久稳定的支持，从而提升合作的效率与质量。另外，近年来，在政府的支持下，中非联合推出了一些电子服务平台。例如2016年中非桥跨境贸易服务平台，它以"搭建中非贸易服务桥梁，打造中非青年创客平台"为使命，已先后与十余个重要非洲国家的政府、商业协会、高校及企业等建立了紧密合作关系，为国内一百多个地方政府或企业提供了现代商贸服务，获得了广泛关注和普遍认可，成为促进浙江省与非洲乃至中非经贸合作发展的重要桥梁。[1] 还有由阿里巴巴首倡的世界电子贸易平台（eWTP），其旨在通过公私合作，推动相关规则的建立与数字基础设施的建设，助力发展中国家、全球中小企业、年轻人更加便利地参与全球经济发展，进一步推动了浙江省与非洲共建共享21世纪"数字丝绸之路"。[2] 浙江省与突尼斯在合作的过程中应对此类平台予以重视，不仅应掌握相关数字化平台的运用技能，还应积极投身到平台的创建、运营与维护中，推动合作模式的多元化。

---

① 整理自中非桥跨境贸易服务平台网站：http://www.zhongfeiqiao.com/Index/about.html.

② 王珩，周倩，刘鸿武.浙江省参与"一带一路"建设发展报告（2022）.杭州：浙江大学出版社，2023：75-76.

浙江省与埃及交流合作的现状、特征与前景

马黛瑞

摘要： 浙江省是参与中埃共建"一带一路"的先行省份。近年来，浙江省完成从"桥头堡"到"枢纽"的战略定位转换，在推动中埃全面战略伙伴关系发展中"干在实处、走在前列、勇立潮头"，为双方深化经贸合作、促进人文交流做出了重要贡献。对埃合作中，浙江省高度重视"一带一路"倡议与《埃及愿景2030》对接，积极落实国家战略部署，充分发挥科技、人才、资金优势，围绕产能合作、设施联通、贸易畅通、数字经济等重点领域展开务实高效合作，取得了举世瞩目的丰硕成果。浙江省与埃及合作正处于转型升级、提质增效的关键期，互利合作仍然具有很强的发展后劲。在百年变局机遇与挑战并存的时代背景下，浙江省与埃及双方应提升各级政府公共服务能力，加强经贸合作制度保障与规划，促进双方需求对接与优势互补，推动各领域合作走实走深，寻求浙江省与埃及互利共赢新的合作增长点，为携手共建绿色、数字、健康丝绸之路，构建更加紧密的中埃命运共同体注入新动力。

关键词： 浙江省；埃及；"一带一路"；中埃命运共同体

作者简介： 马黛瑞，博士，西北民族大学外国语学院讲师。

浙江省高度重视国家对埃合作的战略部署，近年来利用其"一带一路"重要枢纽的优势，在埃投资建立了一批具有浙江辨识度和中国气派的"一带一路"重大标志性成果，成为打造中埃命运共同体的主力军。2022年浙江省政府工作报告明确要求忠实践行"八八战略"、奋力打造"重要窗口"，通过优化境外经贸合作区布局，加强国际产业合作园建设，进一步提升制造业核心竞争

力，扩大高水平对外开放，实现外贸外资的平稳发展。[①]以中阿峰会为新起点，浙江省将致力于进一步拓展和深化同埃及全方位高水平合作，为充实中埃全面战略伙伴关系，在双方的国家发展和民族复兴进程中做出更多贡献。

一、浙江省与埃及合作现状

（一）经贸合作走实走深，成果亮点纷呈

中埃共建"一带一路"的稳步推进和双边、多边合作平台的不断拓展为浙江省与埃及经贸往来提供了保障与便利，增添了信心与活力。面对复杂演变的国际形势，中埃经贸关系始终保持良好发展势头。中央财经大学发布的《2021上半年"一带一路"投资报告》显示，"一带一路"投资在中东地区的份额相较于2020年有所上升，埃及是投资受益最多的国家之一。[②]为继续推动双方合作走实走深，中埃建立了一系列经贸合作机制，包括中国—埃及经济、贸易和技术联合委员会，中国—埃及产能合作机制，中埃贸易救济合作机制，中埃苏伊士经贸合作区政府间协调委员会等。

在双边和多边机制合作框架下，中埃合作进入蓬勃发展的"快车道"。2013年中埃贸易额首次突破百亿美元，达102.1亿美元。[③]2021年，双边贸易额达199.7亿美元，同比增长37%，再创历史新高。[④]2022年，双边贸易额达181.9亿美元。2023年，双边贸易额达158.1亿美元。[⑤]中国自2012年起连续11年成为埃及第一大贸易伙伴国，是对埃投资最活跃、增长速度最快的国家之一。[⑥]2020年前三季度至2021年前三季度，中国对埃及新增直接投资从8933

① 浙江省人民政府办公厅. 浙江省人民政府2022年政府工作报告.（2022-01-24）[2024-01-27]. https://www.zj.gov.cn/art/2022/1/24/art_1229019379_4865173.html.

② 舒晓婷."一带一路"投资报告：中国成2020年全球FDI最大贡献国，发达国家则锐减58%.（2021-09-26）[2024-01-27]. https://www.21jingji.com/article/20210926/herald/5ce9d63dd45b68df758688034ab9c0b1.html.

③ 中华人民共和国外交部. 中国同埃及的关系.（2022-09）[2022-11-24]. https://www.fmprc.gov.cn/web/gjhdq_676201/gj_676203/fz_677316/1206_677342/sbgx_677346/.

④ 沈小晓. 埃及埃中商会秘书长迪亚·赫尔米：中国的持续开放为全球可持续发展树立了榜样.（2022-11-24）[2022-11-26]. http://world.people.com.cn/n1/2022/1124/c1002-32573557.html.

⑤ 数据整理自中国海关总署进出口统计数据库：http://stats.customs.gov.cn/.

⑥ 中华人民共和国商务部. 中埃共建"一带一路"十周年成果展在开罗成功举办.（2023-09-20）[2024-01-30]. http://www.mofcom.gov.cn/article/zwjg/zwxw/zwxwxyf/202309/20230903442010.shtml.

万美元^①上升至 2.23 亿美元，同比增长 1.5 倍。^②截至 2020 年年末，中国对埃及直接投资存量为 11.9 亿美元，在埃及注册的中国企业超过 1560 家^③，投资领域集中在油气开采和服务、制造业、建筑业、信息技术产业以及服务业等。2022 年，中国对埃及净投资额达到 6.4 亿美元，是埃及的第一大亚洲外资来源国。2023 年 10 月，埃及成功在华发行 35 亿元人民币的"熊猫债"，中国国家开发银行已向埃及中央银行提供 70 亿元人民币贷款。^④

浙江省与埃及把握合作机遇，开展务实合作，取得了实实在在的成效。2016—2020 年，作为建设排头兵的浙江一直是中国对非洲贸易进出口额最大的省份。2022 年，仅浙江省与埃及业务交流就占中国与埃及业务交流总额的 25% 以上，埃及成为浙江企业通往非洲、欧洲和中东的理想门户。^⑤根据海关总署发布的统计数据，2022 年前三季度，浙江对非进出口总额达 2495 亿元，同比增长 22%，增速居全国之首。^⑥2011—2021 年，浙江对埃进出口金额基本保持稳定增长。浙江省与埃及双方进出口总额 2017 年为 26.7 亿美元、2018 年为 34.2 亿美元、2019 年为 35.7 亿美元、2020 年为 41.3 亿美元、2021 年为 49.6 亿美元。^⑦2022 年，浙江和埃及双边贸易额达到 47.8 亿美元。埃及累计在浙江投资企业 273 家，总投资额 4776 万美元；浙江累计对埃及投资 34 家，总投资额 10.05 亿美元，占全省对非投资总额的 22.52%。^⑧2023 年，浙江省与埃及双方进出口总额为 44 亿美元。^⑨虽然受到逆全球化、贸易保护主义、新冠疫情和

---

① 吴晓丹，李碧念，闫婧. 综述：中国与埃及经贸务实合作疫情下稳中有升.（2021-01-14）[2022-11-24]. http://www.gov.cn/xinwen/2021/01/14/content_5579858.htm.

② 中华人民共和国外交部. 驻亚历山大总领事赵丽莹接受埃及媒体书面采访.（2022-03-30）[2022-11-24]. https://www.fmprc.gov.cn/web/gjhdq_676201/gj_676203/fz_677316/1206_677342/1206x2_677362/202203/t20220330_10657455.shtml.

③ 中国国际贸易促进委员会. 企业对外投资国别（地区）营商环境指南：埃及（2020）.（2021-12-31）[2022-11-25]. https://www.ccpit.org/a/20211231/202112314dkk.html.

④ "走出去"导航网. 埃及期待来自"金砖+"的发展魅力.（2023-11-16）[2024-01-29]. https://zhejiang.investgo.cn/investment/report/detail/456422.

⑤ 奚金燕，周迪. 中埃·泰达苏伊士经贸合作区 | 聚焦境外经贸园区 浙非共话合作"新机遇".（2023-06-09）[2023-08-02]. https://oip.ccpit.org/ent/parkNew/4433.

⑥ 中华人民共和国海关总署. 前 10 个月我国与非洲贸易额增长 27.4%.（2021-11-30）[2022-11-25]. http://www.customs.gov.cn/customs/xwfb34/mtjj35/4027544/index.html.

⑦ 数据整理自中华人民共和国海关总署进出口统计数据库：http://www.customs.gov.cn/.

⑧ 中华人民共和国海关总署. 浙江商务厅：浙非经贸合作仍将处于大有可为的机遇期.（2023-06-11）[2023-08-02]. http://www.setc-zone.com/system/2023/06/11/030042687.shtml.

⑨ 数据整理自中华人民共和国海关总署进出口统计数据库：http://stats.customs.gov.cn/.

地缘政治冲突等多重影响，但浙江省与埃及之间贸易仍保持基本稳定，尤其是金华出口的塑料制品、服装、工具等日用品极大满足了疫情防控期间埃及民众的生产生活需求，金华与埃及的进出口额实现双位数增加。2020年金华对埃及出口14.6亿美元，2021年1—5月出口达6.7亿美元，同比增长41%；2020年金华对埃及进口926万美元，2021年1—5月进口达786万美元，同比增长5.3%。[①]这一数据增长充分体现了浙江省与埃及双方贸易发展的潜力、韧性和活力。

浙江省与埃及进出口贸易结构更趋多元化，合作领域不断拓宽。浙江对埃及出口商品逐步从传统的纺织、服装、箱包等轻工产品为主，向高新技术产品、机电产品、汽车零配件、农业机械设备并重转变。浙江自埃及进口商品种类也更趋丰富，除原油、液化石油气、矿产品、纺织原料外，还包括玻璃制品和农产品。贸易往来的升温也吸引越来越多的非洲客商和企业家前来浙江寻找商机，采购轻工产品，展销非洲特产。

（二）人文交流互学互鉴，民心相向而行

人文交流是中埃共建"一带一路"的重要内容和民意基础。2016年，中埃签署《中华人民共和国和阿拉伯埃及共和国关于加强两国全面战略伙伴关系的五年实施纲要》，就文化、新闻、旅游、教育、人文领域合作达成共识，双方人文交流日益活跃。[②]在中阿、中非合作论坛机制框架下，浙江省与埃及广泛开展文化交流和文明对话，在推进民心相通方面成果丰硕。

教育学术领域成果丰硕。浙江省与埃及教育合作已从互派留学生、派遣教师、捐赠设备的单一形式，逐步发展为援建学校、技能培训、海外实习基地建设、学术研究合作，促进国际产学研用多层次、多领域、多形式的合作发展模式。校际合作方面，浙江工商大学、浙江外国语学院、浙江越秀外国语学院等高校开设了阿拉伯语专业，同开罗大学、亚历山大大学、苏伊士运河大学、法鲁斯大学、巴德尔大学、贝尼苏韦夫大学等埃及高等院校签署了合作协议。学

---

① 金华贸促会. 服务自贸区　贸促会在行动. （2021-07-07）[20211-25]. http://jhmch.jinhua.gov.cn/art/2021/7/7/art_1229264127_58894770.html.

② 中华人民共和国外交部. 中华人民共和国和阿拉伯埃及共和国关于加强两国全面战略伙伴关系的五年实施纲要（全文）. （2016-01-22）[2024-01-27]. http://russiaembassy.fmprc.gov.cn/web/ziliao_674904/zt_674979/ywzt_675099/2016nzt/xjpdstaiyljxgsfw_685471/zxxx_685473/201601/t20160122_9281661.shtml.

术合作方面，浙江师范大学与苏伊士运河大学合作成立中国研究中心；浙江工商大学与亚历山大大学在联合申报北非研究中心上达成一致意见；浙江大学与埃及国家研究中心也围绕中埃政府间国际科技创新合作重点专项建立了合作机制；温州医科大学与埃及中国大学签署了在医学教育、临床培训、科学研究等领域深入合作的协议。人才培养方面，浙江师范大学是中国吸收非洲留学生、进修生最多的高校之一。截至 2016 年 4 月，有累计 23 名埃及大中学校校长、教师、教育官员、智库专家来浙师大参加各类研修培训；74 名埃及学生和近千名阿拉伯国家学生来校学习，数位优秀埃及毕业生成为传承中非友谊的文化使者。[①]浙师大非洲研究院还和艾因·夏姆斯大学参与发起中非职业教育联合会，致力于深化中国与非洲各国职业交流与合作，共同培养应用型人才。浙江外国语学院依托（杭州）跨境电子商务综合试验区，率先在全国采用"3+1"模式培养阿拉伯语跨境电商人才；浙江大学医学院也启动对阿拉伯国家的泌尿外科国际医学人才线上培训项目。浙江省与埃及聚焦师范教育和职业技能教育，推动了双方政府、高校、智库与企业形成高效联动发展模式，实现了人才培养的"精准投放"，推动了浙江省与埃及科学研究和产能对接方面的迅速发展，对增进中埃人心相通、价值融通，增加战略互信意义重大。

旅游领域合作持续升温。浙江省与埃及旅游资源丰富，旅游市场和产品路线成熟，旅游合作潜力巨大。近 11 年来，活跃的中埃贸易投资和国际合作为浙江省与埃及之间旅游交流和产业合作带来发展机遇。义乌文化和旅游产品交易博览会成为埃及推介本国特色旅游，展示特色文旅项目和文旅创意产品，开展文化产品和旅游商务贸易的重要平台。为鼓励中国游客赴埃旅游，埃及合理精简了签证手续，并支持开展旅游包机业务合作。2017 年，埃及在义乌举办旅游推介会。2019 年，杭州与开罗开通直航客运航线，填补了浙江省—非洲航线的空白，使浙江航空网络真正实现"五洲战略"，提升了浙江向非洲地区市场的辐射力。浙江积极推动"诗画浙江"旅游品牌走进埃及，将文艺展演与浙江旅游传播进行融合推广，还开启"万人游非洲"计划，向参与合作的非洲国家输送一万名浙江游客，促进浙江省与非洲文旅交流合作的发展。

文化交流领域精彩纷呈。浙江省为服务国家对外文化工作大局，积极参

---

① 王珩，廖思傲. 为中非友谊培养使者.（2021-07-08）[2024-01-27]. https://epaper.gmw.cn/gmrb/html/2021-07/08/nw.D110000gmrb_20210708_1-14.htm.

与中埃文化年、中非文化合作交流周、阿拉伯艺术节等各项重要人文交流活动。浙江省文化和旅游厅与开罗中国文化中心建立了常态化交流机制，将"欢乐春节"项目作为浙江省对外宣介的一个重要平台。浙江音乐学院、浙江交响乐团、浙江杭州艺术团、浙江歌舞剧院、长兴百叶龙艺术团、杭州杂技总团等众多文艺单位都曾奔赴埃及参演"春节大庙会"，献上新春音乐会和综艺表演，让埃及民众领略浙江文化魅力。疫情发生以来，浙江省与埃及人文交流模式改为以线上交流为主、"线上＋线下"交流为辅的形式展开。2022年，"金彩世界　云涌非洲"云展、中阿双语"大美在民间·乐绘江南里"云展正式上线，展示了浙江在历史、风光、艺术、非遗、美食、民歌等方面的特色。包括埃及在内的非洲国家主流媒体和旅游平台对云展进行了全面推广，掀起了当地的云游浙江热。2023年，由浙江省文化和旅游厅主办、埃及亚历山大皇家珠宝博物馆等单位协办的浙江考古与中华文明系列"万年上山：稻作之源·启明之光"上山文化考古特展在埃及举办，展示了中埃两大农耕文明的和谐包容、互学互鉴，是对全球文明倡议的有力践行。[①]

此外，浙江省与埃及在展览、广播电视、青年交流方面合作取得突破。"舌尖上的中国——江南美食工坊"活动、青风海上来——浙江考古与中华文明："浙江青瓷巡礼"展览、"走近非洲"文化艺术品展、"良渚揽秀——中国时装秀"顺利举办；浙产电视剧《鸡毛飞上天》《欢乐颂》《父母爱情》先后在埃及播出，掀起观看热潮，获得民众喜爱好评；"拉非客"战略合作项目培养了一批在中非两地有影响力的创客青年、网红达人和营销工程师，促进了中埃青年创新创业方面的交流合作。精彩纷呈的文旅活动拉近了中埃两国人民的距离，增进了互相理解和深厚友谊。

二、浙江省与埃及交流合作的主要特征

在中阿合作论坛、中非合作论坛和"一带一路"国际合作高峰论坛等多边合作框架下，浙江省完善政府推动、企业主导、商业运作的合作机制，积极发挥商品市场、民营企业、高校智库、数字经济等方面的独特优势，在构建与埃及合作新格局中积累了一定的成功经验，也呈现出以下几方面特点。

---

① 中国周刊网.浙江考古与中华文明系列"万年上山：稻作之源·启明之光"上山文化考古特展在埃及成功举办.（2023-12-10）[2024-01-29]. http://www.chinaweekly.cn/html/sxjingji/61592.html.

（一）产能合作：共商共建，谱写互利共赢新篇章

2014 年，中埃就建立中埃产能合作机制达成一致。2015 年，中埃双方正式签署产能合作框架协议。[①]2019 年，中埃产能合作第三次部长级会议在开罗召开，就积极推动电动汽车、光伏、纺织等领域的合作达成重要共识。双方共建的中埃·泰达苏伊士经贸合作区是"一带一路"标志性项目，截至 2023 年 10 月吸引超 140 家企业入驻，实际投资额超 17 亿美元，缴纳税费超 2 亿美元，产业带动就业约 5 万人[②]，大大提升了资源配置效率，扩大了中埃产能合作规模。[③]浙江充分发挥产能优势，带动经合区发展为两国投资和技术合作、吸引外资的重要平台，为埃及带来巨大的经济效益。

产能合作规模扩大，水平不断提高，机制逐渐完善。在积极推动"政府搭台、央企牵头、民企抱团"的国际产能合作模式下，浙江巨石、正泰、恒石等一批先进制造企业依托中埃·泰达苏伊士经贸合作区成功走进埃及，并带领一批企业入驻工业园区，转变了以往以企业为媒介进行对外合作的传统模式，实现了以企业为主体，以合作共赢为导向的优势产能布局，促进了产能转移和质量效应提升。其中，巨石集团的玻璃纤维项目、正泰新能源的 500 千伏输电线路工程本班光伏项目、恒石纤维基业的埃及绿色风电产业链已成为中埃产能合作的品牌项目和中非经贸合作案例方案，是浙江对"走出去"战略的具体落实和"五通三同"的具体体现。2023 年中非经贸西湖论坛暨第二届浙商对非经贸合作论坛上，巨石集团入选浙商对非经贸十佳案例。[④]2023 年 5 月，泰达海外投资贸易服务—浙江联络处、中非民间商会会员埃及之家正式揭牌，霖昀科技与泰达合作联合建设的首座"一带一路"沿线数字化园区首次亮相，中非泰达分别和浙江省与非洲服务中心、正泰国际、天一化学、华鼎能源签署了战略合

① 中华人民共和国商务部. 埃及经济复苏助推中埃产能合作. (2017-07-21) [2024-01-28]. http://gpj.mofcom.gov.cn/article/zuixindt/201707/20170702613294.shtml.

② 中华人民共和国商务部. 搭建起国际贸易投资新平台（国际论坛·共享机遇、共谋发展的阳光大道）. (2023-10-08) [2024-01-29]. https://cacs.mofcom.gov.cn/article/gnwjmdt/sb/sbqt/202310/178159.html.

③ 李碧念. 中埃经贸合作进入新的高速发展期. (2019-12-11) [2024-01-28]. https://www.imsilkroad.com/news/p/395126.html.

④ 桐乡市人民政府. 中国巨石入选 2023 浙商对非经贸十佳案例. (2023-12-27) [2024-01-29]. http://www.tx.gov.cn/art/2023/12/27/art_1631359_59170175.html.

作协议。①

产能合作填补了埃及产业链空白，促进了工业化转型进程。中国巨石股份有限公司埃及公司年产20万吨玻璃纤维生产基地2018年建成投产，实现年产值超过2.2亿美元，每年出口创汇近2亿美元，为当地创造了2500个就业岗位，成为非洲大陆最大的玻璃纤维生产基地，使埃及成为世界第五大玻璃纤维工业生产国。②巨石埃及项目不但填补了整个中东、北非地区玻璃纤维制造业的空白，也对中国玻璃纤维工业的国际化具有"里程碑"式的意义。2017年，正泰新能源在埃及建厂，利用产能、供应链优势，深度参与埃及的电力新能源事业，陆续中标埃及"三大新城"新首都CBD项目、新阿拉曼变电所项目、新蒙苏拉基建项目等，提供低压控制箱、照明箱、智能控制柜等一系列产品及配套服务。正泰还进驻了"农网改造　体面生活"项目，为埃及居民的生产、生活用电提供强有力的保障。③2021年，正泰投资参建的本班光伏产业园全面投产，成为世界上最大的光伏产业园之一。④该项目增强了埃及国家电网整网结构的安全性，大大缓解埃及多地面临的用电短缺问题，带动上下游产业发展，促进埃及经济发展和电力能源合理利用。⑤2014年，浙江恒石公司在泰达工业园区投资建立风电织物生产基地，主要生产风力发电机叶片材料，填补了埃及风电产业链的空白，对风电行业的技术发展以及产能提升产生了巨大的推进作用。⑥2023年5月，浙江火电和隆基绿能签署埃及康翁波项目合作协议，预计项目建成后将能满足13万户家庭的电力需求，为埃及能源结构转型和经济社会发展提供新动力。⑦

---

① 王琪，汤浩锋. 非洲经贸合作区与浙江企业对接会在杭召开.（2023-05-26）[2023-08-02]. https://www.comnews.cn/content/2023-05/26/content_26811.html.

② 新华思路. 中国巨石股份有限公司埃及公司年产20万吨玻璃纤维生产基地全面建成投产.（2018-09-04）[2022-12-12]. https://www.imsilkroad.com/news/p/109346.html.

③ 正泰集团. 从走进去到沉下来，正泰埃及工厂再增资400万美元.（2021-09-26）[2022-11-26]. https://www.chint.com/news_detail?id=4532.

④ 周輖，等. 人民日报：凝聚绿色共识　共促绿色发展.（2022-02-11）[2024-01-28]. http://www.sasac.gov.cn/n2588025/n2588139/c23132276/content.html.

⑤ 周輖. 引进中国输电技术　改造埃及老旧电网.（2019-01-28）[2024-01-29]. https://finance.people.com.cn/n1/2019/0128/c1004-30592946.html.

⑥ 红网. 中非·案例方案典范 | 恒石填补埃及风电产业链空白.（2021-11-02）[2022-11-26]. https://sw.rednet.cn/content/2021/11/02/10355766.html.

⑦ 隆基. 浙江火电和隆基绿能签署埃及康翁波项目合作协议.（2023-05-26）[2024-01-29]. https://www.longi.com/cn/news/kom-ombo-contract/.

产能合作实现了国际化产业布局，有效推动了相关产业发展。浙江省与埃及产能合作促进了上游物流运输、矿产开发和包装材料制造等产业的发展，同时也促进了下游玻璃纤维织物、太阳能发电、风力发电、电工设备等复合材料应用产业的集聚和转型，以及高新技术产业的快速发展。与此同时，产能合作的快速发展促进了本土化人才的培养和劳动力就业，为当地社会带来发展机会，改善了埃及的民生生活，为埃及工业发展注入了强劲动力，真正达到"授人以渔"的效果。浙江省与埃及产能的成功对接不仅有利于中国制造业转型升级，带动服务业发展，而且为埃及绿色可持续经济发展提供了支援，为渴望促进工业化发展、新产能开发和新能源发展的中东和非洲国家提供了良好示范和有益借鉴。

（二）设施联通：惠及民生，搭建互联互通"新桥梁"

设施联通是浙江省与埃及合作的优先领域之一。为积极配合落实中非合作论坛会议成果，浙江省发布《浙江省加快推进对非经贸合作行动计划（2019—2022 年）》，大力支持浙江企业参与非洲的互联互通项目建设。2022 年 11 月，中非经贸论坛在金华连续举办了中非联合工商会中方理事会议以及中非境外税收论坛、中非产业合作论坛、中非跨境电商论坛、中非职业教育论坛、中非智库论坛等配套活动[1]，促进了中非发展政策、国际规则和标准的"软联通"。2023 年中非经贸论坛有三项中非经贸合作机制成果落户金华，其中中国—非盟、中国—埃及商事法律合作委员会将加强与非洲对口机构在摩擦应对、知识产权、调解仲裁等方面的法律合作，帮助企业防范风险、化解纠纷，促进浙江省与非洲经贸合作行稳致远。中国—非洲联合工商会浙江联络办公室将为浙江企业开展对非经贸合作提供全面专业的保障服务。[2] 目前，埃及正大规模推进基础设施建设和工业化进程，而浙江省在电力、能源、交通、城建等方面具有独特优势，浙江省与埃及双方交通设施、通信设施、能源设施联通项目的合作方兴未艾。

设施"硬联通"为疫后浙江省与埃及经济贸易的复苏提供了强劲动力。截

---

[1] 浙江省人民政府新闻办公室. 浙江举行2022中国（浙江）中非经贸论坛暨中非文化合作交流周新闻发布会.（2022-11-18）[2024-01-29]. http://www.scio.gov.cn/xwfb/dfxwfb/gssfbh/zj_13836/202307/t20230726_748433.html.

[2] 浙江省人民政府. 2023中国（浙江）中非经贸论坛暨中非文化合作交流月新闻发布会.（2023-10-31）[2024-01-29]. https://www.zj.gov.cn/art/2023/10/30/art_1229630150_6897.html.

至目前，浙江企业如巨石集团、正泰新能源、浙江建投、浙江火电等参与完成或启动了包括建设埃及新首都中央商务区、埃及斋月十日城轻轨铁路项目，升级改造埃及国家电网 500 千伏输电工程等在内的一系列重点工程。

为进一步推动设施联通，浙江开通了义乌、宁波、杭州到埃及开罗港、塞得港、苏哈纳港的海运、空运物流专线，凭借产业和货源优势推动浙江省与埃及经贸合作实现跨越式发展。继宁波舟山港与埃及塞得港建立友好港关系后，浙江省各级政府积极推动宁波舟山港与埃及各大港口间交流合作，落实《海丝港口合作宁波倡议》，开辟新贸易航线，发挥宁波舟山港"世界第一"的优势，联手打造中埃海上供应链的互联互通。浙江省与埃及联通合作项目鼓励了一批中国能源、建筑企业"联盟拓市"，带动了工程机械、基建材料出口，改善了埃及基础设施落后的情况，推动了埃及交通、物流、商贸、产业的加速融合，为埃及经济复苏提供了强劲动力。

"软联通"推动力度明显增强，提升了浙江省与埃及、中国与埃及设施联通水平。除了机制对接、项目对接外，如光纤产业、纺织产业等行业的体系标准和规则对接也在互联互通中发挥了重要作用，有效降低了中埃经贸合作的交易成本和因规则碎片化而导致的投资风险。浙江省与埃及合作还加快了绿色发展、数字经济等新兴领域标准和规则的对接相融。以正泰公司为例，其数字化技术帮助埃及轨道交通实现智能发展；其光伏技术使埃及获得低成本、可持续的能源，为减少排放，实现绿色低碳发展提供了重要保障；其本土化人才培养与跨文化融合，促进了双方"软联通""心联通"。浙江省与埃及之间的互联互通合作提升了中埃两国与中东北非地区的设施联通水平，推动了"一带一路"建设在中东北非地区的顺利开展。

（三）贸易畅通：携手共进，开创共同繁荣新局面

贸易畅通是促进浙江省与埃及经济繁荣与跨区域合作的重要途径。浙江各级政府高度重视中埃战略部署，签署了一系列政府间投资协议，以便提高贸易便利化水平，为对埃投资合作创造良好的政策环境。在各级平台的推动下，央企、国企、民营企业、外资企业相互借力、优势互补，"抱团出海"、合作共赢的成果已逐渐显现。

贸易平台更加宽广，贸易方式更加灵活。各类综合性展会平台，如中国国际进口博览会、中非经贸博览会、中国浙江投资贸易洽谈会、义乌进口商品博

览会、中国义乌国际小商品博览会、中国（埃及）贸易博览会等，以及一系列合作交流服务平台，如中非民间商会、中非桥跨境贸易服务平台、世界电子贸易平台、浙江省与非洲服务中心等，都在助力浙江省与埃及经贸信息供给、协调引导、经贸服务合作方面发挥了重要作用。受疫情影响，除大型展会外，浙江贸促会还开启了"互联网＋展会"模式，线上线下有机结合，举办了浙江省与埃及间各类经贸活动，如 2020 浙江出口网上交易会（埃及站—农业机械专场）和 2020 浙江出口网上交易会（埃及站—机电专场）、2020 浙江湖州出口网上交易会（北非专场）、2021 浙江省与非洲共建"一带一路"经贸合作对接会、2021 年金华品牌商品网上交易会（埃及站—五金消费品专场）、2022 浙江出口农产品网上交易会（中东北非专场）等。交易会根据企业展品和采购商需求，通过网上平台系统提供线上样品展示、线上推广、数字虚拟展示等服务，全方位多维度展示展品，让采购商能够更加直观地了解到展品及相关信息，实现了供需双方现场实时精准高效对接。

贸易合作呈现出全方位、多领域的发展特征。浙江省与埃及双方不仅在纺织、能源等传统优势领域频繁合作，也在卫生、农业等领域尝试合作。浙企正泰公司在中埃防疫卫生合作和协助抗疫中表现优异，尽管面临交期短、任务重的困难，但顺利完成了非洲最大的疫苗仓储冷库——科兴援埃自动化疫苗冷库的供电项目。[1]宁波嘉尚公司在埃及设立的医用外科口罩生产线使口罩产能翻倍，极大缓解了埃及市场口罩紧缺的压力。[2]此外，浙江省与埃及农产品贸易合作和农业技术合作进步较大。浙江省作为农业对外贸易大国，与中东北非 70 多个国家建立了农产品贸易往来关系。中国的茶叶、菌类、蔬菜和水果大量出口埃及，同时从埃及进口橙子、葡萄、枣、冷冻草莓、大蒜等农产品。埃及对中国鲜橙出口额每年已达 8000 多万美元。[3]

贸易主体更加多元化，民营企业更有活力。除"国字头"企业外，巨石、正泰、吉利汽车、阿里巴巴等国际知名浙江民营企业成为对埃投资主力军。浙江民企"领头羊"吉利汽车自 2012 年在埃及设厂后，与埃企合作开设组装生

① 浙江一带一路网. 正泰为埃及疫苗冷库项目架起"生命电".（2022-11-03）[2024-01-28]. https://zjydyl.zj.gov.cn/art/2022/11/3/art_1229691765_19835.html.

② 中华人民共和国商务部. 首条中埃合作口罩生产线正式投产.（2020-04-09）[2024-01-28]. http://www.mofcom.gov.cn/article/i/jyjl/k/202004/20200402953845.shtml.

③ "走出去"导航网. 埃及专家：期待埃中在农业领域开展更多合作.（2022-10-26）[2022-11-26]. https://zhejiang.investgo.cn/investment/env/detail/424297.

产线，以期立足埃及，辐射环地中海，进一步完善其全球布局。①目前，吉利埃及已与当地销售及售后服务企业建立紧密的合作关系，服务网点多，零配件丰富，成本大幅降低，市场占有率逐年提升，带动了埃及汽配行业的迅速发展。②除大型企业外，浙江省也积极鼓励"专精特新"的中小微外贸企业走国际化道路。2022中非经贸西湖论坛暨首届浙商对非经贸合作论坛在杭州召开，发布了"杭派好品"出海非洲倡议书，宣布成立中小优企服务基地和浙商非洲发展联盟，以支持落实"小而美、惠民生"的中小企业对非合作。③如温岭制造、朝隆纺织、科惠医疗等大量制造和服务企业选择将埃及作为开拓中东非洲市场的首选之地。浙企积极整合资源，提高协同能力，帮助中小企业打通商业渠道，为中小企业增势赋能。如正泰埃及参与发起"绿丝路基金"和浙江民营企业联合投资股份有限公司，积极帮助浙江企业"抱团出海"，走向非洲。④

（四）数字经济：共创未来，激发经贸合作新动能

2017年，中埃"网上丝绸之路"建设合作会议开启了数字经济合作篇章。新冠疫情影响下，电子商务、移动支付、数字金融、直播带货、在线教育和医疗等呈爆发式增长，数字经济已成为重塑全球经济结构、改变全球竞争格局的关键力量。埃及正在加速数字化建设步伐，提升基础设施智能化发展，致力于打造亚非欧数字贸易枢纽地位。浙江省作为中国第一个发布数字贸易先行示范区建设方案的省份，鼓励企业发挥数字经济优势，在互联网、大数据、智能安防、智慧交通等领域开展对非合作。目前，华为与埃及签署了合作备忘录，为人工智能、数据管理、游戏、电子商务、智能电网建设等多个领域的企业提供云资源生态系统使用权，为中埃数字贸易合作奠定了坚实基础。⑤在传统业态遭受重创的这几年，打造"数字非洲"成为浙江省与非洲合作新着力点。

浙江省与埃及跨境电子商务呈现"井喷式"发展。中东北非是全球电商

① 中华人民共和国商务部. 穆尔西访华后首个中埃合作项目吉利埃及CKD生产线投产仪式成功举行.（2012-10-17）[2024-01-29]. http://eg.mofcom.gov.cn/article/zahz/f/201210/20121008386672.shtml.

② 曲翔宇. 中国车企在埃及改打高端牌.（2019-06-26）[2024-01-29]. https://m.huanqiu.com/article/9CaKrnKl9de.

③ 中非合作论坛. 中非经贸西湖论坛暨首届浙商对非经贸合作论坛在浙江杭州举行.（2022-11-21）[2024-01-29]. http://www.focac.org.cn/chn/zfgx/jmhz/202211/t20221121_10978835.htm.

④ 章卉. 正泰：让浙江智造走向全球.（2017-04-13）[2024-01-29]. https://zjrb.zjol.com.cn/html/2017/04/13/content_3047200.htm?div=-1.

⑤ Doaa A. Moneim. Egypt's ITIDA, Huawei Technologies Ink MoU to Launch Spark, Develop Startups.（2022-08-08）[2024-01-29]. https://english.ahram.org.eg/News/472816.aspx.

行业增速最快的市场之一。电商行业市场规模从 2015 年的 42 万亿美元增长至 2020 年年底的 220 亿美元,实现了 500% 的增长。①2021 年"非洲网购好物节"活动期间,金华举行的非洲产品电商推广季历时三个月,共开展了 106 场专场直播,直播成交额超 5000 万元。②埃及电商市场在整个非洲市场占比较高,有巨大的发展潜力。作为浙企中的佼佼者,阿里巴巴成为非洲数字经济浪潮的"领跑者"。它通过先进技术方案,为各种规模的企业创建数字驱动的生态系统,克服了供应链障碍,除了释放中东和北非地区市场对中国企业的需求外,还为中东和北非地区的卖家提供进入新市场的机会。阿里巴巴天猫国际、国际站为埃及企业在内的非洲企业搭建了全球市场平台;阿里商学院推出的"互联网创业者计划"两年内为 17 个非洲国家培训了 100 多名电商创业者,为非洲创造了 3400 个直接就业机会和超 1 亿美元年营收③;阿里巴巴国际站面向中小微企业发布《产地出海一站式数字解决方案》,为浙江核心产业带商家提供了一系列重点扶持举措,促进了跨境商务发展④;阿里速卖通和 JollyChic(执御)两家跨境电商平台提供的一站式服务减轻了浙江民营中小微企业的成本负担,使其享受到数字化红利。鉴于埃及数字经济建设仍处于初级阶段,跨境电子商务仍面临数字产业链不完善和电商市场规模不足、物流配送低效等问题。随着浙江省与埃及在通信、互联网等领域合作的开展,埃及数字经济有望迎来新发展。

浙江省与埃及数字化贸易驶入"快车道"。信息通信水平的提高,使埃及网络用户对数字化产品内容的需求多样化不断加强,浙江省与埃及之间在数字游戏、数字音乐和网络社交等方面的产品贸易明显增加。基于庞大的网民数量以及尚未被垄断的市场,阿里巴巴、网易旗下的数字游戏在埃及获得巨大成功。游戏不仅带动了数字经济发展,也随着游戏的国风化转型,形成了强大的文化输出效应,促进了中国文化的传播。传音控股旗下的 Boomplay 在线音乐

---

① 凌壹伍. 2022 年瞄准哪一片新蓝海?这个地区有望掀起"淘金热".(2022-01-17)[2022-11-26]. https://www.cifnews.com/article/115256.

② 央广网. 以"丝路电商"扩展"一带一路"经贸合作,"非洲好物网购节"在浙江启动.(2022-04-29)[2022-11-26]. http://zj.cnr.cn/zjyw/20220429/t20220429_525811023.shtml.

③ 澎湃新闻. 点赞电商 | 阿里巴巴如何帮助非洲创业者?联合国晒出了一份成绩单.(2019-12-06)[2022-12-04]. https://www.thepaper.cn/newsDetail_forward_5179522.

④ 阿里巴巴国际站."数字出海 货通全球"2022 高质量出海跨境峰会.(2022-08-09)[2024-01-29]. https://supplier.alibaba.com/activity/boutique/PX001WJM7.htm?joinSource=google.

应用用户数量突破 6800 万人，成为非洲最大的音乐流媒体平台；新闻聚合类应用 Scooper 已成为非洲头部信息流与内容聚合平台之一，月活跃用户数约 2700 万人[①]；网易 U-dictionary 翻译软件在埃及广受欢迎，长期在 Google Play 教育榜中排名第一。[②] 良好的数字经济生态离不开完善的供应链和配套基础设施，当下浙江省与埃及数字贸易仍聚焦于数字基建方面，电子支付、数字生态、数字教育、农业、医疗、金融服务等领域的合作也已提上日程，浙江省与埃及数字经济合作前景可期。

三、浙江省与埃及深化合作交流的政策建议

当前，国际秩序的深刻变革对全球经济造成较大波动。受益于多项改革举措和政策支持，埃及政治形势总体稳定，经济展现出了巨大韧性与潜力，埃及国家战略蕴藏巨大商机。2013—2023 年，浙江省与埃及合作取得了瞩目的成就，但客观来看，双方政策沟通仍需加强，经贸规模仍待扩大，人文交流水平仍待提升，合作潜力和空间依然较大。浙江省与埃及双方应以互利共赢、共同发展为目标，继续发挥双方经济互补性强、产业梯次衔接的优势，通过双多边合作机制，优化合作政策，改善投资环境，调动民营企业的积极性，继续深耕传统优势领域的同时，拓展在数字经济、绿色经济、文旅经济等方面的合作，培育浙江省与埃及合作新亮点，助力中埃打造"一带一路"建设先行样板。

（一）加强制度保障与规划，提升政府公共服务能力

2022 年，埃及持续推进经济改革，围绕经济结构和数字化转型，以及基础设施和制造业升级等重点，出台了大量激励政策和扶持举措。中埃双边关系的升级和良好的财政投资政策为深化浙江省与埃及经贸合作提供了重要机遇。浙江省与埃及各级政府和相关部门在落实两国决策部署、建设沟通机制、鼓励招商引资的政策导向方面发挥了重要作用。但鉴于浙江省与埃及合作仍存在缺乏长期规划、法律环境不稳定、行政效率低下、贸易纠纷频发等问题，政府的公

---

① 同花顺财经. 传音控股：公司与网易、腾讯等多家国内领先的互联网公司，在多个应用领域进行出海战略合作，积极开发和孵化移动互联网产品.（2022-09-30）[2022-12-05]. http://yuanchuang.10jqka.com.cn/20220930/c642125773.shtml.

② 网易. 安装量 5000 万，这家公司是如何在印度市场超过 Google 的?.（2019-07-22）[2022-12-05]. https://www.163.com/dy/article/EKN6QT2R0525F477.html.

共服务能力仍需提高。首先，浙江省与埃及双方政府部门可以构建重点领域的各级合作机制，对接双方规划和需求，直接进行政策、法律和信息交流，最好设立"一站式"行政服务，提高运营效率。其次，加大对苏伊士经贸合作区后期运营的规划管理，实现对园区的整体规划和企业资源的合理配置，改善园区道路、水电、通信等"硬件"设施和服务、管理、信息等"软件"设施，提供企业入驻、运营方面的法律政策咨询，保障企业享有合法地位与优惠政策。再次，进一步引导各类金融机构降低融资成本，加大信贷资源倾斜，为民企"走出去"提供必要的信贷保险支持。最后，加强建设投资协调机制，与埃及或国际组织签署双边、多边以及国际投资保护协定，尤其要建立地方政府具体协议机制，帮助企业规避投资风险与贸易摩擦。浙江省与埃及各级政府之间的统筹协调对促进双方企业互信、维护产业链稳定、确保经贸合作的健康发展意义重大。

（二）促进需求对接与优势互补，深化双边合作内涵

随着"一带一路"倡议与《埃及愿景 2030》高度对接，中埃优势互补，已经实现了在各领域的合作。南非兰德商业银行发布的《2021 年非洲投资指南》显示，埃及连续 4 年蝉联非洲最佳投资目的地国。[①]埃及在区位优势、资源储备、人口红利、营商环境、投资政策、市场空间等方面仍然具备竞争力，而浙江发达的协作体制、完善的产业基础、多元贸易结构与埃及发展需求高度契合。浙江省与埃及在油气、纺织、汽车、服务业、电力方面的合作仍需提升质量和水平，在高新科技和数字经济方面的合作具有广阔前景。现阶段，深化浙江省与埃及合作需要做到以下几点。

其一，加大浙江省与埃及双方金融机构合作。2016 年，中埃签署了人民币结算和本币互换协议，埃及央行也针对个人与中小微企业制定了《金融包容性战略（2022—2025）》[②]，但融资难仍是中小企业对埃投资的突出问题。因此，鼓励浙江省、埃及商业银行与丝路基金、埃及主权基金合作，建立起政府、银

---

① 商务部国际贸易经济合作研究院，中国驻埃及大使馆经济商务处，商务部对外投资和经济合作司. 对外投资合作国别（地区）指南：埃及（2022年版）. [2022-12-06]. http://www.mofcom.gov.cn/dl/gbdqzn/upload/aiji.pdf.

② 埃及国家信息服务中心. 中央银行启动金融包容性战略（2022—2025）.（2022-10-09）[2022-12-06]. https://www.sis.gov.eg/Story/132952/.

行、保险公司、企业信息共享和端到端的核验机制，支持形成可持续的公私联合融资模式，才能更好地缓解中小企业融资难、银行风控难等问题。

其二，深化基础设施领域的合作，突破埃及经济增长的瓶颈。深化浙江省与埃及在光伏、风电等清洁能源领域的基础设施合作，加大对公路网、城市地铁、苏伊士运河、机场和港口建设改造工程等交通基础设施的投资，推进多式联运和设施互联，推进交通运输领域标准互认，共建便捷高效、性价比高的现代交通运输体系。

其三，优化浙江省与埃及产能合作结构。利用中方制造业品类齐全、体系完善以及埃方能源和纺织产业生产成本较低、贸易政策支持、贴近市场和经营主体等方面的优势，在加快传统劳动密集型产业转型的同时，注重高端产业，从以加工制作为主，向合作研发、联合设计、市场营销、品牌培育等高端环节延伸，推动埃及本国产业链、供应链发展，提升自主发展和创新能力。

其四，提高浙江省与埃及新能源合作水平。亚投行已加入埃及食品、水和能源关系倡议，预计将动员 100 亿美元投资，提高可再生能源太阳能、风能能力。[1]浙江火电、正泰等能源企业可以契合埃及能源发展关切，继续参与老旧电力设施设备升级改造、输变电网络建设优化，选择可再生能源领域重点项目，寻求设备产品出口、工程建设、投资运营等多种形式的合作机会。

其五，拓展浙江省与埃及在数字经济、绿色经济和其他新兴领域的合作。埃及政府为绿色氢能、电动汽车、海水淡化以及可再生能源领域的若干项目提供了税收激励措施，2020 年埃及政府计划在三年内将对绿色项目的投资比例提升三倍。[2]作为中国数字经济和绿色经济的"金名片"，浙江可以利用自身优势，扩展与埃及在 5G、大数据、信息经济、跨境电商、智慧城市等高新技术领域的合作，促成数字贸易规则标准对接，助力"数字埃及"计划实现埃及交通、通信、电力、教育和人工智能领域的数字化转型，为构建中埃命运共同体注入新动力。

（三）把握历史机遇，挖掘新的浙江省与埃及合作增长点

面对国际秩序变革带来的新机遇和新挑战，浙江省与埃及双方应把握机

---

[1] 见道网.亚投行加入埃及倡议支持到2028年安装10GW可再生能源.（2022-11-23）[2022-12-06]. https://www.seetao.com/details/192178.html.

[2] 中华人民共和国商务部.埃及政府将在2023年实现完全绿色投资.（2020-12-03）[2022-12-06]. http://www.mofcom.gov.cn/article/i/jyjl/k/202012/20201203023760.shtml.

遇，转危为安，寻找务实合作新的增长点，加大在农业、传媒、旅游、医疗等方面的合作，促进贸易平衡和可持续发展，夯实中埃人文交流基础，推动中埃战略伙伴关系不断迈上新台阶。

农业合作方面，中埃两国都是农业大国，具有互补共赢的发展潜力。浙江省是农业对外贸易大省，每年都组织中东北非地区的线上线下出口农产品交易会，农产品成为浙江省与埃及合作的新亮点。当前浙江省与埃及农业合作贸易主要是初级产品的进出口，规模小、结构单一、附加值低。浙江应依托农产品国际贸易发展基地和完善的农产品进出口监测预警体系，加大与埃优势农产品领域的合作，拓展优良品种资源交换与合作、优质农产品深加工、产业链增值等方面的合作，利用浙江的科技强省优势，推动设施农业、遥感农业、智能农业等农业基础设施、农业装备制造和高新科技合作，助力埃及顺利推行"百万费丹""新三角洲"等大型土地开垦计划和农业项目的顺利落实。

媒体传播合作方面，浙江广播电视集团媒体产业发达，文化国际传播能力强，而埃及是阿拉伯地区广播电视先驱，开罗素有"中东好莱坞"之称。依托中阿广播电视合作论坛，浙江省与埃及广播影视交流已有所突破，双方在节目互播、内容制作、人才培养、技术交流等方面开展了富有成效的合作。浙江华麦与GBTIMES埃及分公司已通过公司运营的中国首家线上文化影视作品跨境交易平台Mega Media，向中东地区输出了一些适合当地市场的优秀影视作品。浙江省与埃及应继续发挥影视城、电影节等电视产业基地的集聚效应，发挥融媒体功能，合力打造智慧广电媒体和智慧广电网络，提高在埃播出浙江影视剧的数量和国际化程度。同时，建议浙江省与埃及相关部门共同拍摄电影或制作电视节目，注重对中埃现代文化的传播和价值情感共鸣，推动浙江省与埃及合作向纵深发展。"一带一路"不仅仅是依托商品、基建的经贸之路，也是推进中阿价值融通、民心相通的文化之路。浙江省与埃及广电领域的务实合作已经取得了显著效果，也将进一步为中埃增进友谊、共同繁荣创造良好的民意基础。

旅游合作方面，浙江省与埃及都具有明显国际竞争优势，双方合作仍有巨大空间。2019年，中国赴埃旅游人数达50万人，年均增长率超30%。[①]为了刺激旅游产业加快复苏，埃及政府采取了优化旅游环境、实施优惠税收和投资

---

① 中华人民共和国中央人民政府. 王毅接受埃及《金字塔报》书面采访.（2020-01-08）[2022-12-08]. http://www.gov.cn/xinwen/2020-01/08/content_5467656.htm.

政策、增开国际航班、强化旅游安全和管理水平、建立企业帮扶机制等各项措施。浙江应把握时机，利用浙江省与埃及旅游资源差异性、互补性，共同制定旅游发展合作计划，提高浙江省与埃及旅游业国际合作水平。第一，建立文旅产业融合发展的长效机制，进行品牌推广、信息整合、市场开发全方位合作，助力浙江省与埃及旅游产业升级；第二，为国际旅行商提供扶持和奖励政策，打造一站式、多元化的精准服务，满足客户个性化需求；第三，打造基于文化特征的特色旅游项目，促进多业态融合旅游发展模式，继续开拓埃及旅游市场，宣传"诗画浙江"品牌形象，吸引埃及游客赴浙江旅游、投资。

医疗卫生合作方面，打造"健康丝绸之路"是共建中埃命运共同体的一项重要内容。疫情防控期间，中埃联手建成了非洲首条新冠疫苗联合生产线，为全球抗疫合作树立了典范，极大加深了两国人民感情。《埃及愿景2030》计划大力改善国内医疗基础设施并构建全面医保体系，医疗市场存在巨大投资空间。2022年上半年，中国医疗器械对埃出口额达8.85亿元，其中浙企出口额名列第一。[①]浙江省与埃及可继续在以下方面加强医疗卫生合作，推动建设中埃卫生健康民意共同体。其一，增加诊断仪器、医用消耗材料、医院器材以及康复用品等医疗器械的进出口合作；其二，建立浙江省与埃及医院院际联系，通过医务人员互派、进修，进行先进医疗技术、传统医药、公共卫生等方面的人才培养；其三，鼓励双方医学研究机构、医疗机构和医药企业共建实验室，开展"产学研用"一体化合作，加强学术交流机制建设和科研成果转化，提高合作水平。浙江省与埃及卫生合作的发展有利于催生新一轮经贸增长点，也将推动埃及卫生体系的完善和中埃卫生事业的发展，为铺就中埃"健康丝绸之路"保驾护航。

四、结语

埃及是"一带一路"通往非洲大陆的重要门户，是非洲第三大经济体，也是新兴市场增长最快的经济体国家之一，具有巨大的消费和发展潜力。浙江省是全方位高水平参与共建"一带一路"的重要枢纽，是中国对外投资贸易大省、强省，也是埃及实现长期可持续发展、结构转型、自主发展能力所不可或

---

① 搜狐网. 上半年我国医疗器械出口非洲76.77亿元.（2022-08-04）[2022-12-06]. https://www.sohu.com/a/574168645_120629259?_trans_=000019_wzwza.

缺的重要合作伙伴。2013—2023 年，浙江省与埃及双方在各领域的交流合作取得了一系列标志性、突破性成就，既为埃及经济恢复和工业发展转型提供了助力，为中东北非地区的稳定与繁荣带来机遇，也为国际社会团结协作共建"一带一路"树立了成功典范。浙江省与埃及全面合作不仅具有重要的经济意义，更具长远的战略意义。因此，随着经贸合作的不断加深，人文交流的基础性、先导性作用将更加突出。发展对埃关系，浙江不仅要强化政府主导和政策引领，也要深化在经济领域的务实合作，更要推进人文交流和文明互鉴，积极推动中埃友好合作迈向更美好的未来。

浙江省与利比亚合作：现状、挑战与前景

姜欣宇 王 辉

摘要： 利比亚是浙江省与非洲合作的重点国家，双方合作具有传统优势和现实动因。2011年前，浙江省与利比亚已在小商品交易、能源、基建等领域开展了广泛合作。2011年，利比亚内战爆发，浙江省与利比亚合作遭受冲击，在利浙企损失惨重。2013年中国提出"一带一路"倡议以来，随着中国与利比亚在经贸、投资、文化等领域持续深化合作，浙江省与利比亚合作稳步发展。浙江省与利比亚互利合作的前景广阔，未来双方可继续加强传统优势领域合作，并积极在智能制造、清洁能源等领域拓展合作渠道，打造浙江省与利比亚合作新的增长点。同时，浙江省与利比亚合作机遇与挑战并存，浙江省有关部门与民间机构可进一步采取措施为浙企赴利经营保驾护航，而浙企自身也应在进入利比亚市场前做好调研工作，与利各方保持良好关系，并在文化领域加强合作，为浙江省与利比亚合作的未来奠定良好基础。

关键词： 浙江省；利比亚；浙江省与利比亚合作；中利合作；"一带一路"

作者简介： 姜欣宇，西北大学中东研究所博士研究生。

王辉，吐鲁番职业技术学院马克思主义学院讲师。

自2013年习近平总书记提出"一带一路"倡议以来，中非合作出现新的历史机遇。在新时代中非关系全面提升的背景下，浙江省积极参与共建"一带一路"，与非洲国家在经贸、投资等合作领域发展迅速。利比亚位于北非地区，是重要的共建"一带一路"国家，浙江省与利比亚之间存在良好合作传统，双方合作存在诸多互补领域，双方合作前景广阔。然而，从过往历史经验来看，浙江省与利比亚合作也面临诸多风险与挑战。在此形势下，本文将结合浙江省与利比亚合作实际，分析浙江省与利比亚合作的现状特点，论述浙江省与利比

亚合作面临的风险与挑战，发掘浙江省与利比亚合作中的机遇，提出规避或降低风险的建议，并对浙江省与利比亚合作的前景进行展望。

一、新时代浙江省与利比亚合作的现状

自 2012 年党的十八大开启中国特色社会主义新时代以来，中利经贸领域合作不断深化，浙江省与利比亚双方也在机电、纺织、食品等领域展开了持续合作。浙江省与利比亚合作具有如下特点。

（一）经贸合作逐步恢复

进入新时代，受到"一带一路"倡议提出等政策利好推动，中利经贸领域合作得到深化，在新冠疫情暴发前的 2019 年，中国自利比亚进口与出口商品总值均达到 5 年来顶峰。2016—2018 年，中国与利比亚出口贸易总额分别为11.8 亿美元、10.2 亿美元、14.2 亿美元，呈现平稳态势。[①]中国自利比亚进口商品（主要为原油）在 2018 年出现显著增长，达到 47.8 亿美元，相较 2017 年增幅达到 252.1%。[②]2019 年，中国与利比亚在经贸领域合作显著增多，双边贸易额达到 72.6 亿美元，增长 20%。其中，中方出口 24.5 亿美元，增长 72.5%；进口 48 亿美元，增长 0.1%。[③]在工程承包领域，中利合作同样出现显著进展，2019 年，中国在利新签工程承包合同额达 7747 万美元，完成营业额达 2108 万美元，同比增长 1870.1%。[④]2020 年，主要受到新冠疫情暴发影响，中利贸易出现萎缩，双边贸易额为 26.9 亿美元，同比下降 62.9%。其中中方出口 18.8 亿美元，同比下降 23.3%；进口 8.1 亿美元，同比下降 83.1%。[⑤]截至 2020 年年底，中国企业对利直接投资存量 1.55 亿美元，对利直接投资流量则为-3869 万美元；在工程承包领域，双方在当年无新签承包合同，不过完成营业额达 1.69 亿

---

① 国家统计局. 统计数据：中国和利比亚出口贸易额. (2024-05-24)[2024-05-24]. https://data.stats.gov.cn/easyquery.htm?cn=C01.

② 中华人民共和国商务部. 中国—利比亚经贸合作情况.（2019-02-27）[2022-12-05]. http://xyf.mofcom.gov.cn/article/tj/hz/201902/20190202838587.shtml.

③ 中华人民共和国商务部. 统计数据：中国自利比亚进出口贸易额（2022-12-22）[2022-12-24]. http://www.mofcom.gov.cn/article/zwjg/zwdy/zwdyxyf/202202/20220203278749.shtml.

④ 中华人民共和国商务部. 中国—利比亚经贸合作情况（2020年）.（2021-11-26）[2022-12-05]. http://xyf.mofcom.gov.cn/article/tjhz/202111/20211103221299.shtml.

⑤ 中华人民共和国商务部. 中国—利比亚经贸合作情况（2020年）.（2021-11-26）[2022-12-05]. http://xyf.mofcom.gov.cn/article/tj/hz/202111/20211103221299.shtml.

美元，同比增长 704.4%。①2021 年，中利双边货物进出口呈现出显著恢复态势，进出口贸易额达 54 亿美元，相比 2020 年同期增长 99.2%。②截至 2023 年年底，中利双边贸易额达 61 亿美元，同比增长了 16.1%，中利双边贸易恢复态势愈加明显。③

　　在中利经贸领域深层次合作的大背景之下，浙江省与利比亚经贸合作迅速发展。新时代，浙江省在我国对利出口贸易中占据重要地位，2016—2018 年，浙江省与利比亚出口贸易金额分别为 4.2 亿美元、3.5 亿美元、4.9 亿美元，平均占全国对利出口额的 34%，双方经贸合作主要围绕纺织产品、机电产品等工业制造产品领域展开。④在进口方面，浙江省与利比亚之间也存在持续合作，浙江从利比亚进口的商品包括原油和石英等资源，其中原油占绝大部分。2017 年至 2023 年，浙江省总共从利比亚进口原油 10.2 万吨，价值 0.38 亿美元。⑤在对利出口方面，2019 年以来，与利比亚开展经贸合作的浙企共计 400 余家，可按照出口商品类型将这些企业划分为两大类。第一类是向利比亚出口机电产品的企业，包括杭州临安欧博照明电器有限公司、义乌市穹越贸易有限公司、温州佳凯实业有限公司、杭州临安天豪照明电器有限公司等 230 多家，占总数的 58% 左右。⑥第二类是向利比亚出口纺织品的企业，包括浙江真爱毯业科技有限公司、绍兴柯桥哈曼丹纺织有限公司、浙江嘉利和纺织科技有限公司等，约占对利出口企业总数的 32%，以及食品、饮料等零售、批发企业，如浙江富丹旅游食品有限公司、浙江省武义茶业有限公司等，约占总数的 10%。⑦按企业所在地归类，上述参与利比亚经贸合作的企业遍布浙江省主要城市，其中金华市 83 家（义乌市 60 家）、宁波 77 家、绍兴 66 家、杭州 58 家、台州 53 家，其余分布在嘉兴、温州、舟山、衢州、湖州等市。⑧

---

① 中华人民共和国商务部.中国—利比亚经贸合作情况（2020 年）.（2021-11-26）[2022-12-05]. http://xyf. mofcom.gov.cn/article/tj/hz/202111/20211103221299.shtml.

② 中华人民共和国商务部.统计数据：中国自利比亚进出口贸易额.（2022-02-03）[2022-12-24]. http://www. mofcom.gov.cn/article/zwjg/zwdy/zwdyxyf/202202/20220203278749.shtml.

③ 中华人民共和国海关总署.中国与利比亚进出口贸易总额.（2022-12-20）[2024-01-30]. http://stats.customs. gov.cn/.

④ 中华人民共和国海关总署.浙江与利比亚进出口贸易总额.（2022-12-20）[2023-01-04]. http://43.248.49.97/.

⑤ 中华人民共和国海关总署.浙江进口利比亚原油.（2022-12-02）[2022-12-14]. http://43.248.49.97/.

⑥ 格兰德.从浙江省出口到利比亚的出口商名单.（2016-06-15）[2022-12-14]. https://www.x315.cn/doc/e9E9cn.

⑦ 格兰德.从浙江省出口到利比亚的出口商名单.（2016-06-15）[2022-12-14]. https://www.x315.cn/doc/e9E9cn.

⑧ 格兰德.从浙江省出口到利比亚的出口商名单.（2016-06-15）[2022-12-14]. https://www.x315.cn/doc/e9E9cn.

（二）人文领域交流持续开展

"国之交在于民相亲"，浙江省与利比亚合作的基础在于两地民众心灵交融。人文交流因惠及民间、扎根人心，有利于未来浙江省与利比亚合作的稳定发展。在国家层面，借助中非合作论坛等相关平台，中非双方不断深化人文领域交流合作理念。2015年12月4日，中非合作论坛约翰内斯堡峰会把人文交流列为"十大合作计划"之一，将文明交流互鉴列为"五大支柱"。①2018年9月，中非合作论坛北京峰会把人文交流列为"八大行动"之一。②2021年11月，在中非合作论坛第八届部长级会议上，中方将人文交流列为中非合作"九项工程"之一。③

在浙江省层面，近年来各级政府加紧顶层设计，出台了一系列促进浙江省与非洲双方友好交流的举措。例如，《浙江省加快推进对非经贸合作行动计划》（2019—2022年）着重阐述了深化浙江省与非洲人文交流的重要举措。在市场层面，官方承办多种文化交流活动，例如，中国义乌国际小商品博览会已成为浙江省与包括利比亚在内的非洲国家交流的重要窗口。在2018年召开的第24届中国义乌国际小商品（标准）博览会上，来自利比亚的政府官员以实地走访和交流座谈的形式，深入了解义乌的发展状况、营商环境和优惠政策。④在企业层面，依托浙江院校，采取市场化运作模式的杭州中非桥电子商务有限公司正在成为深化浙江省与利比亚人文领域交流的新平台。如2022年5月26日，浙江科惠医疗器械股份有限公司携手中非桥在科惠杭州园区开启非洲版"科惠学院"序幕，会上，利比亚籍学生向企业分享了利比亚医疗行业发展情况，为浙江省与利比亚医疗领域合作提供了新的思路。⑤此外，依托金华市横店影视城等平台，浙江省与利比亚双方正在文化领域拓展更多合作项目，2015年11

① 中华人民共和国外交部网站. 王毅阐述中非合作论坛约翰内斯堡峰会成果.（2015-12-06）[2022-12-18]. https://www.mfa.gov.cn/web/gjhdq_676201/gjhdqzz_681964/zfhzlt_682902/xgxw_682908/201512/t20151206_9387371.shtml.

② 央视网. 中非合作论坛北京峰会举行圆桌会议 习近平主持通过北京宣言和北京行动计划.（2018-09-04）[2022-11-21]. https://news.cctv.com/2018/09/04/ARTIH8u3AwZc5TESIzJwQxdK180904.shtml.

③ 王磊. 中非合作论坛第八届部长级会议成果解读高端对话会举办.（2021-12-09）[2022-12-18]. http://world.people.com.cn/n1/2021/1209/c1002-32303738.html.

④ 陈进. 第24届中国义乌国际小商品（标准）博览会盛大开幕.（2018-10-21）[2022-12-10]. https://finance.huanqiu.com/article/9CaKrnKdUXe.

⑤ 楼纯. 这家浙企联手中非桥开启非洲版"科惠学院".（2022-05-27）[2022-12-19]. https://www.thehour.cn/news/520443.html.

月 15 日至 17 日，多名享誉全球的著名电影人访问横店影视城，其中就包括利比亚资深电影策划人朱曼·沙欣（Joumane Chahine）女士。[①]

二、浙江省与利比亚合作的机遇

新时代浙江省与利比亚双方合作存在诸多机遇，对于浙江企业而言，未来可就自身优势，在基建工程、智能制造、清洁能源等领域为浙江省与利比亚之间合作拓展渠道。

（一）浙江省与利比亚工程承包领域合作意愿强，持续合作可期

1982—2003 年，利比亚受到国际社会制裁，制裁时间长达 20 余年，利比亚国内主要基础设施为制裁前修建，设计陈旧，年久失修。加之基础设施、公共设施以及民居在利比亚战争期间遭受严重破坏，急需修复重建，因此，浙江省与利比亚在基础设施建设领域存在良好合作前景。同时，利比亚政府层面欢迎中方参与利比亚重建工作，希望中国企业来利从事基础设施建设。2013 年 5月，中国对外承包工程商会工作组一行 7 人访问利比亚，就中资企业返利复工等相关事宜与利比亚住房部进行商谈，经过两轮磋商，双方达成一致，并草签了《谅解备忘录》[②]，为我国企业返利复工初步确定了基本原则。到 2019 年，中国企业已在利比亚新签承包工程合同 3 份，累计派出各类劳务人员 70 人。[③]

同时，浙江省政府相关部门亦出台政策，支持浙资建筑服务企业"走出去"承包海外工程。浙江省商务厅印发的《浙江省服务贸易发展"十四五"规划》表示，要完善境外服务支持政策，支持更多建筑服务企业"走出去"，进一步提高对国际建筑服务企业的政策和资金支持，鼓励企业深耕"一带一路"市场。[④]浙江省鼓励本省建筑服务企业走出国门，前往共建"一带一路"国家投资基建工程，这为相关浙企重返利比亚基建市场注入了一股新的力量。

① 金华市人民政府. 马克·穆勒有意在横店拍摄电影新作.（2015-11-20）[2022-12-18]. http://swb.jinhua.gov.cn/art/2015/11/20/art_1229168150_58841742.html.

② 周桓. 中国建筑率先签署复工协议，央企利比亚停滞项目现转机.（2013-05-25）[2022-11-05]. https://www.cnstock.com/index/gdxw/201305/2578863.htm.

③ 商务部国际贸易经济合作研究院，中国驻利比亚大使馆经济商务处，商务部对外投资和经济合作司. 对外投资合作国别（地区）指南：利比亚（2020 年版）. [2022-11-10]. www.mofcom.gov.cn/dl/gbdqzn/upload/libiya.pdf.

④ 浙江省商务厅. 浙江省商务厅关于印发《浙江省服务贸易发展"十四五"规划》的通知.（2021-05-17）[2022-11-22]. https://zcom.zj.gov.cn/art/2021/6/4/art_1229267969_4652376.html

（二）浙江省与利比亚智能制造合作互补性较强，合作前景广阔

浙江省智能制造业实力强劲，在数字安防、智能装备（高档数控机床）等智能制造领域保持世界先进水平。而利比亚对工业制成品需求旺盛，尤其在战后重建时期，其对机电等民生产品的需求进一步提高。浙江可为利比亚持续且稳定地供应工业制造产品，并且在原有初级制造品进出口贸易合作的基础上，将数字科技与制造业结合，为新时代浙江省与利比亚合作注入新动能。

在政策层面，浙江省相关部门已制定出台一系列扶持政策，助力智能制造业发展。2021 年 7 月，《浙江省全球先进制造业基地建设"十四五"规划》中提出：重点发展新一代信息技术产业、生物医药和高性能医疗器械、新材料、高端装备、节能环保与新能源等新兴产业，巩固升级汽车、绿色石化、现代纺织、智能家居等优势产业，谋划布局数字经济、生命健康、新材料等重点领域未来产业。[①] 对于处于战后重建时期的利比亚而言，浙江生产的高性能医疗器械、高端设备和智能家居等制造业产品对其未来产业发展具有战略意义。浙江省向利比亚出口的智能制造产品，可为利比亚经济可持续发展提供智能制造支撑，也可为利比亚制造业从低端向高端迈进提供助力。浙江省在推动本省企业数字化转型，建设一流数字基础设施的同时，可以积极帮助利比亚企业快速实现数字化转型，及时提供数字科技支援和技术共享，为浙江省与利比亚智能制造合作培养人才，使得浙江省与利比亚经济合作更加密切。

（三）浙江省与利比亚清洁能源合作具有广阔空间，符合双方利益

党的二十大报告提出坚持绿色低碳，推动建设一个清洁美丽的世界。因此，推动浙江省与利比亚清洁能源合作是深入落实党的二十大精神的应有之义。2021 年 11 月 22 日，浙江省委常委会召开会议，研究部署浙江参与"一带一路"建设有关工作。会议提出：积极开展绿色基建、绿色能源、绿色金融等领域合作，让绿色成为共建"一带一路"的底色。[②] 一方面，与在海外进行能源投资的中石油等大型国企相比，浙江民营企业具有融投资规模小、海外投资渠道窄的特点，并不适合前往海外投资融资规模巨大的传统油气资源领域，相

---

① 浙江省经济和信息化厅. 浙江发布全球先进制造业基地建设"十四五"规划. (2021-07-21) [2022-11-21]. https://jxt.zj.gov.cn/art/2021/7/26/art_1659217_58926873.html.

② 刘乐平. 浙江省委常委会会议研究部署参与"一带一路"建设工作. (2021-11-22) [2022-12-05]. https://zjnews.zjol.com.cn/gaoceng_developments/yjj/zxbd/202111/t20211122_23393446.shtml.

反可以在投资风险较小、收益相对稳定的清洁能源领域加大投资。另一方面，浙江企业在光伏领域也具备"走出去"的实力。2020年，在中国29.2万家光伏相关企业中，浙资企业有23134家，占7.92%。符合工信部《光伏制造行业规范条件》的企业共有210家，其中浙江省有34家。①对非洲光伏投资是践行我国"一带一路"倡议的重要能源抓手，利比亚清洁能源可以成为浙企能源投资的重点领域。

同时，利比亚具备发展清洁能源的巨大潜力，利比亚太阳能资源丰富，利比亚所处的北非地区临近北回归线，是全球太阳能辐射最强烈的地区之一，利比亚国内各个地区年日照时间均较长，沿海地区辐射量大约为7.1千瓦时/（米²·日），而南部地区约为8.1千瓦时/（米²·日）。利比亚太阳能发展前景可观，据英国诺丁汉特伦特大学研究人员指出，利比亚太阳能发电潜力是2013年石油发电的5倍以上。②综上，浙江省与利比亚双方在清洁能源领域存在新的合作机遇。

三、浙江省与利比亚合作面临的挑战

尽管新时代浙江省与利比亚间合作存在诸多机遇，但是如何将战略机遇转化为发展优势仍面临诸多挑战，当前浙江省与利比亚合作仍需克服贸易法律法规和市场机制不完善，以及我国企业海外风险管控意识不足等潜在问题。

（一）利比亚贸易法律和市场运行机制不完善

受特殊国情和历史因素影响，利比亚市场运行机制尚不健全，其具有对外开放较晚、发展缓慢、开放程度低等特点。首先，利比亚涉贸相关法律法规不健全。一是新颁布的法律数量较为欠缺，目前利比亚适用的贸易法律除1956年颁布的《商业法》外，几乎没有其他正式法律。二是利比亚贸易法规陈旧保守，有别于国际惯例，其关税名目设置等都体现了这一特点。

其次，目前利比亚强行推行贸易代理制，不允许外商在利比亚设立商业公

---

① 李一鸣和中非能源投资合作报告编写组.浙江—非洲清洁能源产业投资合作的潜力与机遇//张巧文.中非产能合作发展报告（2020—2021）——新发展格局下中非产能合作的困境与突围.北京:经济科学出版社,2021:144.

② 王林.利比亚能源转型,太阳能先行.（2013-05-03）[2022-11-19].http://www.nea.gov.cn/2013/05/03/c_132356371.htm.

司，也不允许雇佣外籍劳工从事商业活动，利比亚的货物进口必须通过利比亚籍代理商。①利比亚贸易代理制不是一种企业间的自愿行为，而是利比亚政府的强制规定。我国民营企业大多不了解利比亚市场的游戏规则，对利比亚代理制的特殊做法了解不多，认识不够，不能理解个中缘由，未能灵活使用代理制，造成对利贸易久谈不成，工程投标半途而废，从而丧失了很多宝贵的投资机遇。②按照利比亚现状，取消代理制尚不现实，因此对于浙企来说，在利比亚寻找一个实力强且声誉良好的代理对保障企业在利运营非常重要。

最后，2002 年以来，利比亚政府反复更改贸易进口操作方式、法定代理商品名单、禁止进口商品名单、商品进口关税税率等。③这可能会对浙江省出口商品在利市场销售产生负面影响，阻碍浙江出口贸易企业对利出口盈利。

（二）我国企业海外投资的风险管控意识不足

浙资企业因为利比亚战争遭受巨额损失，在一定程度上暴露出我国企业海外投资风险管控意识不足的问题，这主要表现在企业缺乏投保意识。如 2011 年，在利浙江建筑企业因战乱突然撤离，导致未完成合同额、营业额，最后造成巨额经济损失。一般来讲，这种情况下，合同签订双方都有相应的责任与义务，尤其是战争导致的工程未如期完成，战乱发生国政府有责任对投资国企业的损失负责，这是一项国际义务。虽然合同损失可以通过保险得到一定程度的抑制，但问题在于在利中资企业普遍缺乏投保意识，这主要体现在如下两个方面。其一，投保企业比例低，据统计，中国在政策性出口信用保险与海外投资保证方面的承保机构是中国出口信用保险公司（简称"中信保"）。在利比亚承包工程的数十家中国企业中，有 7 家向中信保投保，仅 1 家为民企。④其二，企业投保的保险覆盖合同金额数量不足，覆盖金额仅为 5.68%。⑤理论上，在利

① 商务部国际贸易经济合作研究院，中国驻利比亚大使馆经济商务处，商务部对外投资和经济合作司. 对外投资合作国别（地区）指南：利比亚（2020年版）. [2022-11-10]. www.mofcom.gov.cn/dl/gbdqzn/upload/libiya.pdf.
② 中华人民共和国商务部. 关于支持民营企业在利发展的情况.（2005-12-28）[2022-11-12]. http://ly.mofcom.gov.cn/article/ztdy/200512/20051201222518.shtml.
③ 商务部国际贸易经济合作研究院，中国驻利比亚大使馆经济商务处，商务部对外投资和经济合作司. 对外投资合作国别（地区）指南：利比亚（2020年版）. [2022-11-10]. www.mofcom.gov.cn/dl/gbdqzn/upload/libiya.pdf.
④ 程燕. 中国企业"走出去"的政治风险防范：利比亚危机的启示. 改革与战略，2012（2）：183.
⑤ 冷新宇. 利比亚危机，中国损失怎么办？. 中国经济周刊，2011（20）：18.

赔后保险公司已经取得代位权（即保险公司获得向不履行合同的利方当事人主张索赔的权利），但这一权利仅仅是纸面上的，当前利比亚政府缺乏偿还能力，也缺乏相关意愿。

四、浙江省与利比亚深化合作交流的建议

鉴于利比亚当前正处于战后重建时期，且政局走向仍存在变数，浙江省与利比亚合作可在传统优势领域继续深耕，同时，可依据相关政策与形势变化，培育新的合作增长点，避免盲目冒进。浙企在赴利比亚投资前，更需要相关政府部门和社会组织提供配套保障与信息服务，企业自身也应构建、完善海外风险管控机制，加强对利比亚局势的判断能力。

（一）深化传统合作领域，打造浙江省与利比亚合作新增长点

首先，浙江省与利比亚可在小商品领域扩大合作优势。因战后重建，当前利比亚国内对于民生物资需求较为旺盛；同时，近年来，利比亚较为重视私有制经济发展，私企经营自主权多于公有企业。在利比亚逐步实施对外开放和发展市场经济的过程中，私营店铺和批发零售网点大量出现，中国产品成为众多商家的首要选择，尤其是在食品、建材、机械设备等领域，私人投资显著增加。[1]浙江在中国小商品出口领域具有重要地位，浙江商品对利出口仍存在发展空间，相关企业公司可以乘此东风之便，扩大与利比亚的经贸合作。

其次，在对利比亚传统能源进口领域，双方可进一步提升合作水平。利比亚是世界能源强国，是石油输出国组织（OPEC）成员，拥有丰富的油气资源，其已探明石油储量为 450 亿—500 亿桶，估计总储量可达 1000 亿桶，其中一半为低硫轻质石油；天然气探明储量达 1.54 万亿立方米，居非洲第四位；利比亚也曾跻身中国原油进口来源国前十位。而近年来我国民营炼化项目相继投产，如浙江石油化工有限公司等浙企具有相当实力[2]，未来相关企业可在石油进口领域强化浙江省与利比亚间合作。

最后，相关浙企可在新能源合作领域挖掘合作潜能。近年来，利比亚政府发展清洁能源的意愿比较强烈，2021 年 4 月 15 日，利比亚电力部部长阿里·穆

---

[1] 李王娅.利比亚私有化进程中的商业机遇.中国经贸，2006（11）：28.

[2] 彭强.2020首批民营原油进口允许量同比增逾15%，浙江石化、恒力石化配额翻倍.（2019-12-27）[2022-12-20].https://hxny.com/nd-43782-0-46.html.

罕默德·迈赫里格表示，将于近期公布国内两座太阳能发电站的工程招标方案。利比亚计划十年之内将国内可再生能源发电与太阳能发电比例从 2020 年的 20% 提高至 2030 年的 40%。相关浙企需密切关注利比亚相关政策动向，适时参与利比亚清洁能源建设。

（二）积极为浙企赴利投资合作提供便利

鉴于利比亚当前局势复杂多变，未来浙江省与利比亚间合作更需要政府层面的多领域支持，并通过深化彼此间文化交流，厚植双方合作根基，而相关社会机构亦可为浙企赴利投资提供公共服务。

第一，浙江省政府各有关部门（外办、商务、税务、外汇、海关）可进一步为跨境投资企业提供问题解决途径和平台，助力浙江企业走进利比亚。[①]在金融服务领域，2022 年 11 月 21 日，中非跨境人民币结算中心在浙江省揭牌成立[②]，中非跨境人民币结算中心的建立将为浙企开展海外投资带来便利。浙江民营企业使用人民币进行结算，一方面，可以在较大程度上避免采用外币进行结算时由于汇率波动产生的外汇风险[③]，另一方面，可提升浙企在利比亚海外金融资产的经营能力。目前"义支付"（Yiwu Pay）跨境支付业务正式启用，浙江省与利比亚贸易往来也可以采用该平台进行跨境贸易支付结算。[④]

第二，文化交流助力浙江省与利比亚经贸领域合作走深走实，双方可在文艺作品宣介、文化遗产展示等领域展开合作。浙江地方政府职能部门（宣传部门、文旅部门、电视广播电台）可与利比亚相关职能部门合作，互相引进对方的优秀影视剧及文学艺术作品，从而向利比亚民众讲好中国浙江故事，也向中国民众展现利比亚风土人情。一方面，浙江省可向利比亚方面推荐本省历届精神文明建设"五个一工程"入选作品，如电视剧《和平之舟》、纪录片《美美乡村》、越剧《钱塘里》等[⑤]，使利比亚民众了解浙江省的整体社会风貌。另一

---

① 陈立.浙江企业在非投资风险预警报告//周倩，刘鸿武.浙江省参与"一带一路"建设发展报告（2022）.杭州：浙江大学出版社，2022：158-159.

② 央视网.中非跨境人民币结算中心（浙江）成立　金融专家解读四大意义.（2022-11-22）[2022-12-05].https://news.cctv.com/2022/11/22/ARTIvxNys8xhcGa0TjKSqDLM221122.shtml.

③ 张金杰.我国海外投资面临的经济风险及利益保护机制研究.经济纵横，2017（7）：36.

④ 吴锋宇.中阿贸易跨境人民币支付"黄金通道".（2022-12-08）[2022-12-20].http://www.yw.gov.cn/art/2022/12/8/art_1229187636_59405395.html.

⑤ 中共浙江省委宣传部.浙江省第十五届精神文明建设"五个一工程"入选作品公示.（2022-12-21）[2023-01-02].https://i.ifeng.com/c/8Ls6Ce0Xrwo.

方面，浙江省与利比亚之间可围绕利比亚丰富的文化遗产资源开展宣传活动，如向中国民众介绍莱普蒂斯马格纳遗址、昔兰尼考古遗址、塞布拉塔遗址等文明古迹，让大众了解到利比亚璀璨的文化传统和厚重历史。这些文化交流活动可以成为浙江省与利比亚双方认识、了解彼此的窗口，让利比亚人民切身感受到浙江省与利比亚合作实现共赢的美好，增强利比亚国民对浙江省与利比亚合作的理解和包容，为浙企在利投资合作创造一个温馨安全的社会环境；同时，增进国内民众对浙江省与利比亚关系的正确认知，呵护浙江省与利比亚之间来之不易的友好情谊。

第三，民间智库和研究院及其他机构可以为浙企"走出去"提供服务。相关部门应鼓励浙江省内高校通过提供技术交流、学历教育培训等方式，积极为浙江省与利比亚合作培养急需人才，逐步解决浙江省与利比亚经贸合作人才缺乏的后顾之忧。同时，浙江高校智库和非洲研究院可适时发布与利比亚经济、政府政策、法律法规等相关的研究报告，方便浙企对利比亚市场进行更深层次的了解与认知。

（三）跨境浙企需要健全海外风险管控机制

跨境浙企健全海外风险管控机制，可重点着力于以下方面。

首先，浙江民企对利展开投资合作之前，需要做好对投资环境的调查研判工作。第一，浙江民企在利比亚当地开展油气投资、贸易、承包工程和劳务合作的过程中，需对当地的政治局势、经济（经济体制、形势与特点、中国和浙江省对利的经贸政策）、历史、社会、法律法规等领域进行充分调研，做好风险点识别和风险等级把控，谨慎确定投资项目。第二，在利浙企需建立有效的政治风险监控与预警机制，完善浙江省与利比亚合作预警平台建设，完善预警工作制度及组织建设，编制浙江企业对利投资信息刊物，定期分析预警。第三，有关浙企需积极整合浙江省与利比亚合作资源，充分发挥浙商海外分布广泛、人脉关系众多的优势，与浙江侨联、义乌市中非商会等团体保持密切联系。充分利用浙商的海外优势资源，了解利比亚当地商贸市场实情，企业就能在工作中及时采取应对措施，规避相关风险。

其次，浙江民营企业应加强与当地政府、企业或者集团的合作，在确保我国和利比亚双方经济利益的前提下，将企业利益、命运与地方利益紧密联系在一起，构筑起坚实的命运共同体，使利比亚政府或相关社会组织愿意投入更多资源，保障中资企业财产和人员安全，确保签署合同的实施。

最后，相关浙企可以通过投保手段降低对利投资风险。对跨境浙企而言，前往利比亚投资可以选择以下承保机构：中国出口信用保险公司、世界银行集团下属的多边投资担保机构、国际私人保险公司等。此外，未来中国私营保险公司可以涉足海外投融资类业务，并组成海外担保联盟，共同为走出国门的中国海外企业担保，降低企业"出海"的投资风险。

结　语

自 2013 年"一带一路"倡议提出以来，中国与非洲的关系迈上新台阶。在此形势下，浙江省与利比亚的合作稳步发展，尽管双方合作受疫情影响遭受一定挫折，但现已出现回升趋势。而在人文领域，浙江省与利比亚的合作持续深化，为未来浙江省与利比亚合作的进一步发展奠定了良好基础。新时代浙江省与利比亚合作存在广阔前景，利比亚现处于战后重建时期，其对日常生活用品和民生设施需求量高，浙江省则在工业制造品出口以及工程承包领域具有比较优势，双方合作潜力较大。在对利能源进口方面，双方也存在合作空间。在党的二十大报告中，习近平总书记强调指出，要"推动共建'一带一路'高质量发展"①，浙江省与利比亚合作再度迎来新的历史发展机遇。一方面，浙江省数字科技先进、智能制造业发达，可与制造业较弱的利比亚进行合作。另一方面，浙江省与利比亚未来可围绕清洁能源领域深化合作，实现浙江省与利比亚合作的绿色发展。

不过，在浙江省与利比亚合作的道路上，也存在种种风险与挑战。未来浙江省可以进一步深化对利文化、媒体、科技、智库交流，通过加强交流，提供援助，分享浙江数字经济发展成就、绿色发展理念和减贫经验，进一步促进浙江省与利比亚两地民心相通，从而为新时代浙江省与利比亚合作开创新的局面，促进浙江省与利比亚双方实现合作共赢，进而助力中非命运共同体建设。

---

① 习近平. 高举中国特色社会主义伟大旗帜　为全面建设社会主义现代化国家而团结奋斗——在中国共产党第二十次全国代表大会上的报告.（2022-10-25）[2024-01-29]. http://www.news.cn/politics/2022/10/25/c_1129079429.htm.

浙江省与苏丹合作的现状、特点与前景

付健杰

摘要：作为中国对苏丹合作的重点省份，浙江省坚定服务于国家发展战略，以促进国内国际双循环为目标，充分发挥区位优势，高度参与共建"一带一路"，逐步构建起以政策引领为导向、以经贸合作为主体的浙江省与苏丹合作格局。未来，浙江省与苏丹合作仍须保持谨慎乐观的态度，发挥浙江优势，立足苏丹需求，可考虑重点在农业、制造业和矿业等战略性、投资友好型行业与苏丹深化合作，大力推动浙江特色的数字农业、绿色农业、绿色矿业等先进经验在苏丹落地生根，以在中国与苏丹互利共赢的合作愿景中贡献更多浙江智慧，带动苏丹农业、工业实现跨越式现代化发展。

关键词：浙江省；苏丹；"一带一路"

作者简介：付健杰，河南师范大学政治与公共管理学院博士后。

浙江省是中国与苏丹合作的"重要窗口"，在中国与苏丹合作中发挥重要作用。苏丹自身"谋发展"和浙江对外开放"谋市场"的现实需求一拍即合。一方面，当前苏丹仍然面临严峻的经济形势。维护宏观经济稳定、推进经济改革、促进经济发展和加快国家重建是这一时期苏丹国家发展的攻坚任务和主要需求；另一方面，苏丹是浙江省开展对非合作的重要伙伴，在浙江省与非洲合作版图中占据不容忽视的地位。浙江省依托国内外的资源和需求，在非洲开辟了广阔而稳定的市场，无论在顶层设计还是具体落实方面都走在全国的前列。在中非合作的整体框架下，浙江省与非洲合作秉持共商、共建、共享的原则，积极致力于落实"四点主张"和"九项工程"①，推动浙江省与非洲高水平交流

---

① 金华市人民政府.共商合作　共谋未来：2022中国（浙江）中非经贸论坛暨中非文化合作交流周将在金华举行.（2022-11-18）[2024-01-27]. http://www.jinhua.gov.cn/art/2022/11/18/art_1229159979_60245729.html.

与合作。浙江省及下属市县各级政府通力协作，为浙江省与非洲合作提供政策支持和机制保障，引领浙江成为新时代对非合作的"重要窗口"。在中非、中苏关系的战略引领和浙江省与非洲合作整体布局下，新时代的浙江省与苏丹合作逐步走深走实。

一、新时代浙江省与苏丹合作亮点纷呈

苏丹是浙江省对外交流合作的重要伙伴，也是浙江省与非洲整体合作的重要组成部分。近年来，在新合作新发展理念的带动下，浙江省各级政府与苏丹互动逐步深化、政策引领越发先进；经贸合作机制创新发展，平台建设深耕细作；人文交流日益密切，民心相通更添助力。

（一）政策引领助推浙江省与苏丹经贸合作

中央与地方的相互联动和政策配套，为浙江省与苏丹合作提供了有力保障。2021 年，中国是苏丹第二大贸易伙伴国，有超过 130 家中资企业在苏丹投资兴业。中国与苏丹在经贸、农业、矿业、石油、医药、电信、基建等领域的合作持续发展，并相继有一批新的合作项目落地生根。①浙江作为中国的经济强省，与苏丹的经贸合作始终走在全国前列。除了中苏本来的双边贸易机制，中非合作论坛、中阿合作论坛、中非经贸博览会、中阿博览会，以及"一带一路"框架下的一系列多边合作平台是浙江省与苏丹开展经贸合作的主要机制性平台。同时，浙江省政府通过引导与扶持、出台对非洲经贸合作计划、完善政府机构职能等有力举措不断促进对苏经贸交往。2019 年 3 月，浙江省出台《浙江省加快推进对非经贸合作行动计划（2019—2022 年）》，围绕规划指导、产业对接、设施联通、贸易畅通、数字经济、人文交流六大重点领域开拓浙江省与非洲合作新局面。该计划已成为目前浙江省与苏丹经贸合作的行动指南和重要保障。此外，国务院对苏丹的最新贸易政策也为浙江省与苏丹合作带来巨大利好。2022 年 7 月，国务院关税税则委员会发布公告称，自 9 月 1 日起，对原产于苏丹等国 98% 的税目产品，适用税率为零的特惠税率。②简言之，中央与地

---

① 中华人民共和国外交部. 驻苏丹大使马新民在"中阿峰会：现实挑战与未来前景"研讨会上的讲话.（2022-12-08）[2022-12-24]. https://www.mfa.gov.cn/web/zwbd_673032/wjzs/202212/t20221208_10986932.shtml.

② 国务院关税税则委员会. 国务院关税税则委员会关于给予多哥共和国等16国98%税目产品零关税待遇的公告.（2022-09-28）[2022-12-13]. http://he.mof.gov.cn/zhengcefagui/202209/t20220928_3843495.htm.

方的相互联动和政策支持，为浙江省与苏丹的务实合作提供了重要保障，助力双方经贸合作取得实实在在的成绩。

中苏经贸合作优势互补，往来商品类目广泛。目前，中国对苏丹出口的商品主要包括锅炉、机械设备及零件、车辆及其零附件、针织或钩编的服装及衣着附件、电机、电气、音像设备及其零附件、鞋靴、护腿和类似品及其零件、钢铁、非针织或非钩编的服装及衣着附件、钢铁制品、塑料及其制品、橡胶及其制品等。①而中国从苏丹进口的商品主要类别包括：含油子仁及果实、杂项子仁及果实、工业或药用植物、饲料；矿物燃料、矿物油及其蒸馏产品；动植物油、脂、蜡；精制食用油脂；棉花；食品工业的残渣及废料，配制的动物饲料；虫胶、树胶、树脂等；矿砂、矿渣及矿灰；生皮（毛皮除外）及皮革；塑料及其制品；木浆及其他纤维状纤维素浆。②中苏贸易往来为两国经济建设提供了一定的物资和技术保障，但从现有的贸易品类来看，日常用品和农产品品类居多，中苏贸易仍有很大发展空间。

在"一带一路"倡议的推动下，中苏贸易合作不断取得新进展。浙江省充分发挥本省特色，积极参与中苏共建"一带一路"的时代进程，在实干中推进中苏贸易向前发展。2020年，中国与苏丹双边贸易额为32.8亿美元，同比增长8.1%，其中，中方出口25.1亿美元，同比增长9.7%，进口7.7亿美元，同比增长3.1%。③中国企业对苏直接投资存量为11.2亿美元，新签工程承包合同额为7.8亿美元，同比增长224.3%。④2021年，中苏双边贸易额为28.4亿美元，占苏进出口总额的21%。⑤2022年，中苏双边贸易额为29.1亿美元。后疫情时代，中苏经贸合作将逐渐回暖，迎来新的增长点。2023年在苏丹时局紧张的形势下，中苏进出口贸易额仍达到21.7亿美元。从海关数据来看，浙江对苏

---

① 商务部国际贸易经济合作研究院，中国驻苏丹大使馆经济商务处，商务部对外投资和经济合作司. 对外投资合作国别（地区）指南：苏丹（2021年版）. [2022-10-07]. https://www.mofcom.gov.cn/dl/gbdqzn/upload/sudan.pdf.

② 商务部国际贸易经济合作研究院，中国驻苏丹大使馆经济商务处，商务部对外投资和经济合作司. 对外投资合作国别（地区）指南：苏丹（2021年版）. [2022-10-07]. https://www.mofcom.gov.cn/dl/gbdqzn/upload/sudan.pdf.

③ 中华人民共和国商务部. 中国—苏丹贸易情况简介.（2021-11-26）[2022-12-13]. http://xyf.mofcom.gov.cn/article/tj/hz/202111/20211103221333.shtml.

④ 中华人民共和国商务部. 中国—苏丹贸易情况简介.（2021-11-26）[2022-12-13]. http://xyf.mofcom.gov.cn/article/tj/hz/202111/20211103221333.shtml.

⑤ 中华人民共和国商务部. 2021年苏丹对外贸易和中苏双边贸易情况.（2022-10-24）[2023-03-02]. http://www.mofcom.gov.cn/article/zwjg/zwdy/zwdyxyf/202210/20221003360954.shtml.

丹的贸易一直处于比较稳定的水平，在全国各省对苏贸易水平中始终处于全国前三，贸易规模长期领先，贸易增长速度高于其他省份。在 2020 年，全国多地对苏丹贸易额大幅下滑，如北京市贸易额同比下跌 62%，但浙江省贸易额仍逆势增长至 45.98 亿，同比增长 8%，成为全国唯一贸易额突破 40 亿的省份，凸显其供应链的稳定性与市场适应能力。近年来受新冠疫情的影响，浙江省与苏丹进出口贸易额有所减少，但仍处于较高水平（见图 1）。2023 年浙江贸易额虽回落至 31.23 亿，但仍为山东的 1.3 倍、广东的 1.7 倍，体现出其贸易结构更为均衡，市场根基稳固。浙江省的成功经验为其他省份提供了"稳规模、拓渠道、强韧性"的参考范式，未来有望在中非经贸合作中发挥更重要的桥梁作用。

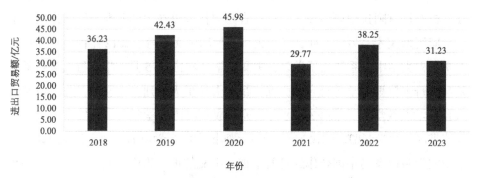

图 1　2018—2023 年浙江省与苏丹进出口贸易额

资料来源：整理自中国海关总署数据查询平台浙江省对苏丹贸易数据统计，http://www.customs.gov.cn/eportal/ui?msgDataId=78ec17e885704f22b552e7cfe4e4002bl。

此外，外贸企业是浙江省与苏丹合作的主力军。根据格兰德信用平台数据搜集的情况来看，浙江省涉及出口苏丹贸易业务的企业共有 832 家。截至 2024 年 1 月，正常营业的有 684 家，其中注资 5000 万元以上的有 39 家，1000 万—5000 万的有 91 家，1000 万以下的有 554 家。这些企业遍布浙江省各城市，其中金华市有 175 家，宁波市 126 家，杭州市 80 家，温州市 77 家，绍兴市 74 家，台州市 74 家，嘉兴市 36 家，湖州市 25 家，衢州市 7 家，丽水市 7 家，舟山市 3 家。[①]随着浙江省与苏丹贸易合作的不断深化，未来将会有更多浙企走进苏丹。浙江省与苏丹在共建"一带一路"中将会创造更大范围、更宽领域、更深层次、更高水平、更大价值、更多利益的合作格局。

———————————

① 根据格兰德信用平台企业数据统计整理，网址：https://www.x315.cn/searchworld/foreigntradelist。

（二）人文交流创造浙江省与苏丹合作新动力

"一带一路"倡议提出以来，中苏积极开展形式多样的人文交流活动，助力中苏文明交流互鉴进入新的发展阶段。在中苏双方共同的努力下，新时代中苏人文交流合作领域持续拓宽，合作内容也更加务实。浙江省作为中苏合作的排头兵，在中苏文化教育、医疗卫生以及旅游等领域的交流贡献突出。

浙江省与苏丹人文交流助力中苏民心相通。一方面，浙江高校积极承担与非洲共建孔子学院的任务，对非洲相关国家的中文学习起到了极大的帮助。截至 2022 年年底，浙江省高校与非洲国家高校共建有 7 所孔子学院，在非洲人民学习中文、了解中国文化、加强中国与非洲间文化交流方面发挥了非常重要的作用。浙江大学、浙江师范大学、浙江工商大学、浙江外国语学院等多所浙江高校开设有阿拉伯语专业，为浙江省与包括苏丹在内的非洲国家合作培育了一批应用型人才。另一方面，苏丹也积极推动中文教育。2012 年前，在苏丹只有喀土穆大学中文系和孔子学院有中文教学，2013 年 5 月，喀土穆大学孔子学院与苏丹卡拉里大学签署合作协议，帮助卡拉里大学建立中文系，并将该系纳入孔子学院教学点。[①]2022 年 8 月，苏丹成立汉语教学联盟，并发布《关于建立苏丹汉语教学联盟的倡议》[②]，这一系列推广中文学习的行动，彰显出苏丹对于中文学习以及与中国合作的日益重视，中文的推广为中苏人文交流、民心相通架起一座桥梁，具有极大的积极影响。

浙江省与苏丹在文化教育领域的合作，还包括积极举办参观考察、培训等活动，促进双方在相关领域的交流合作。如 2017 年 9 月 22 日，以苏丹全国大会党对外关系部部长为代表的考察团一行访问金华，参观浙江师范大学非洲博物馆，对浙江师范大学非洲研究院在推动中苏乃至中非交流方面所做的各项工作表示赞许。[③]2022 年 11 月，由浙江大学、浙江工业大学和垃圾焚烧发电国际咨询委员会共同举办的第 6 届垃圾焚烧发电技术国际培训班，对包括来自苏丹

---

① 新浪网. 苏丹喀土穆大学孔子学院与苏大学签约合建中文系.（2013-05-15）[2022-12-09]. https://news.sina.com.cn/o/2013-05-15/164627131634.shtml.

② 中华人民共和国外交部. 传递汉语之美，搭建友谊之桥——驻苏丹大使马新民在苏丹汉语教学联盟成立仪式上的讲话.（2022-08-07）[2024-01-27]. http://new.fmprc.gov.cn/web/gjhdq_676201/gj_676203/fz_677316/1206_678526/1206x2_678546/202208/t20220807_10736540.shtml.

③ 金华市人民政府. 苏丹全国大会党干部考察团访问金华.（2017-09-26）[2022-10-20]. http://swb.jinhua.gov.cn/art/2017/9/26/art_1229168148_58849514.html.

等国在内的 34 名学员进行培训。①。苏丹代表团来浙考察调研、浙江对苏丹学员的培训等互动合作，进一步加深了中非人民的相互了解与合作。

浙江省与苏丹医疗卫生领域的合作丰富了中苏卫生医疗合作内容。中苏通过签署卫生领域谅解备忘录、将医疗卫生合作纳入联合声明、开展专项行动等方式，不断充实和完善医疗卫生领域的合作。2014 年 9 月，以苏丹卫生部医疗司司长为首的技术代表团访问中国，与中国疾病预防控制中心签署了谅解备忘录。②2015 年 9 月，《中苏联合声明》指出，要"扩大医疗和公共卫生领域合作，加强与苏丹公共卫生领域的合作"③。该联合声明将对苏医疗卫生合作纳入其中，使得中苏在医疗卫生领域的合作更有章可循。在中苏战略合作引领下，中苏在医疗卫生领域的合作逐渐深化。浙江省作为中国对苏合作的重点省份，积极参与中苏医疗交流与合作，不断丰富中苏在该领域的合作内容。

新冠疫情防控期间，浙江省积极参与中苏合作抗疫，深刻诠释了中苏共克时艰的深厚友谊。2020 年新冠疫情发生以后，包括浙江在内的中国各级政府机构、有关企业积极向苏方提供医用防护服、口罩、检测试剂、手套等多批抗疫物资，共同谱写中苏抗疫合作新篇章。浙江省通过捐助抗疫物资、举办网络研讨会分享抗疫经验等举措，为中苏医疗卫生合作增添助力。2020 年 5 月，浙江大学医学院附属第二医院与苏丹联邦卫生部共同举办了有关预防和治疗新冠病毒感染的网络研讨会，中国与苏丹政府、卫生医疗专家以及其他公共卫生专业人员参加了研讨。阿里健康、马云公益基金会、阿里巴巴公益基金会、世界卫生组织驻苏丹代表处和联合国南南合作办公室为该活动提供了支持和赞助。这场活动中与会者分享了中苏两国在保护、治疗新冠患者的实用知识、经验教训和良好做法，体现了两国医疗卫生领域的合作与互助。④

浙江省与苏丹旅游合作领域逐步升温。在浙江省与苏丹旅游合作方面，双方充分发挥政府带动作用、市场主体功能，积极介绍彼此的名胜古迹、旅游企

① 浙江大学. 第 6 届垃圾焚烧发电技术国际培训班顺利闭幕.（2022-11-16）[2022-12-09]. http://www.news.zju.edu.cn/2022/1116/c23434a2679785/page.htm.

② 加法尔·卡拉尔·艾哈迈德，王广大. 中国与苏丹卫生合作的发展历程及主要成就. 阿拉伯世界研究，2022（2）：13.

③ 中华人民共和国外交部. 中华人民共和国和苏丹共和国关于建立战略伙伴关系的联合声明（全文）.（2015-09-01）[2024-01-27]. https://www.mfa.gov.cn/web/gjhdq_676201/gj_676203/fz_677316/1206_678526/1207_678538/201509/t20150910_9324143.shtml.

④ 联合国. 苏丹与中国公共卫生政策制定者和医疗专家在线分享新冠防治知识.（2020-05-21）[2024-01-27]. https://news.un.org/zh/story/2020/05/1058082.

业发展、旅游市场建设等，不断深化彼此旅游投资和市场主体合作，构建有利于浙江省与苏丹旅游交流的民意基础，优化完善更加有利于旅游合作的双边制度安排。2017 年 9 月，苏丹旅游推介会在浙江省义乌市举行，苏丹旅游、古迹和野生动物部部长以及苏丹政府部门负责人与义乌市旅游企业、媒体代表等百余人参加活动，苏丹与义乌代表分别介绍了苏丹、义乌以及浙江旅游的发展情况，期待在经贸、旅游、文化等领域开展更多合作。[①]政府牵头召开旅游推介会，旅游企业代表推介彼此的旅游资源和路线产品等举措，将进一步勾勒未来浙江省与苏丹旅游合作发展新景象。

二、新时代浙江省与苏丹交流合作特点

新时代新形势下，浙江省依托中国超大规模市场的优势，增强国内和国际两个市场、两种资源的联动效应，不断提升对苏丹贸易投资合作的质量和水平。浙江省在与苏丹各领域合作中不断挖掘自身优势，以"浙江经验"助推中国与苏丹合作。总体来看，浙江省与苏丹合作主要有以下特点。

（一）以民营企业为对苏经贸合作主力军

浙江省以新时代中国与苏丹发展经贸往来的新契机为抓手，主动规划、开拓创新，出台贸易、投资、风险保障等多项政策，保障国内国际双循环，为构建新发展格局提供有力支撑。在中非、中阿合作多重机制带动下，浙江省与苏丹经贸合作不断迈上新台阶，民营企业在其中发挥重要作用，扎实推动浙江对非经贸合作走上可持续发展道路。有统计显示，浙江省是中国民营经济高质量发展的"领头羊"，民营企业对外投资非常活跃，96%以上的对外直接投资由民营企业实施。[②]

浙江省各级政府多措并举，积极推动民营企业"走出去"，助力"走出去"民营企业应对海外风险、服务构建新发展格局。浙江省政府护航民营企业"走出去"，在帮助企业统筹用好"两个市场，两种资源"、拓展国际市场空间、优化生产要素配置、更好地融入全球价值链和供应链，以及开展国际技术交流合

---

① 义乌市人民政府. 苏丹旅游推介会在我市举行.（2017-09-19）[2022-11-20]. http://www.yw.gov.cn/art/2017/9/19/art_1229129707_54413472.html.

② 黄慧. 浙江培育本土跨国公司再加码：奔赴更广阔的星辰大海.（2022-11-30）[2022-12-24]. http://www.chinanews.com.cn/sh/2022/11-30/9906011.shtml.

作、提升自主创新能力和国际竞争力方面提供有力保障。新冠疫情下，浙江民营企业"走出去"要经受更加复杂严峻的考验。浙江省推出"送政策、送服务、防风险"活动，旨在帮助企业科学防控疫情、积极复工复产、防范化解风险，引导服务民营企业高质量参与"一带一路"建设。自2017年起，浙江省开始举办本土民营跨国公司成长论坛，并出台《加快培育浙江本土民营跨国公司三年行动计划（2017—2019年）》，积极探讨"一带一路"倡议下的境外投资、境外经贸合作区、国际贸易发展等长远之策。截至2022年12月，浙江省共举办五届本土民营跨国公司成长论坛，并连续开展两轮本土民营跨国公司培育三年行动计划，为民营企业"走出去"营造了良好的政策及法治环境。经过多年培育与努力，浙江省现已涌现出一批跨国经营指数高、综合竞争力强、国际影响力大的优秀民营跨国公司。[①]

浙江省积极搭建助推民营企业"走出去"合作平台。浙江省工商联整合40多家海外浙江商会、境外友好商会和经贸机构等资源，建立"浙商国际连线"协调服务机制，为浙江民营企业提供信息互通、协调沟通、渠道畅通、商务咨询、需求对接、项目引进等六大服务。2022年9月，浙江省贸促会驻苏丹联络处挂牌，标志着浙江省贸促会驻苏丹联络处正式运行。[②]作为浙江省贸促会国际联络网络的重要组成部分，浙江省贸促会驻苏丹联络处成为浙江省内包括民营企业在内的各企业与苏丹经贸合作交流的重要载体，进一步协助浙江省开展与苏丹的贸易投资。机制性平台的建设能够为浙江省与苏丹企业合作建立更稳定的平台，使得彼此联系沟通更加密切与高效，为未来经贸、人文、科技等领域的合作打下了坚实基础。浙江民营企业"走出去"的机制保障，助力浙江省与苏丹贸易合作逐步深化，合作领域不断拓展，合作方式更加多样，双方协同配合也更加紧密，为整合有效资源和信息、打通商业渠道、赋能中小微企业增势做出了重要贡献。

（二）以体制机制创新促进对苏合作提质增效

浙江作为对外贸易大省，在开展对外贸易交往过程中，涉外纠纷数量显著

---

① 齐思，汤浩锋. 激活本土跨国公司动能 浙江"丝路领航"行动再启新三年.（2022-12-01）[2022-12-24]. https://www.comnews.cn/content/2022/12/01/content_19578.html.

② 浙江省贸促会. 浙江省贸促会（省国际商会）举行新增海外联络处交流座谈会暨授牌仪式.（2022-09-13）[2022-12-24]. http://www.ccpitzj.gov.cn/art/2022/9/13/art_1229621732_36134.html.

增长。近年来，浙江在解决涉外纠纷方面逐步积累了丰富的经验和做法，浙江企业涉外纠纷解决机制不断完善和丰富。以义乌为首的重点贸易城市率先试点创新涉外纠纷调解机制。作为全国首个在县级市实施的国家级国际贸易综合改革试验区、全球最大的小商品集散中心，义乌市是浙江省对非洲出口的主阵地，设在义乌的中国进口商品城"非洲产品展销中心"就包括苏丹、南非、莫桑比克、埃塞俄比亚、马达加斯加、肯尼亚等众多国家馆。伴随着义乌市场外贸交易逐年增多，人员流动日益频繁，为化解涉外纠纷，2013 年 5 月，义乌市在国际商贸城设立了全国首家县级市涉外纠纷人民调解委员会。这是浙江省在处理涉外纠纷方面的创新性举措，旨在在新形势下以符合国际惯例的机制性方式解决涉外矛盾纠纷。一方面，涉外纠纷人民调解委员会能够稳妥解决问题，切实保护本国商人权益；另一方面，涉外纠纷人民调解委员会与国际贸易司法接轨，能够规范在义乌的外商的行为，使得交易各方合法权益得到保护。

苏丹是与浙江省义乌市保持密切经贸合作与人员往来的重要非洲国家，在义乌的苏丹人逐年增多，相关经济纠纷也逐渐增多。2016 年 5 月，苏丹苏中友谊协会会长穆萨先生与浙江省义乌市涉外纠纷人民调解委员会签署合作意向协议，建立跨国贸易纠纷联合调解机制，并就委托调解、联合调解、调解费用、信息互通等四个方面达成共识，使得浙江省义乌市涉外纠纷调解工作实现了再创新、再深化、再发展。[①]浙江省与苏丹双方还通过签署合作意向协议，进一步在贸易纠纷调解、诚信信息互通、民俗文化交流等方面开展紧密合作，扩展涉外纠纷调解的广度与深度，为探索多元化纠纷解决机制提供新思路。浙江省与苏丹贸易纠纷联合调解机制成为我国首个跨国贸易纠纷联合调解机制，调解工作正式"走出国门"。这种跨国、跨区域的调解机制坚持诚实守信、互利共赢、共同发展，打破了以往外商只能在中国境内申请调解、参加调解的局限，能够及时高效化解涉外贸易纠纷，也建立了中外客商矛盾疏通的高效渠道，让经营户更有安全感，有力地提升了中国国家公信力。[②]

义乌与苏丹建立跨国贸易纠纷联合调解机制，是顺应国家"一带一路"倡议的新举措，将增进与更多国家间的交流，推进涉外调解工作的长远发展，将

---

① 浙江在线. 义乌与苏丹探索建立跨国纠纷解决诚信机制.（2016-03-30）[2024-01-27]. https://zj.zjol.com.cn/news.html?id=354006.

② 义乌市人民政府. 市涉外纠纷人民调解委员会创优工作侧记.（2017-03-08）[2022-12-10]. http://www.yw.gov.cn/art/2017/3/8/art_1229144443_51419856.html.

会极大地节约司法成本，化解涉外劳资纠纷、企业纠纷等问题，在全国范围内具有领先示范效应。有统计显示，从 2013 年 5 月成立到 2016 年 5 月，仅仅三年时间，义乌市涉外纠纷人民调解委员会就成功调解了涉外纠纷 263 起，涉案金额 4173.81 万元，为中外客商挽回经济损失 2307.02 万元，其中通过苏丹民间商会追回货款 300 多万元。[①] 如今，义乌市涉外纠纷人民调解委员会在外籍调解员聘请，推行合议机制，与法院、检察院、公安局、外侨办等部门建立"1+N"模式等方面均有更进一步的创新，为中国对外合作以及解决涉外纠纷提供了宝贵的浙江经验。

三、浙江省与苏丹合作前景广阔

总体来看，苏丹各类资源蕴藏巨大商机，加之外部环境向好，实现国民经济复苏指日可待。2020 年起，苏丹政府着力改善投资环境，通过设立自由经济区、划拨土地、对落后地区的项目给予特殊优惠、对重点项目的商品进口免税等措施，大力吸引外资。《对外投资合作国别（地区）指南：苏丹（2021 版）》数据显示，2020 年，苏丹吸收外资流量为 7.17 亿美元；截至 2020 年年底，苏丹吸收外资存量为 292.11 亿美元。[②] 目前，道路、港口、航空、电力、水坝、通信、能源、运输、信息技术等基础设施项目，石油和采矿业，农业、畜牧业和加工制造，旅游、污染治理等服务行业是苏丹政府重点鼓励外商投资的战略性行业。其中，农业是苏丹国家重点战略行业，苏丹对农业投资公司实行免税政策。由此看来，同苏开展农业、矿业、加工业等领域的合作将大有可为。近年来，受疫情影响，苏丹的基础设施建设项目相对减少，但随着苏丹外部环境的改善，或将迎来新的发展机遇。苏丹的餐饮、服务类行业也在逐步复苏，苏丹的市场竞争规模和水平将在未来一段时间显著扩大和上升。但浙江省与苏丹合作应继续保持谨慎乐观的态度，制定中长期规划，平稳度过当前政权过渡期。贸易合作是浙江省与苏丹合作的优势领域，合作模式已相对成熟。未来浙江省与苏丹在具体的合作领域中应继续深化贸易合作，进一步拓展浙江省与苏

---

① 浙江在线.义乌与苏丹建立跨国贸易纠纷联合调解机制.（2016-05-30）[2022-12-10]. https://zj.zjol.com.cn/news.html?id=354006.

② 商务部国际贸易经济合作研究院，中国驻苏丹大使馆经济商务处，商务部对外投资和经济合作司.对外投资合作国别（地区）指南：苏丹（2021 年版）.[2022-10-07]. https://www.mofcom.gov.cn/dl/gbdqzn/upload/sudan.pdf.

丹"贸易+产业"的联动合作模式，利用浙江省与苏丹贸易合作的优势开辟产业合作新领地，优先考虑苏丹战略性行业，鼓励浙企积极参与苏丹经济复苏计划，在苏丹战略性行业的发展中占据一席之地。

（一）重点发展浙江省与苏丹农业合作，牵引苏丹农业现代化发展

农业被称为苏丹"永恒的石油"，是苏丹的主要经济支柱。近年来，苏丹政府高度重视农业发展，出台了一系列惠农计划和鼓励投资措施，对内加强农业市场建设，对外吸引农业投资，以实现农业振兴和粮食自给。2019 年，苏丹农业产值占 GDP 的 28.4%，粮食年产量约 600 万吨，粮食自给率达到 85%；棉花、花生、芝麻和阿拉伯胶出口额等占农产品出口额的 66.0%，其中阿拉伯胶产量占世界总产量的 80% 左右。[①] 目前，苏丹农业生产落后，仅有少部分现代化农场使用大型喷灌设备。中苏在农业合作方面建有中苏农业合作开发区，该开发区由中国山东对外经济技术合作集团有限公司承建，截至 2019 年年底，共有入区企业 7 家，生产棉花、花生、植物油等，累计完成投资 4555 万美元，产值约 5000 万美元。[②] 从苏丹的农业发展战略和需求来看，中苏农业合作大有可为。可以预见，未来中国农业企业在苏丹将出现竞合状态，浙江应积极发挥本省特色，创新合作模式，加快开创浙江省与苏丹农业合作新局面。

首先，共建浙江省与苏丹现代化农事服务中心，构建现代化农业服务体系。近年来，浙江科技强农、机械强农的"双强"政策推动了新时代高质量、高效率的农业变革。浙江建立省级现代化农事服务中心，配套区域性农事服务中心和功能性农事服务点，引导农技社会化服务组织向区域化、专业化、"一站式"方向发展。基于此，浙江省与苏丹可以共建现代化农事服务中心，开展区别于传统农作物种植、加工、深加工等项目的新型合作，可以建立高效率的现代农业服务体系，以此为抓手，培育浙江省与苏丹在农业服务行业领域的合作项目，为农业生产的经营主体提供各种当前所需和前瞻性服务，带动苏丹农业商品化发展与浙江农业发展的升级转型。

---

① 商务部国际贸易经济合作研究院，中国驻苏丹大使馆经济商务处，商务部对外投资和经济合作司. 对外投资合作国别（地区）指南：苏丹（2021 年版）. [2022-10-07]. https://www.mofcom.gov.cn/dl/gbdqzn/upload/sudan.pdf.

② 中国一带一路网. 中国—苏丹农业合作开发区.（2021-07-22）[2022-12-10]. https://www.yidaiyilu.gov.cn/xwzx/swxx/hwwg/181087.htm.

其次，培育浙江省与苏丹数字农业产业园。2021 年是浙江农业数字化改革全面推进的一年。农业农村部最新评价报告显示，浙江县域数字农业农村总体发展水平达到 66.7%，连续三年位居全国首位。① 近年来，浙江始终坚持高效生态农业发展方向，大力推进农业"双强"行动，引导和支持主体对农场基础设施、机械装备和产业链等进行数字化改造，推进生产经营过程自动化、智能化，着力打造可看可学、可复制推广的示范样板。目前，浙江已建成数字农业工厂 210 家，建成更高标准的未来农场 10 家。② 浙江数字农业发展良好，在全国范围内都有示范效应。数字农业也会成为未来浙江省与苏丹农业合作的重点领域。浙江省与苏丹合作的数字农业产业园可打造农业种、苗、菜全流程数字化产业基地，以数字化技术创新为驱动力，通过立体化、数字化、自动化栽培，突破气候和地域等限制，实现农业循环生产，开辟苏丹数字农业新图景，推动浙江数字技术走进苏丹。

再次，打通浙江省与苏丹绿色农业合作发展通道，加强农业一体化建设。浙江省拥有全国首个也是目前唯一一个全省推进的国家农业可持续发展试验示范区，具备农业绿色可持续发展的基础。浙江省与苏丹在现代生态循环农业、高效节水灌溉、农作物综合循环利用等方面的合作前景广阔。"绿水青山就是金山银山"是浙江省与苏丹农业合作的基本目标，浙江省与苏丹可以合力共建"美丽农场"，打造生态安全、环境友好型农业模式；同时，培育出一批优质的、有影响力的农业合作项目。新时代的浙江省与苏丹农业合作，要以双方的发展战略和现实需求为导向，谋篇布局应立足当下，着眼未来，充分发挥浙江省与苏丹合作的联动效应，实现价值最大化。新时代的浙江省与苏丹合作将为两国人民创造"看得见，摸得着"的财富，对解决苏丹粮食安全问题大有裨益。

最后，培育浙江省与苏丹预制菜产业链。预制菜产业是近年来增速较快的新型产业，浙江正在大力扶持预制菜产业发展。以浙江温州为例，温州为预制菜发展制定"十个一"举措，包括出台《温州市预制菜产业高质量发展三年行动计划（2022—2024）》，起草推动预制菜产业高质量发展的扶持政策，给予财政、金融、科研等十个方面专项扶持，成立温州市预制菜产业发展研究院、温

① 钱晨菲，沈璐兰. 浙江数字乡村新图景：汇聚新动能 以智向未来.（2022-07-20）[2022-12-13]. http://www.chinanews.com.cn/cj/2022/07-20/9808079.shtml.
② 钱晨菲，沈璐兰. 浙江数字乡村新图景：汇聚新动能 以智向未来.（2022-07-20）[2022-12-13]. http://www.chinanews.com.cn/cj/2022/07-20/9808079.shtml.

州市预制菜产业联盟，政企联手抢抓预制菜发展新机遇，目前温州已有 90 多家预制菜重点生产企业。[①] 以浙江先进的制造业理念发展农业，鼓励浙江企业在苏丹投资建设标准化生产线，抢占未来西亚非洲地区的预制菜赛道，这样不仅可以为农产品走向市场打开新通道，提高农产品的产业附加值，还能联动其他行业发展。

（二）着力推动浙江省与苏丹制造业合作，创造经济复苏新动能

制造业是浙江优势行业，也是苏丹大力发展的重点行业。2015 年，苏丹出台了《五年经济改革规划》（2015—2019），内容涉及 2015 年至 2019 年苏丹宏观经济各项指标、各行业领域的发展目标及主要政策。该规划提出要以采矿业和加工制造业等工业为重点发展领域。[②] 2016 年 7 月，国家发展和改革委员会与苏丹发展对华关系委员会签署了《关于开展产能合作的框架协议》[③]，双方同意建立合作机制，重点推进基础设施、冶金建材、资源加工、装备制造、轻工、电子、纺织、产业集聚区等领域的产能合作。浙江省在制造业领域优势突出，未来，浙江省与苏丹在制造业领域的合作将进一步推动苏丹现代化工业体系建设。2022 年，根据工信部公布的 45 个国家先进制造业集群名单，浙江省 4 个产业集群入选"国家队"，数量位居全国第三，其中包括杭州市数字安防集群、宁波市磁性材料集群、宁波市绿色石化集群以及温州市乐清电气集群。2021 年，浙江省"415X"先进制造业集群规模达 7.5 万亿元，占全省规上工业比重约 77%，超百亿元企业 70 多家，投资 10 亿元以上制造业重大项目数量超 500 项。截至 2022 年 11 月，全省共整合省级开发区（园区）134 个，打造省"万亩千亿"新产业平台 27 个、省级小微企业园 1308 个。[④] 2022 年，浙江省政府印发《关于高质量发展建设全球先进制造业基地的指导意见》（简称《意

---

① 应忠彭. 浙江温州：推进预制菜产业健康发展　成为新消费增长点. (2022-05-16) [2022-12-13]. https://www.cfsn.cn/front/web/mobile.shengnewshow?newsid=84822.

② 商务部国际贸易经济合作研究院，中国驻苏丹大使馆经济商务处，商务部对外投资和经济合作司. 对外投资合作国别（地区）指南：苏丹（2021 版）. [2022-10-07]. https://www.mofcom.gov.cn/dl/gbdqzn/upload/sudan.pdf.

③ 商务部国际贸易经济合作研究院，中国驻苏丹大使馆经济商务处，商务部对外投资和经济合作司. 对外投资合作国别（地区）指南：苏丹（2021 版）. [2022-10-07]. https://www.mofcom.gov.cn/dl/gbdqzn/upload/sudan.pdf.

④ 王柯宇，夏丹. 浙江四个产业集群入选国家先进制造业集群名单. (2022-12-12) [2022-12-14]. http://zjrb.zjol.com.cn/html/2022-12/12/content_3610453.htm?div=-1.

见》），为浙江制造业发展奠定基调。《意见》提出，到 2035 年，浙江力争成为全球数字变革创新地、全球智能制造领跑者、全国绿色制造先行区，基本建成全球先进制造业基地。[①]

此外，浙江是国家培育服务型制造业的示范基地。浙江先后制定出台《浙江省服务型制造工程实施意见》《关于加快工业和信息化领域生产性服务业和服务型制造发展的行动方案》等政策文件，明确了浙江推进服务型制造的总体要求、重点领域和主要任务等。截至 2021 年年底，浙江省已累计创建省级服务型制造示范企业（平台）366 家，其中国家级服务型制造示范企业（项目、平台）35 家，数量居全国第一位；全省拥有 19 家国家级工业设计中心，浙江树创科技有限公司（中低压电气工业设计研究院）成功创建首批国家工业设计研究院（全国仅 5 家），培育创建省级特色工业设计示范基地 18 家、工业设计中心 307 家、工业设计研究院 6 家。[②]

浙江与苏丹的制造业合作优势突出。浙江省与苏丹制造业合作中，应持续发挥浙江特色。一是要加强顶层工业设计，推动工业设计发展，形成连续有效的定制化服务管理模式；二是有效整合浙江行业协会、龙头企业、专家学者、各类基金资源，着力打造产业链、创新链、资金链、人才链"四链合一"；三是打造更具韧性的制造业供应链体系；四是推动制造业绿色设计、绿色生产、绿色产品、绿色营销、绿色物流、循环再利用等。浙江省与苏丹制造业合作，一方面能够在浙江先进经验和完整的产业链体系加持下，有力改变苏丹产业结构单一、基础设施落后、资金和技术缺乏等问题，帮助其建立完整的工业体系；另一方面能够推动重构浙江产业发展格局、重塑浙江工业体系、完成浙江工业竞争优势再造，打造更高级别的产业平台，开拓更大的发展空间。

（三）加强浙江省与苏丹矿业合作，助力苏丹矿业绿色发展

随着苏丹国内和平取得有效进展，外部环境也逐渐宽松，中苏未来的矿业合作也将迎来新的发展机遇。苏丹拥有铁、银、铬、铜、锰、金、铝、铅、铀、锌、钨、石棉、石膏、云母、滑石、钻石等丰富的矿物资源。目前苏丹

① 浙江省人民政府. 打造 4 个世界级产业群，重点培育 15 个千亿级集群. (2022-09-11) [2022-12-14]. https://www.zj.gov.cn/art/2022/9/13/art_1229093918_2423916.html.

② 齐鲁网. 大力发展服务型制造　推动浙江制造业高质量发展　夯实共同富裕的产业之基. (2021-12-05) [2022-12-14]. https://sdxw.iqilu.com/share/YS0yMS0xMDQyMjIwMQ.html.

已查明主要矿物资源储量为铁约 3 亿吨、铜 900 万吨、铬 70 万吨、银约 9000 吨、石油约 5 亿吨[①]，还有更多资源有待开发。近年来，苏丹十分重视矿产资源的勘探开发，出台了一系列优惠政策吸引外企在苏丹投资设厂。这正是浙江开拓苏丹矿业市场的良好机遇。浙江省不仅是我国的矿产资源大省，还是矿产资源开发强省，是国内较早推进矿产资源开发与生态环境保护协调发展的地区之一，浙江省绿色矿山在全国起到良好的示范作用。以浙江省湖州市为例，目前湖州市全域积极推进废弃矿山治理和在产矿山生态修复，出台全国首个地方绿色矿山建设标准，建设全国绿色矿业发展示范区。2018 年年底，该市 47 家生产矿山全部建成绿色矿山，建成率达到 100%；2019 年，符合条件的 24 家矿山录入国家级绿色矿山名录库。[②]在绿色矿山建设期间，湖州一批废弃矿山得到了治理，矿地融合发展得到了有效推进，矿产资源和土地资源得到了高效充分利用，湖州生态环境发生了翻天覆地的变化。《浙江省自由贸易发展"十四五"规划》中提出要建设亚太铁矿石分销中心[③]，浙江省与苏丹矿业合作前景乐观。

浙江应积极开展与苏丹矿业领域的合作，充分发挥浙江特色。一要坚持科技兴矿理念，组建浙江省与苏丹创新型研究团队，成立浙江省与苏丹绿色矿山技术研究院；二要建立智慧矿山管控平台，实现开采—运输—加工—发料的全流程集中监控，提高资源利用率；三要破解矿资源运输难题，开辟航道码头等专业绿色运输通道；四要开展"开采+治理"的新型发展模式，运用浙江先进的矿山生态修复和再利用经验，破解苏丹开采即污染的难题；五是加强专业技术人才联合培养，为未来浙江省与苏丹合作储备人员力量。

四、结语

过去 11 年，浙江省与苏丹在经贸、人文等领域的合作取得良好成果。浙江省在推进与苏丹合作过程中，呈现出以推动民营企业为对苏丹经贸合作主力军、以体制机制创新促进对苏丹经贸合作提质增效等特点，为中国与苏丹经济

[①] 王南. 中国和苏丹的矿业合作大有可为.（2021-04-12）[2022-12-14]. http://shcas.shnu.edu.cn/48/c4/c18797a739524/page.htm.

[②] 浙江省自然资源厅. 这里矿业"绿意"正浓！浙江湖州坚定不移走生态优先、绿色发展之路.（2022-10-27）[2022-12-14]. https://zrzyt.zj.gov.cn/art/2022/10/27/art_1070721_59008105.html.

[③] 浙江省发展改革委. 浙江省国内贸易发展"十四五"规划.（2021-06-29）[2024-01-27]. https://www.zj.gov.cn/art/2021/6/29/art_1229203592_2306913.html.

发展、社会稳定注入了强劲动力，丰富了中苏合作的内容。党的二十大报告指出，"团结带领全国各族人民全面建成社会主义现代化强国、实现第二个百年奋斗目标，以中国式现代化全面推进中华民族伟大复兴"是我国今后的主要任务。①在我国鼓励东部地区加快推进现代化、巩固东部沿海地区开放先导地位、推动共建"一带一路"高质量发展、秉持真实亲诚理念和正确义利观加强同发展中国家团结合作叠加的历史机遇期②，浙江担负着争创社会主义现代化先行省、高质量发展建设共同富裕示范区的重要使命和任务。2021年中非合作论坛第八届部长级会议通过的《中非合作2035年愿景》、2022年11月中苏两国政府《经济技术合作协定》的签署，以及习近平主席在2022年12月首届中阿峰会上提出的中阿在支持发展、粮食安全、卫生健康、绿色创新、能源安全、文明对话、青年成才、安全稳定等八个方面务实合作的"八大共同行动"③，为中国与包括苏丹在内的非洲以及阿拉伯国家合作做出了具体的指示，将进一步引领浙江省与苏丹等相关国家的合作。展望未来，浙江省与苏丹在农业、制造业、矿业等方面将存在很大的合作机遇，这对于推动中国与非洲、阿拉伯世界的广大发展中国家的合作具有重大的现实意义。

---

① 习近平.高举中国特色社会主义伟大旗帜　为全面建设社会主义现代化国家而团结奋斗——在中国共产党第二十次全国代表大会上的报告.北京：人民出版社，2022：21.
② 习近平.高举中国特色社会主义伟大旗帜　为全面建设社会主义现代化国家而团结奋斗——在中国共产党第二十次全国代表大会上的报告.北京：人民出版社，2022：21；32-33；61.
③ 习近平在首届中国—阿拉伯国家峰会上提出中阿务实合作"八大共同行动".人民日报，2022-12-10（1）.

浙江省与摩洛哥合作的现状、机遇与建议

郑 蓉

摘要： 摩洛哥既是非洲国家，也是阿拉伯国家，是中国共建"一带一路"和中非命运共同体的重要战略伙伴。中国和摩洛哥位于海上丝绸之路的两端，两国友好交往历史源远流长。在中摩关系不断升温的大背景下，浙江牢牢把握机遇，在推进中摩合作中发挥了重要作用。浙江是中国经济强省、改革开放高地，数字经济领跑全国，与摩洛哥优势互补，双方合作有着巨大的空间和机遇。双方可以继续加强在贸易、投资和文化交流等传统优势领域的合作，同时，也可以积极围绕数字经济、制造业、可再生能源等领域开展合作，为浙江省与摩洛哥合作培育新的增长点。此外，开展教育、旅游、广播电视等方面的文化交流合作，可以进一步拓宽浙江省与摩洛哥人文交流的路径，促进彼此之间的了解，为中摩各领域的合作奠定民意基础。

关键词： 浙江省；摩洛哥；中摩合作；"一带一路"

作者简介： 郑蓉，博士，浙江外国语学院阿拉伯语系主任、讲师。

摩洛哥既属非洲国家，又属阿拉伯国家，是中阿合作论坛和中非合作论坛的重要参与者。浙江省是中国对非合作的重要省份，也是"一带一路"的重要枢纽，浙江积极参与到中非合作和中阿合作中，与摩洛哥建立了良好的合作关系，双方在贸易、投资、文化等领域的交流日益密切，并取得了一系列成果。未来，双方可继续深化传统优势领域的合作，同时在制造业、数字经济和可再生能源等新领域培育新的增长点。

一、浙江省与摩洛哥合作背景

中国与摩洛哥在"一带一路"背景下，加强发展战略对接，在经贸合作和人文交流方面取得突出成果，是中非和中阿共建"一带一路"和构建"人类命

运共同体"的典范。

（一）中摩经贸合作稳步增长

11 年来，中摩经贸合作势头良好，双方务实合作成果显著，特别是中摩贸易呈现良好发展态势，中国已成为摩第三大贸易伙伴。双方加强战略对接，相继签署《中摩灌溉领域合作谅解备忘录》、《货币互换协议》[互换规模为 100 亿元人民币（150 亿迪拉姆）]、《基础设施领域合作谅解备忘录》、《水资源领域的合作谅解备忘录（2020—2022 年执行方案）》等经贸合作协议，为双方经贸合作提供良好的政策保障。

双边贸易稳步增长。据中国海关统计，2013—2023 年，中摩双边贸易额整体呈增长趋势。除 2015 年受中国及全球经济增长放缓等因素影响，中摩双边贸易额显著下滑以外，其余年份中摩贸易额均呈增长之势。2023 年 1 月至 11 月，双边贸易总额为 67.6 亿美元，其中中方出口额为 58.8 亿美元，同比增长 13.5％，进口额为 8.8 亿美元，同比增长 5.4％。[①]2022 年中摩双边贸易额达 66.5 亿美元，同比增长 2.2%[②]，创历史新高，其中中国自摩进口额同比增长 10.1%，摩对华贸易逆差进一步缩小，双边贸易结构更趋平衡。[③]2021 年，摩洛哥向中国出口的前五大商品主要为矿产品、铜制品、铝制品、盐及石灰水泥、电机及零件，出口额合计占摩洛哥向中国出口总额的 88.65%。摩洛哥自中国进口的前五大商品是电机及零件、核反应锅炉及零件、药品、车辆及其零件和纺织品，进口额合计占摩洛哥自中国进口总额的 57.26%。[④]

投资合作迈出新步伐。中摩建立战略伙伴关系后，中国对摩洛哥的投资呈明显增长态势。截至 2020 年年末，中国对摩洛哥直接投资存量为 3.83 亿美元；2021 年中国对摩洛哥直接投资流量为 2400 万美元。中国企业积极助力摩洛哥发展，参与建设了努奥太阳能光热电站、穆罕默德六世大桥等重要项目，

① 中华人民共和国外交部. 中国同摩洛哥的关系. [2024-02-19]. https://www.mfa.gov.cn/web/gjhdq_676201/gj_ 676203/fz_677316/1206_678212/sbgx_678216/#.
② 中华人民共和国海关总署. 中华人民共和国海关总署海关统计数据在线查询平台.（2022-12-18）[2023-02-21]. http://stats.customs.gov.cn/.
③ 杨佩佩. 经贸合作新航程.（2023-06-29）[2024-02-19]. https://epa.comnews.cn/pc/content/202306/29/content_8267. html.
④ 中华人民共和国商务部. 中摩经贸合作概况（截至2022年6月）.（2022-07-28）[2023-01-19]. http://ma. mofcom.gov.cn/article/zxhz/hzjj/202205/20220503313598.shtml.

还承建了阿加迪尔水泥磨粉厂项目、乌季达排洪渠项目等大型工程项目。[1]2017年，中国作为唯一外资方，参与投资了摩洛哥穆罕默德六世丹吉尔科技城项目，这是中摩"一带一路"合作的旗舰工程。2022年，两国签署丹吉尔科技城项目投资协议，朝着丹吉尔科技城项目落实迈出重要一步。截至2019年，在摩洛哥发展的中资企业有50家[2]，一类为以华为、中兴为代表的信息、通信技术企业，另一类为工程建设企业，主要从事高速公路和路桥港口等基础设施的项目承包工作。[3]2021年，中资企业在摩洛哥新签承包工程合同额9.4亿美元，完成营业额2.2亿美元，年末在摩洛哥劳务人员为405人。中信戴卡公司还同摩洛哥政府签署了一项建厂生产铝轮毂的工业项目协议，投资金额达3.5亿欧元，创近年来中国对摩投资新高。2022年，中信戴卡将再斥资18亿迪拉姆在摩建设铸件工厂，将为当地创造760个就业岗位，成为中国迄今在摩投资规模最大的旗舰项目。[4]2023年10月，青岛森麒麟智能制造工厂在丹吉尔科技城开工，投资金额达2.97亿美元。[5]

（二）中摩人文交流方兴未艾

文化是增进不同国家人民之间相互理解的"纽带"。人文交流与合作是实现国家利益、提升国家软实力和实现多元文明协调发展的一种重要手段。新时期，中摩人文交流也被提升到新的战略高度，成为中摩两国构建战略伙伴关系的新支柱。11年来，中摩人文交流不断深化，在教育、医疗卫生、旅游、广播影视、新闻出版、智库、体育、青年和妇女等各领域开展了全面务实的交流与合作。

教育交流合作不断深化。在中摩校际合作方面，20世纪80年代，摩洛哥来华留学生每年的名额不到10人，但是到2012年，摩洛哥在华留学生总数已

① 中华人民共和国商务部. 中摩经贸合作概况（截至2022年6月）.（2022-07-28）[2023-01-19]. http://ma. mofcom.gov.cn/article/zxhz/hzjj/202205/20220503313598.shtml.

② 中华人民共和国商务部. 2019年摩洛哥新增2家中资企业.（2020-05-29）[2023-01-17]. http://ma.mofcom.gov. cn/article/zzjg/xhdt/202005/20200502968725.shtml

③ 郑怡，刘烁，冯耀祥. 中企在摩洛哥投资情况调研发现：营商环境友好 尚存五大投资障碍. 中国对外贸易，2016（4）: 8-9.

④ 中华人民共和国外交部. 驻摩洛哥大使李昌林接受摩媒体采访.（2022-03-04）[2023-01-19]. https://www. fmprc.gov.cn/zwbd_673032/wjzs/202203/t20220304_10648172.shtml.

⑤ 森麒麟. 重大喜讯｜森麒麟摩洛哥工厂开工建设!（2023-12-13）[2023-01-19]. http://www.senturytire.com. cn/ZH00401/20231213/919589701101289472.html

达 396 名。①摩洛哥穆罕默德五世大学参与了"中非高校 20+20 合作计划"，与北京第二外国语学院开展合作共建，已成功举办十一届中摩文化与教育交流国际学术研讨会。②孔子学院作为中国文化"走出去"的重要机构，已在摩洛哥取得很好的反响，发展势头强劲。摩是目前阿拉伯国家中唯一设有三所孔子学院和一家中国文化中心的国家。③越来越多的摩洛哥人热衷于学习汉语和中国文化，紧密的人文交流进一步加深了两国人民的相互了解。

文化交流日益密切。在广播影视和图书出版领域，中摩双方进行了一系列交流活动，签订了合作协议。如 2015 年 5 月，国家新闻出版广电总局（现国家广播电视总局）局长蔡赴朝访摩，同摩方签署了影视合作协议，双方还共同举办了"中国电影日"活动。中国导演陆川执导的影片《可可西里》（2004年）、张艺谋执导的影片《金陵十三钗》（2011 年）、青年导演王学博的作品《清水里的刀子》（2016）等参加了马拉喀什国际电影节的评选并收获奖项。2017 年第 23 届摩洛哥得土安地中海国际电影节选择中国为主宾国参映。④摩洛哥中国事务专家纳赛尔·布希巴博士在中国生活多年，其最近出版的《摩中合作 60 年》一书，专门向读者介绍他对中摩关系的了解，积极评价了中国立场和"一带一路"倡议。

旅游合作渠道不断拓宽。新时期中摩两国旅游合作尤为密切，2002 年两国签署了旅游合作协定，并建立了合作机制，为双边友好关系的深化奠定了扎实基础。如中国—摩洛哥旅游论坛对推进"一带一路"中摩旅游合作发挥了重要作用。2020 年 8 月 31 日，习近平主席与摩洛哥穆罕默德六世国王在通话中就"以举办中摩旅游文化年为契机，共同规划疫情后双方人文合作蓝图"达成共识。同年 12 月 2 日，作为"中摩旅游文化年"预热活动之一的"中国—摩洛哥旅游论坛"暨"重返伊本·白图泰访华之路"旅游推介会以线上形式举办。旅游业是摩洛哥国民经济支柱产业，也是中摩共建"一带一路"的重点合作领域。

① 林峰. 中国高校在摩洛哥联合举行"留学中国"推介.（2013-03-24）[2024-02-08]. http://edu.people.com.cn/n/2013/0324/c1053-20893833.html.

② 辛闻. 中摩学者共话"中摩人文交流：新时代、新机遇、新挑战"线上线下双通道同声传译.（2021-04-25）[2024-02-08]. https://www.bisu.edu.cn/art/2021/4/25/art_1424_267211.html.

③ 中华人民共和国外交部. 驻摩洛哥大使李昌林就中摩关系在摩主流媒体发表署名文章.（2022-12-28）[2023-01-19]. https://www.mfa.gov.cn/web/gjhdq_676201/gj_676203/fz_677316/1206_678212/1206x2_678232/202212/t20221228_10997428.shtml.

④ 王振. "一带一路"国别研究报告（摩洛哥卷）. 北京：中国社会科学出版社，2020：538.

摩洛哥是非洲第一大入境旅游国，中国是世界第一大出境旅游客源国。2015 年，到摩洛哥旅游的中国游客大约 1.5 万人，2016 年 6 月，摩洛哥对中国公民实行入境免签，2017 年 1 月至 8 月，中国赴摩游客人数比去年同期增长 315%。截至 2017 年年底，全年赴摩旅游的中国游客已达 10 万人。[①]此外，中摩缔结友好城市和地方政府旅游合作成为推动旅游领域务实合作的重要力量。截至 2019 年，中国和摩洛哥缔结友好城市 10 对。中国人民对外友好协会与摩洛哥中国友好交流协会合作打造了中摩友谊论坛，旨在增进中摩相互了解，推动经贸、文化、旅游等领域务实合作。

二、浙江省与摩洛哥合作现状

浙江是中国对非合作和对阿合作的重要省份。11 年来，浙江积极响应国家政策，发挥"一带一路"建设重要窗口作用，与摩洛哥在贸易、投资、文化等领域交流日益密切，并取得了一系列积极成果。

（一）数字贸易助推双边贸易合作

中国出海中东离不开大量中国电商平台，浙江省是中国发展跨境电商的主要力量。浙江省与摩洛哥两地通过搭建线上线下展会、专题会议、政企对话会、数字贸易平台推介会等平台，促进了浙江省与摩洛哥政府间、行业组织间、企业间的多层次电子商务合作与交流。在数字贸易的助力下，浙江省与摩洛哥双边贸易额逐步增长，且在中摩双边贸易中占据重要地位。2022 年，浙江省与摩洛哥双边贸易额为 17.13 亿美元，占中摩双边贸易总额的 25.7%。从产品来看，浙江主要向摩洛哥出口机器、机械制品、电气设备电机、茶、化学材料和纺织品等，从摩洛哥进口的最主要产品是铜及其制品，此外还有少量铝、矿砂、镍等。[②]

根据海关总署数据，2018—2022 年浙江省与摩洛哥双边贸易情况如下：2018 年，浙江省与摩洛哥双边贸易总额约 12.69 亿美元，其中浙江出口 12.44 亿美元，从摩洛哥进口 0.25 亿美元；2019 年，浙江省与摩洛哥双边贸易总额约 13.63 亿美元，同比增长 7.4%，其中浙江出口 13.34 亿美元，从摩洛哥进口

---

① 国际在线. 助力中摩旅游合作 推动"一带一路"旅游发展 中国—摩洛哥旅游合作论坛在卡萨布兰卡市举办.（2018-02-02）[2023-01-18]. https://news.cri.cn/20180202/89b0d162-ae2a-fa11-edcb-f994cffc8a79.html.

② 数据整理自中华人民共和国海关总署.海关统计数据在线查询平台.网址：http://stats.customs.gov.cn/.

0.29 亿美元；2020 年，浙江省与摩洛哥双边贸易总额约 12.59 亿美元，同比下降 7.6%，其中浙江出口 12.35 亿美元，从摩洛哥进口 0.24 亿美元；2021 年，浙江省与摩洛哥双边贸易总额约 16.76 亿美元，同比增长 33%，其中浙江出口 15.76 亿美元，从摩洛哥进口 1.00 亿美元；2022 年，浙江省与摩洛哥双边贸易总额约 17.13 亿美元，同比增长 2.2%，其中浙江出口 16.34 亿美元，从摩洛哥进口 0.78 亿美元。从这五年的数据来看，浙江省与摩洛哥的双边贸易总额自 2018 年至 2021 年持续上升，只有 2020 年因疫情略有下降，总体较为平稳，且 2021 年开始增速提升；其中，中方对摩进口额和出口额除 2020 年外呈上升态势。另外，从数据中可以看出，双方进出口差额较大，中方贸易顺差明显。

从贸易产品看，中国的茶叶、瓷器、丝绸从古至今都受到摩洛哥人民的青睐，并通过摩洛哥源源不断运往欧洲。浙江茶叶企业积极利用产品优势和口碑，通过跨境电商平台实现线上线下同步发力，进一步扩大摩洛哥市场并辐射非洲市场。2019 年，浙江向摩洛哥出口茶叶总额达到 11.11 亿元，占浙江省茶叶出口总额的 33.37%。[1]仅有 3000 多万人口的摩洛哥是世界上最大的中国绿茶进口国和消费国，Statista 数据统计网站显示，2021 年摩洛哥在中国茶叶进口国中位列第一。[2]多年来，茶叶一直是浙江省出口传统优势产品，被誉为浙江出口"金名片"。摩洛哥国民饮料薄荷茶是用中国绿茶和薄荷叶制成的，浙江的珠茶和眉茶正好迎合摩洛哥茶叶消费市场，使摩洛哥成为浙江绿茶出口的最大市场，对摩出口量占浙江茶叶出口量的三分之一以上。

浙江自古"衣被天下"，布业贸易繁盛至今。目前，纺织业是浙江省唯一一个产值超万亿的产业集群。2021 年，浙江全省已经拥有规模以上纺织工业企业 8218 家，实现工业总产值超过万亿元，营业收入 10716 亿元，双双突破万亿大关；全行业从业人员超过 100 万人。[3]近年来，浙江省商务厅携手以中国轻纺城为代表的浙江纺织企业积极走进摩洛哥，在行业发展、技术合作、项目对接等方面开展合作与交流，有力推动了双方的产业合作与贸易发展。2020 年，浙江省商务厅主办的浙江出口网上交易会（摩洛哥站—面辅料专场）在摩洛哥

---

[1] 企研数据. 专题报告 | 多维度带您走进浙江茶产业. (2020-07-17) [2023-01-15]. https://zhuanlan.zhihu.com/p/161187067.

[2] 许苏培, 黄灵. 中国摩洛哥以茶为媒 "双向奔赴". 环球, 2022（26）: 60-61.

[3] 方问禹, 等. "一块布"的光荣与梦想 走进2022第五届世界布商大会. (2022-11-18) [2023-01-15]. https://www.xinhuanet.com/politics/2022-11/18/c_1129137951.htm.

成功举办，共有来自多个国家和地区的 218 家采购商参加，许多企业通过直播、录播等多种渠道与意向客户进行了有效的联络和沟通。①

（二）投资合作不断升级

随着摩洛哥经济的发展，越来越多的中国企业开始到摩洛哥投资，特别是在能源、基础设施和制造业等领域稳步发展，在可再生能源、数字经济等新兴领域深挖合作机遇。在摩洛哥，中国的投资集中在工业区、自由贸易区和金融中心，例如，盖尼特拉的大西洋自贸区、卡萨布兰卡金融城、丹吉尔地中海港工业区。浙江企业也积极参与摩洛哥的投资建设，从餐饮和酒店业到基础设施、物流、制造业等多个领域，都有来自浙企的投资。

浙江省对摩洛哥的投资离不开国家和地方政策的支持。浙江省政府在顶层设计上统筹工作，出台《浙江省加快推进对非经贸合作行动计划（2019—2022年）》，省商务厅与省工商联、中非民间商会分别签署了合作备忘录，中国进出口银行浙江省分行与华立集团签署了关于对非银项合作意向书。在这些利好政策推动下，浙江省与摩洛哥双向投资不断升级。2022 年，浙江省境外企业投资总额 1984052.8 万美元，同比增长 14.2%；境外投资企业 785 个；营销网络项目714 个。②在摩洛哥的餐饮业、旅游业、农业、跨境电商等领域都能看见浙企的身影。例如，把义乌小商品卖到摩洛哥和其他北非国家的"义乌购"等电商平台。浙江中国小商品城集团公司与摩洛哥外贸银行签署合作备忘录，外贸银行将对该公司在国际尤其是非洲地区的业务拓展提供金融支持，该协议也将促进双方在摩建设物流交易园区项目的合作。③浙江省的摩洛哥企业也较多。据统计，截至 2021 年，摩洛哥在华企业共计 15 家，其中 10 家在浙江，经营范围包括日用百货、纺织品、服装、饰品、工艺品和信息咨询等。④2013—2023 年，浙江省与摩洛哥双向投资稳步推进，为促进国内国际双循环、构建发展新格局奠定良好基础。

① 虎嗅辣评. 2020浙江出口网上交易会（摩洛哥站—面辅料专场）顺利收官.（2020-09-05）[2023-01-20]. https://m.sohu.com/a/416617735_100144372/?pvid=000115_3w_a&qq-pf-to=pcqq.c2c.

② 浙江省商务厅. 浙江省国外经济合作情况汇总表（2022年1—12月）.（2023-02-09）[2023-02-13]. http://www.zcom.gov.cn/art/2023/2/9/art_1403433_58938892.html.

③ 中华人民共和国商务部. 浙江中国小商品城集团公司与摩洛哥外贸银行签署合作备忘录.（2020-11-23）[2023-02-21]. http://ma.mofcom.gov.cn/article/zxhz/gzdt/202011/20201103017700.shtml.

④ 阿信. 摩洛哥在华企业名单—摩洛哥外资企业.（2021-06-03）[2023-01-20]. https://www.x315.cn/doc/1F1C2c.

（三）人文交流日益丰富

基于中摩间不断加深的人文合作，浙江省与摩洛哥的人文交往也日益密切。浙江和摩洛哥有着悠久的友好交流历史。摩洛哥旅行家伊本·白图泰在公元 14 世纪时就来到杭州，并在其所写游记《伊本·白图泰游记》中记录了对杭州的访问和所见所闻，称杭州是"世界上最美的城市之一"，并详细描述了杭州的风景、建筑、市场和文化等方面。在现代，浙江省与摩洛哥也延续着这段友好交往的历史佳话，双方一直对对方的文化持开放态度，并充满好奇，双方保持着频繁的文化交流。

浙江积极响应国家政策，充分挖掘历史资源和文化符号，开展与摩洛哥的文旅合作。浙江省文化和旅游厅副厅长在 2020 年召开的"中国—摩洛哥旅游论坛"上表示："中摩要着力构建高效的合作交流机制和战略合作关系，通过开展中摩双方文化和旅游项目，每年设定不同的主题由中摩不同的城市联合举办，探索两地合作新模式。此外要不断丰富中摩文化和旅游合作内容，深化两地在科研互送、市场互促、人才互通等方面的合作，为两地文化和旅游事业发展提供政策保障、人才保障、市场保障，着眼未来。"① 在这方面，浙江龙泉已经先行一步，2018 年龙泉与摩洛哥合作制作了一部专题视频，名为《靓丽瓷都中国龙泉——摩洛哥非斯》。该节目以龙泉青瓷为主线，介绍了龙泉市的文化、美食和民俗等特色元素。同时，节目也展示了摩洛哥的宗教、文化和艺术中心——非斯古城的传统手工业，促进了双方的了解。②

地方交流是两国友好交往和共建"一带一路"的重要组成部分。浙江积极与摩洛哥开展以友好城市为纽带的城市间和地方交流。近年来，浙江积极与摩洛哥缔结友好城市关系，杭州市与阿加迪尔市缔结友好城市关系（2000 年），宁波市与马拉喀什市缔结友好交流城市关系（2007 年），湖州市与梅克内斯市缔结友好交流城市关系（2011 年）。③ 友好城市有利于浙江省与摩洛哥双方增进

---

① 白子成. 中摩旅游合作 共享发展机遇——"中国—摩洛哥旅游论坛"暨"重返伊本·白图泰访华之路"旅游推介会举办.（2020-12-10）[2023-01-15]. http://www.ctnews.com.cn/paper/content/202012/10/content_52770.html.

② 央视网.《城市1对1》2018-07-01 靓丽瓷都中国龙泉——摩洛哥非斯.（2018-07-01）[2022-01-10]. https://tv.cctv.com/2018/07/01/VIDEthOQnq7rSRJobgM8FDaC180701.shtml.

③ 浙江省人民政府外事办公室. 浙江省友好关系一览表.（2020-06-19）[2022-12-30]. http://fad.zj.gov.cn/art/2020/6/19/art_1321202_38888096.html.

友谊，促进共同发展，推动人员往来，根据双方城市的发展优势实现优势互补。

三、共享发展新机遇，开拓浙江省与摩洛哥合作新篇章

在中摩全面提升战略伙伴关系的大背景下，浙江省与摩洛哥在各领域的交流合作不断加深。浙江省的优势产业与摩洛哥市场经济互补性强，双边贸易务实合作基础好，合作前景非常广阔。尤其是随着"万物互联"数字化时代的到来，未来浙江省与摩洛哥在产能合作、数字经济和文旅融合等方面都存在巨大合作潜能和机遇。

（一）数字经济为浙江省与摩洛哥经贸合作添新动力

浙江省的数字经济"一号工程"与摩洛哥数字化转型高度契合，双方在数字经济领域的合作值得期待。

摩洛哥具有良好的数字基础和数字市场潜力。摩洛哥政府早在 1999 年就开始重视国家数字化进程，自 1999 年以来，摩洛哥共通过了六项数字战略，致力于加速国家数字化转型，促进电子政务发展，增加教育和公共服务的渠道，鼓励信息通信技术创业，提升本国 IT 服务国际竞争力，巩固摩洛哥作为非洲区域领导者和门户的地位。摩洛哥新发展规划将数字经济列为重点发展领域，并且摩洛哥电信基础设施和数字技术科研水平均位于非洲前列，摩洛哥数字经济也开始向农业、工业、服务业三大传统领域渗透，积极推广技术应用试点，在智慧农业、工厂数字化、电子商务、移动支付等领域有着较大市场潜力。

数字经济创新提质是浙江新时期实施创新、改革、开放的"一号发展工程"。坚持创新驱动、加快转型升级，是浙江实现经济高质量发展、大幅跃升的关键。"十三五"期间，浙江省高度重视数字经济发展，浙江产业基础再造和产业链提升取得重大进展，数字经济核心产业增加值实现翻番。[①]浙江省在区块链、数字技术、电子商务、移动支付、人工智能、大数据等领域具有研发与应用的基础与实力，并且同样制定了成为国际数字贸易战略枢纽的远景战略。

摩洛哥与中国在数字经济合作领域有着较好的合作基础，未来双方深化相

---

① 浙江新闻.浙江省第十五次党代会报告全文来了.（2022-06-27）[2023-02-06]. https://zj.zjol.com.cn/news.html?id=1882908&from_channel=52e5f902cf81d754a434fb50&from_id=1882912.

关合作可期。摩洛哥已经加入了中国倡议的"一带一路"数字经济联盟，并具有合作的意愿。摩洛哥总统代表、非洲银行前副总裁哈迈杜赫阁下曾表示"一带一路"数字经济联盟是以国际合作、团结互助为目的的倡议，是其与中国合作的桥梁，并表达了与中国携手合作的积极意愿。[①]2022 年，摩洛哥计划高专署和中国国家统计局签订了中摩数据领域合作协议，双方将在企业统计、大数据等重点领域展开务实合作。摩方表示，摩中在该领域的合作将为两国战略伙伴关系再开新篇。[②]浙江是中国的数字经济强省，在推进中摩数字经济合作方面，浙江可以充当"排头兵"，以"两个先行"发挥示范引领作用。而浙江省与摩洛哥数字经济合作可帮助摩洛哥实现数字化转型，同时有利于双方共同开拓市场、优化产业链、推动技术进步，为经济增长和社会发展注入新动力。浙江强大的数字经济实力加上良好的政策支持和战略对接，为浙江省与摩洛哥开展数字经济合作带来很多新机遇，双方可以在电子政务、跨境电商平台建设、数字支付和数字人才培训等方面挖掘合作机遇，实现互利共赢。

（二）优势互补促浙江省与摩洛哥产能合作全面发展

摩洛哥拥有得天独厚的区位优势和完善的营商环境，还为中国企业制定了优惠政策，提供了一系列的便利措施，积极推动了中摩经贸合作。摩洛哥的产业缺口与浙江的产业优势高度契合。摩洛哥明确鼓励外商投资纺织业、汽车业、航空业、新能源等产业。而浙江是中国经济强省和制造强省，具备完整的产业链和齐全的配套产业。浙江的巨大产能对接摩洛哥"经济起飞计划""工业发展战略"需求，且双方在产能合作、技术创新、市场需求等方面具有互补性，双方开展合作，可实现优势互补、互利共赢。

第一，就投资宏观环境而言，摩洛哥具有良好的营商环境和区位优势，并且为中国企业制定优惠政策，为浙江企业赴摩投资创造了有利条件。摩洛哥政府将促进投资作为落实穆罕默德六世国王"新发展模式"的重要举措。2022 年摩洛哥出台《新投资法案》，采用基于投资补贴机制的创新融资方式，并大幅简

---

① 搜狐网."'一带一路'数字经济联盟"正式成立.（2018-07-01）[2023-02-03]. https://www.sohu.com/a/238725130_521982.

② 中华人民共和国商务部. 中摩签订数据领域合作协议.（2022-12-22）[2023-02-20]. http://ma.mofcom.gov.cn/article/zxhz/gzdt/202212/20221203375006.shtml.

化行政程序，进一步推动投资便利化，致力于将摩洛哥打造成非洲投资热土。[①]为了能够让中国企业、中国产能落地摩洛哥，摩洛哥政府积极创造便利的经商环境和行政管理体制，给予了中国企业高度支持和重视，提供了优惠的政策支持，打造中国企业理想的"投资乐土"。摩洛哥区位优势明显，摩洛哥是连接地中海和大西洋的非洲国家和阿拉伯国家，也是东西海运主航道上的主要枢纽之一，物流交通非常便捷，能够成为产品生产、储存和物流中心，便于商品出口，未来能够借助中欧班列和海运，实现从中国到欧洲、欧洲到非洲、非洲到中国的物流大循环。对于浙江企业而言，摩洛哥可以成为进入非洲和欧洲市场的跳板。截至 2015 年 6 月，摩洛哥与 56 个国家签署了《自由贸易协定》[②]，利用摩洛哥和其他国家的双边自由贸易协定和优惠贸易安排，能够更好地帮助浙江企业开发市场。此外，摩洛哥人力资源充足，工资成本相对较低，单位生产率比较高，有着较为完善的法律体系和相对成熟的市场经济体系。

第二，摩洛哥和浙江在工业发展方面具有相同理念和共同目标，浙江省与摩洛哥合作符合双方利益。摩洛哥政府于 2014 年推出"工业加速发展计划（PAI）"，旨在提高工业在 GDP 中的比重和增加就业。2019 年，政府启动了"工业加速计划 2.0"，强调创新和科研，并鼓励引入本地资本。在 2020 年新冠疫情暴发后，政府提出"2021—2023 年工业重振计划"，宣布实施进口替代战略，大力发展本土制造业，做大做强"摩洛哥制造"，以加速本土制造业的发展。计划重点发展食品加工、电子电器、化工、交通运输、纺织皮革、建筑、塑料加工和机械冶金八大行业。[③]浙江省是中国重要的制造业基地和制造业品牌之一。浙江制造业的发展始终坚持以市场需求为导向，注重技术创新和产业升级，形成了多个具有自主知识产权和国际竞争力的产业集群，如杭州的电子信息产业集群、温州的鞋业产业集群、宁波的机械制造业产业集群等。同时，浙江制造业还注重品牌建设，通过积极推进"品牌浙江"战略，培育出了一批知名品牌，如海尔、格力、三木集团、耐克等。浙江制造业的优势在于完善的

① 杨佩佩. 开启中摩经贸合作新航程.（2023-06-29）[2024-02-19]. https://epa.comnews.cn/pc/content/202306/29/content_8267.html.

② 王诗堃，冷汐. 摩洛哥非洲中国合作与发展协会主席纳赛尔：中国民企在非洲发展空间巨大.（2023-10-23）[2024-02-19]. https://news.southcn.com/node_179d29f1ce/e460e2d54b.shtml.

③ 商务部国际贸易经济合作研究院，中国驻摩洛哥大使馆经济商务处，商务部对外投资和经济合作司. 对外投资合作国别（地区）指南：摩洛哥（2021 年版）. [2024-02-19] https://www.investgo.cn/upfiles/swbgbzn/2021/moluoge.pdf.

产业链、强大的创新能力、优越的地理位置、丰富的人才资源和知名品牌等方面。摩洛哥政府推出的这一系列工业发展计划，为浙江制造业寻找合作伙伴提供了更多机会。因此，浙江能为摩方提供丰富的发展经验，助力摩洛哥本土制造业发展和"摩洛哥制造"品牌建设。

第三，在全球推动应对气候变化等因素共同作用下，能源清洁低碳发展已成为新趋势，摩洛哥和浙江都制定了绿色转型计划，大力推动清洁能源发展，在可再生能源方面开展合作前景广阔。摩洛哥政府重视绿色可持续发展理念，可再生能源是摩洛哥未来经济发展的重要领域。在 2016 年第 22 届联合国气候变化大会上，穆罕默德六世国王表示"绿色发展和应对气候变化为摩洛哥国家发展的核心关切"[①]。为提高可再生能源发电占比和减少电力进口，摩洛哥计划每年投资 10 亿美元发展太阳能和风能，年新增装机容量将达到 1 吉瓦。2022 年，摩洛哥可再生能源发电量约为 4.6 吉瓦，计划到 2030 年可再生能源占其能源结构的 52%，到 2050 年接近 80%。[②]2021 年浙江省制定了《浙江省可再生能源发展"十四五"规划》，提出着力构建清洁低碳、安全高效的能源体系，大力发展可再生能源。[③]2022 年，《浙江省能源发展"十四五"规划》再次强调，要"高水平建成国家清洁能源示范省，构建清洁低碳、安全高效的现代能源体系"[④]。2013—2023 年，摩洛哥上马了大批光伏光热、风电和水电项目。而浙江省光伏产业蓬勃发展，分布式光伏装机规模连续多年居全国第一。浙企在光伏领域具备强大实力和良好产能，对非光伏投资是践行我国"一带一路"倡议的重要能源抓手，摩洛哥可再生能源可以成为浙企能源投资的重点领域，同时浙江省也可为摩洛哥提供绿色发展的经验，助力摩洛哥"绿色转型"。

（三）文旅合作为浙江省与摩洛哥人文交流拓宽渠道

文化和旅游合作是促进两国人民民心相通的重要渠道，也是中摩共建"一

---

① 中华人民共和国商务部.摩洛哥经济概况（截至2022年6月）.（2022-07-28）[2024-02-09]. http://ma. mofcom.gov.cn/article/c/202205/20220503313599.shtml.

② 中华人民共和国商务部.摩洛哥拟每年投资10亿美元发展可再生能源.（2024-02-02）[2024-02-19]. http:// ma.mofcom.gov.cn/article/jmxw/202402/20240203471626.shtml

③ 浙江省发展和改革委员会,浙江省能源局.省发展改革委　省能源局关于印发《浙江省可再生能源发展"十四五"规划》的通知.（2021-06-23）[2024-02-19]. https://www.zj.gov.cn/art/2021/6/23/art_1229203592_2305636. html?ivk_sa=1024320u.

④ 浙江省人民政府办公厅.浙江省人民政府办公厅关于印发《浙江省能源发展"十四五"规划》的通知.（2022-05-19）[2024-02-19]. https://www.zj.gov.cn/art/2022/5/19/art_1229019365_2404305.html.

带一路"的重点合作领域。旅游业同为摩洛哥和浙江的支柱产业，2020年受疫情影响，双方旅游业都受到巨大冲击，亟待重振。随着世界旅游联盟总部落户杭州，未来双方可以在打造特色文旅融合项目、文化遗产保护传承利用等方面进一步加深交流合作。

摩洛哥拥有丰富独特的自然资源和人文景观，共有18项文化遗产被列入联合国教科文组织的《世界遗产名录》。为推动旅游业持续发展，摩洛哥政府在2010年制定了"旅游2020"战略，致力于打造"可持续的"旅游产业，保留摩洛哥旅游的"独特性"，并提升摩洛哥旅游的"现代性"。在"旅游2020"战略检验之年到来之际，摩洛哥旅游业已实现了持续10年的稳步发展。根据世界经济论坛公布的2019年旅游业竞争力指标排名，摩洛哥在140个国家和地区中排名第66位，在安全和稳定方面排名第28位。[1]2023年，摩洛哥接待游客1450万人，超出年初计划的1350万人，创历史新高，同比增长34%，较2019年增长12%。[2]

浙江是旅游资源大省，旅游业发展条件得天独厚，截至2024年拥有西湖、江郎山、中国大运河（杭州段）、良渚古城遗址等4处世界遗产，国家5A级旅游景区20余家，全国重点文物保护单位280余处。世界旅游联盟总部落户浙江，浙江还集聚了中国义乌文化和旅游产品交易博览会、国际海岛旅游大会、世界乡村旅游大会等重大平台，国际影响力不断提升。"十四五"时期，浙江省提出积极打造良渚文化等一批世界级文化标识；全省文化产业和旅游产业增加值占GDP的比重均达到8%以上，旅游业对国民经济的综合贡献率达到19%以上。浙江省努力建成全国文化高地、中国最佳旅游目的地、全国文化和旅游融合发展样板地，为建设"新时代全面展示中国特色社会主义制度优越性的重要窗口"贡献标志性成果。

近年来，中摩政治互信为两国文化和旅游关系发展创造了良好条件，民心相通使双方文化和旅游交流渠道更加顺畅，而文化和旅游的深度融合发展拓宽了双方合作的渠道，激发了新的灵感和思路，进一步夯实了两国战略伙伴关系的民意基础。2020年，中国和摩洛哥共同举办"中摩旅游文化年"，这是非洲

---

① 中华人民共和国商务部. 世界旅游竞争力排名：摩洛哥排第66位.（2019-10-30）[2024-02-09]. http://www. mofcom.gov.cn/article/i/jyjl/k/201910/20191002908903.shtml?ivk_sa=1023197a.

② 中华人民共和国商务部. 2023年摩洛哥接待游客1450万.（2024-02-02）[2024-02-19]. http://ma.mofcom.gov. cn/article/jmxw/202402/20240203471621.shtml.

国家首次与中国举办旅游文化年。根据摩洛哥国家旅游局的愿景，摩洛哥希望自 2020 年开始，每年能吸引 50 万人次中国游客。而浙江"推进旅游经济强省建设"，提出振兴入境旅游市场，探索建设旅游产业创新发展试验区等目标。通过"中摩旅游文化年"系列活动、世界旅游联盟合作机制等形式，浙江和摩洛哥可以在旅游、文化、物质文化遗产和非物质文化遗产等领域组织丰富的活动，促进中摩文旅交流与合作。

四、推进浙江省与摩洛哥合作的对策建议

随着中阿合作和中非合作高质量发展，未来中摩各领域合作将进入快速发展的新时期。浙江省应发挥自身优势，与摩洛哥在巩固传统合作基础上，积极开拓现代制造业、数字经济、可再生能源等新兴产业领域的合作，同时，以文旅合作为重点，辐射人文领域的交流，为双边合作奠定更为坚实的民意基础。

（一）强化顶层设计，优化合作框架

首先，浙江应在"一带一路"框架下，借助中阿合作论坛、中非合作论坛等合作机制，加强与摩洛哥政府间的政治对话，深化双边互信，拓宽战略合作领域，推进中非全面战略合作伙伴关系和支持南南合作；利用摩洛哥的区位优势，加强港口、铁路等基础设施建设，将摩洛哥临海港口城市与"海上丝绸之路"串联起来，通过海上互联互通、港口城市合作机制以及海洋经济合作等途径，将摩洛哥打造成新丝绸之路西端的商贸和物流中心。

其次，浙江要建立政企联动机制，鼓励民营企业抓住机遇开拓市场。加强经贸政策沟通与协调，为双方合作内容洽谈、合作形式对接、合作资源交换寻找机会。浙江省政府相关部门及行业协会可建立特定机制引导浙企对摩投资活动，为浙企对摩投资提供"软性"支持，协助拟计划赴摩投资的企业办理有关手续等。浙江还应提升公共服务能力，鼓励有实力的浙江企业赴摩洛哥投资兴业，帮助更多浙江企业赴摩洛哥开拓各领域合作。

最后，浙江还可通过研究设立"一带一路"非洲站点，积极参与摩洛哥工业园区建设。鼓励浙江企业在摩洛哥抱团发展。鼓励引导有资质的企业建设符合摩洛哥国情与需求的境外经贸合作区，推动浙江企业入驻中国在摩设立的合作区和开发区（如中摩共建"一带一路"合作的旗舰工程——丹吉尔科技城），促进双方互利共赢。

（二）以巩固传统合作为基础，积极开拓新兴产业领域的合作

首先，双方可以在茶叶、纺织品等传统优势领域扩大合作优势。纺织品是摩洛哥重要的传统支柱产业。摩洛哥纺织业出口产品多采用来料加工方式，原材料和半成品依赖进口。但近年来，摩洛哥纺织业受外国产品冲击和自身技术水平较低影响，持续萎靡。2020年，摩洛哥纺织皮具行业受疫情冲击较大，出口额为298亿迪拉姆，同比下降19.2%，占全国出口总额的11.3%。[①]浙江在日用品、纺织品、小五金等轻工消费品领域的产能大、竞争力强，可利用这一优势，通过与摩产能合作，帮助摩洛哥纺织业提升技术水平和产品质量，同时实现浙江"富余产能"向海外转移。

其次，双方应在优势互补领域寻找新合作机遇，拓宽产能合作领域。例如，摩洛哥是全球最大的磷酸盐生产国之一，占据着全球磷酸盐储量的三分之二以上，磷酸盐产业也是摩洛哥经济的支柱产业之一。[②]摩洛哥磷酸盐公司作为世界最大的磷酸盐出口商和生产商，存在技术短板，正在通过与国际同行、科研机构的合作提升技术创新能力。浙江省能源矿产较为贫乏，但是拥有技术先进的化肥生产企业和高水平的化肥设备制造企业。一方面，浙江可以从摩洛哥进口磷酸盐来弥补能源矿产资源的短缺，同时，磷酸盐贸易可以降低摩洛哥与浙江的贸易逆差；另一方面，浙江可以与摩洛哥在磷酸盐生产、技术创新方面开展合作，为摩方提供技术支持，促进其技术创新。摩洛哥盛产阿甘油、玫瑰精油等精油类产品，销往非洲、阿拉伯和欧洲市场，旅游业带动了中国人对此类产品的了解，使中国市场也对其产生了兴趣。摩洛哥阿甘油厂商参加了中国国际进口博览会推广产品，还有诸多厂商正在寻求中国合作伙伴。浙江作为中国进出口大省和化妆品加工业龙头企业所在省份，可提供一站式生产加工服务，与摩洛哥阿甘油企业合作，共建自主品牌，拓展非洲和欧洲市场。双方还可以搭建中摩化妆品贸易平台以促进产业互通、贸易便利和技术创新。

最后，双方可积极开拓在汽车、航空、可再生能源等新兴产业领域的合作。汽车业是摩洛哥新发展规划重点发展的产业，近年来依靠吸引外资发展很

---

① "走出去"导航网. 商务部国际贸易经济合作研究院，中国驻摩洛哥大使馆经济商务处，商务部对外投资和经济合作司. 对外投资合作国别（地区）指南：摩洛哥（2021年版）. [2024-02-19]. https://www.investgo.cn/upfiles/swbgbzn/2021/moluoge.pdf.

② 澎湃新闻. 了解摩洛哥工业巨头——摩洛哥磷酸盐公司（O.C.P）. (2018-09-19) [2023-02-01]. https://www.thepaper.cn/newsDetail_forward_2434129.

快，已连续七年成为摩洛哥出口创汇第一大产业。摩洛哥汽车零部件本土化率低，且面临国内对汽车投资不足的困境，汽车行业发展急需外部投资。浙江汽车产业近年来发展迅速，且正在成为浙江和阿拉伯国家合作的新兴领域。[①]浙江汽车零部件企业可以入驻丹吉尔汽车城和盖尼特拉大西洋保税区，在摩开拓投资。浙江还是中国新能源汽车产业的重要基地之一，浙江省政府也积极鼓励本地新能源汽车企业扩张国际市场，恰好符合摩方发展绿色经济对新能源产业的需求。

（三）数字赋能培育浙江省与摩洛哥经贸合作新增长点

以数字基础设施建设提升"一带一路"发展新动能。摩洛哥正在朝着数字化的方向迈进，并且已经在数字基础设施建设方面取得了一定的进展。但是，该国在数字经济领域的发展仍然存在一些挑战，例如数字鸿沟问题和数字技能短缺问题，如摩洛哥互联网普及率不及沙特、阿联酋等海湾国家，5G 技术也未全面普及。浙江应发挥自身在数字基础设施建设方面的优势，大力发展与摩洛哥在数字基础设施建设领域的合作，推动中摩两国在相关产业发展、技术应用、人才培养等领域的合作，助力摩洛哥数字化转型，为双方开展数字经济合作奠定基础。

以数字治理提供电子政务改革新经验。近年来，摩洛哥政府在电子化办公、信息透明化和提高行政效率方面取得较大进步，但便民服务方面仍需加强。而浙江的数字化改革牵引全面深化改革取得开创性成效，从"最多跑一次"到数字化转型，再到数字化改革，全面深化改革成效显著。

以数字贸易助推跨境电子商务新业态。将数字经济领域合作打造成中摩共建"一带一路"合作的亮点，为浙江省与摩洛哥经贸合作培育新增长点。目前，电子商务在摩洛哥规模仍较小，但处于不断发展的过程中。疫情防控期间，摩洛哥本土电子商务快速发展，服务外包日益成为摩洛哥创造青年就业岗位的龙头产业，摩洛哥电子商务贸易指数在非洲排名第五。浙江省电子商务发达，浙江和摩洛哥之间可以通过跨境电商平台加强贸易合作，摩洛哥可以通过电商平台销售本地特色产品，浙江则可以通过跨境电商平台进口摩洛哥的特

---

① 中国新闻网. 抢抓新能源汽车风口 浙江宁波出口阿拉伯国家汽车破 4 万辆.（2022-12-12）[2023-02-01].
http://www.chinanews.com.cn/cj/2022/12-12/9913522.shtml.

色商品。阿里巴巴等龙头企业可以帮助摩洛哥电子商务发展，解决摩洛哥青年人的就业问题。双方还可以探索电商创新领域的合作机会，如社交电商、直播电商等新兴业态，共同推动电商的发展和创新。随着数字支付的普及，浙江和摩洛哥之间可以通过数字支付合作，方便两国的贸易和投资。浙江和摩洛哥还可以在电商培训方面开展合作，帮助摩洛哥企业家了解中国的电子商务发展经验，提高摩洛哥本地的电商能力。

（四）文旅合作拓宽浙江省与摩洛哥人文交流的路径

浙江省作为海上丝绸之路的源头和起点，应借助与摩洛哥的文旅合作，充分发挥现有的历史资源和人文地理优势，有力推动共建"一带一路"国家的旅游合作，升级旅游产品，促进民间交往，加强创新能力开放合作，形成陆海联动、东西互济的开放格局，加速实现浙江省旅游国际化的建设目标。

完善合作机制，推动浙江省与摩洛哥友城合作走深走实。一方面，尽快推进旅游主管部门和业界对接及规划，并在合作机制框架下，开展重点工作，促进游客双向流动，并带动双方在航空、运输、基础建设、餐饮、酒店、文化创意相关领域的产业合作，培育双方经贸往来新的增长点。另一方面，以浙江省在摩友好城市为基础，进一步完善省、市、县三级联动机制，不断优化友城布局，大力打造浙江省与摩洛哥友城间交流合作精品项目；借助城市之间自主开展的交往合作，完善地方政府所代表的区域形象建设，通过塑造典型城市，反映区域魅力，形成吸引力和辐射力。

加强与摩洛哥的教育合作，不断推动民间多边文化交流。与摩洛哥高校建立合作关系，搭建教育合作交流平台，扩大互派留学生规模，增强浙江和摩洛哥的校际交流合作。浙江可以借助摩洛哥现有孔子学院和文化中心，共建联合培养人才机制，推介浙江文化，增加摩洛哥年轻一代特别是知识分子对中国的认识以及对"一带一路"的认可；鼓励学生赴中、摩大学深造，鼓励两国高校在联合科研等领域签署伙伴关系协议；建设文化中心，展现浙江的文化，增进当地民众对中国的了解；发挥海外华侨的作用，组建华人商会，与当地政府和企业联合会举办商业交流会，以促进中摩企业的互相了解和信任；鼓励艺术代表团互访，促进出版物的互译，加强两国新闻媒体交流，加强浙江省与摩洛哥在文化上的全方位合作。